한국어 말하기 읽기 성장 프로그램

우리말카드와 함께하는

한국어 해독해 ❷

해독과 읽기 유창성

김미배 · 윤효진 · 정연주 · 설아영 · 신가영 · 배소영 공저

학지사

한국어 해독해 ② 해독과 읽기 유창성

머리말

『한국어 해독해』 시리즈를 펴내며

듣고 말하고 읽고 쓰는 활동은 인간 발달에 매우 중요한 역할을 합니다. 그리고 이 듣고 말하고 읽고 쓰는 활동은 근본적으로 낱말들을 기초로 이루어집니다.

유치원 시기의 아동은 몇 년 동안 수천 개의 단어를 말하는 수준으로 발달합니다. 우리는 수백 개의 단어를 활용하여 기본적인 의사소통을 하며, 단어들은 문장을 만들어 대화를 이어 나가는 데 매우 중요한 역할을 합니다.

아동은 학령기에 들어가면 단어들을 이용해 길게 이야기를 하거나, 글을 쓸 수 있게 됩니다. 나아가 설명하거나 설득하는 대화를 하거나 글을 읽고 이해하고 쓸 수 있게 됩니다.

학습 또는 학업을 위해서는 무엇보다 읽고 이해하는 일이 중요합니다. 한글이 익히기 쉽다고 하나, 어떤 아동은 읽고 쓰는 것을 힘들어하기도 합니다. 이때에는 효율적으로 단어나 어절을 읽어낼 수 있도록 지원할 필요가 있습니다. 더 나아가 긴 글을 이해하고, 자신의 생각이나 뜻을 쓸 수 있도록 하는 것이 최종 목표가 될 것입니다.

『한국어 해독해』 시리즈는 듣고 말하고 읽고 쓰는 활동을 아동 수준 개별 맞춤형으로 지원하고자 합니다. 최소한의 단어로 최대한 빠르고 즐겁게 아동의 말하기 및 읽기 능력을 증진시키고자 합니다. 『한국어 해독해』는 우리말카드에 있는 단어와 초등 교과의 주제 및 내용을 활용하며, 최소의 단어로 언어 읽기 습득의 발판을 제공하고자 합니다.

『한국어 해독해』 시리즈는 총 5권으로 구성하였습니다. 1권은 아동의 말하기 능력을 지원합니다. 특히 어휘와 담화에 초점을 두었습니다. 2권은 읽기 및 해독능력을 집중적으로 지원합니다. 통글자, 음운인식, 파닉스, 읽기유창성에 초점을 두어 지원합니다. 3권은 읽기이해를 집중적으로 지원합니다. 이야기와 설명담화에 초점을 두어 한국어의 기초를 지원하는 것입니다. 또한 4권과 5권은 각각 2권과 3권의 워크북으로 각 아동이 직접 사용할 수 있도록 하였습니다.

1권 『어휘와 이야기 말하기』에서는 아동의 어휘 수를 늘리고, 문장을 조합하여 말로 이야기하거나 설명할 수 있도록 지원합니다.

〈의미 편〉에서는 마트, 병원, 세탁, 목욕, 가게 놀이, 색칠하기, 미술활동, 동네 꾸미기 등의 주요한 사회적 상황에서 단어 수를 늘려가는 방법을 제시합니다. 명사나 서술어뿐 아니라, 관용구를 포함하였습니다. 응용활동을 통해 자기주도적으로 단어 수를 확장할 수 있도록 하였고, 선생님이 단서를 어떻게 활용할 수 있는지 제시합니다.

〈담화 편〉에서는 개인 경험에 입각하여 하나의 에피소드를 말할 수 있도록 지원합니다. 특히 사회적 의사소통의 기초가 되는 상황을 제공합니다. 그리고 학교생활에 기초가 되는 이야기 및 설명 담화의 기초를 제공합니다.

2권 『해독과 읽기 유창성』에서는 파닉스 원리를 응용하여 한글의 자소와 음소를 연결할 수 있도록 지원합니다. 철자와 연계하여 받아쓰기 능력에 도움을 주고자 하였습니다.

2권은 1~4부로 나누어 아동에게 효율적으로 읽기를 가르치는 방법을 제공합니다. 1부에서는 읽기를 시작하는 아동을 대상으로 음운인식 활동을 하는 방법을 소개하며 아동이 친숙한 낱말을 통글자로 읽도록 합니다. 2부에서는 파닉스 원리를 바탕으로 낱글자를 말소리와 연결하고 낱글자를 조합하여 낱말을 읽을 수 있도록 합니다. 3부에서는 낱말을 구성하는 다양한 음절 및 낱글자를 읽도록 하고 특히 아동들이 어려워하는 받침을 읽을 수 있도록 합니다. 또한 문법형태소 읽기를 지원하여 이후 문장 읽기의 바탕을 마련하도록 합니다. 4부에서는 글에 자주 출현하는 음운규칙을 적용하도록 하며 다양한 문법형태소가 활용될 때 음운규칙을 적용하여 읽도록 합니다. 또한 낱말뿐만 아니라 문장 및 문단에서도 음운규칙을 적용하여 읽을 수 있도록 합니다.

3권 『이야기와 설명 담화 독해』에서는 이야기와 설명 설득 담화를 중심으로 초등학생들에게 필요한 읽기 이해력과 쓰기 능력을 지원합니다.

3권에서는 개별 아동의 언어 및 읽기 수준을 고려하여, 핵심형과 확장형의 두 가지 유형으로 구성된 이야기 및 설명 설득글 텍스트를 제공합니다. 각 읽기 텍스트에서 다루고 있는 주제는 읽기관련 교과 분석을 토대로 구성하였는데, [이야기 담화 편]에서는 가정, 학교, 지역사회 활동과 관련된 주제, [설명 담화 편]에서는 초등학령기에 주로 다루는 설명글 구조와 설명 및 설득글 주제를 반영하였습니다.

텍스트를 읽고 이해하기 위해 읽기 전, 읽기 중, 읽기 후 세 단계에서 적용할 수 있는 읽기지도 전략을 소개하고 활용 절차를 제시하고 있습니다. 읽기 전 활동으로 글의 유형 파악하기, 배경지식 활용하기, 핵심어 보고 내용 예측하기가 있으며, 읽기 중 활동으로는 소리내어 유창하게 읽기, 글을 읽으면서 이해 모니터링 하기가 포함되어 있습니다. 읽기 후 활동으로는 어휘 확인하기, 글의 중심 내용과 세부 내용 파악하기, 글의 도식 파악하기, 글의 내용을 묻는 질문에 대답하기 등의 활동절차와 그에 따른 지도활용 지침을 상세하게 제시하고 있습니다.

4권은 2권 『해독과 읽기 유창성』의 워크북입니다. 2권의 목표 및 지침을 바탕으로 실제 활용할 수 있는 자료를 제공합니다. 치료 및 교육환경뿐만 아니라 가정에서도 아동과 쉽게 사용할 수 있도록 다양한 자료를 제공합니다. 그림 및 글자카드뿐만 아니라 활동에서 활용될 수 있는 색칠하기, 짝 맞추기, 게임하기, 만들기 등의 다양한 자료를 제공하여 즐거운 읽기활동이 될 수 있도록 합니다.

5권은 3권 『이야기와 설명 담화 독해』의 워크북입니다. 5권에서는 3권에서 제시하고 있는 각 읽기 활동 목표와 지침에 따라 실제 활용할 수 있는 다양한 자료를 제시하고 있습니다. 교육현장과 가정에서 실제로 사용할 수 있는 글자카드, 글의 순서와 도식 파악을 위한 다양한 이야기 도식판, 단어카드 만들기, 요약하기 등이 포함되어 있어 아동 스스로 글의 내용을 이해하면서 사용할 수 있도록 자료를 제시하였습니다.

언어 읽기 발달을 촉진하기 위해서는 무엇보다 아동의 발달 수준과 흥미에 따라 출발점을 선택해야 합니다. 『한국어 해독해』 시리즈에서 제시하는 내용을 기초로 각 아동에게 더욱 흥미로운 자료가 재조직되고 탄생할 수 있습니다.

이 시리즈로 아동 한 명 한 명의 말하기와 읽기 그리고 쓰기 능력이 향상되기를 바랍니다. 또한 아동과 선생님, 가족이 모두 즐겁게 자기주도적인 경험을 하기를 기대합니다. 무엇보다 아동이 당당하게 자신의 느낌과 생각을 말하거나 글로 쓸 수 있기를 희망합니다.

2017년

한국어 해독해 연구개발팀 일동

한국어 해독해 ② 해독과 읽기 유창성

활용 대상과 프로그램 안내

언어 읽기 발달 고위험군

- 언어 발달이 순조로운 경우도 있지만 여러 가지 이유로 언어 읽기 발달에 어려움을 겪는 아동들도 있다.
- 지적 능력, 청력, 신경학적으로 큰 손상이 없음에도 불구하고 언어 읽기 발달에서 어려움을 겪는 경우가 있다.
- 언어 읽기 발달에 어려움이 있는 아동들은 다음 경우의 하나 이상에서 또래와 다른 발달 수준을 보인다.
  - 또래에 비해 어휘 수가 적다.
  - 또래에 비해 문법적으로 단순한 발화를 사용한다.
  - 대화를 적절하게 주고받지 못할 때가 있다.
  - 이야기를 하는 데 어려움을 겪는다.
  - 유치원 시기에 발음 능력이 부족한 경우가 있다.
  - 또래와 달리 읽고 쓰기를 배우는 데 어려움을 보인다.
  - 학령기에 읽고 쓰는 어려움으로 인해 학습장애를 함께 보이기도 한다.

–또래에 비해 주의력이 짧은 경우가 있다.

–또래와의 놀이나 관계맺기가 어려운 경우가 있다.

–학령기에 교실 담화에 대한 이해가 부족한 경우가 있다.

–학령기에 언어 및 의사소통 전략 사용에 약점을 보인다.

–학령기에 자기 통제 등 인지 전략을 사용하는 데 어려움을 보이기도 한다.

언어 읽기 발달 고위험군을 위한 언어치료사의 역할

- 언어치료사는 언어 발달에 어려움을 겪을 가능성이 있는 고위험군 아동들을 조기에 발견하고, 평가 후 개별화된 언어 발달 촉진 프로그램을 제공하여 언어 발달이 최대한 촉진되도록 지원해야 한다.
- 아동이 가지고 태어나는 능력도 중요하지만, 언어 발달을 촉진할 수 있는 환경을 적절하게 만들어 최대한 언어 읽기 발달을 촉진하는 것도 매우 중요하다. 아이의 언어 읽기 발달은 한 번의 평가로 평생의 발달 수준이 결정되는 것이 아니다. 특히 나이가 어린 경우 아이의 언어 환경을 어떻게 지원하느냐에 따라 언어 발달 수준에 차이가 날 수도 있다. 무엇보다 장애로 확진하기 이전에 고위험군 아동들에게 최대한의 촉진적 환경을 제공하여 언어 읽기 발달상의 어려움을 최소화할 필요가 있다.
- 언어 읽기 발달에 어려움이 있을 것으로 선별(스크리닝)된 아동에게, 우선 언어적으로 좋은 환경을 제공할 필요가 있다. 그리고 언어장애로 확진하고자 할 때에는 표준화 검사, 발화 분석, 설문 및 관찰 조사 등 다양한 방법을 사용해 아동을 관찰할 수 있는 전문적 판별 능력을 전제로 할 필요가 있다.

언어 읽기 고위험군을 위한 언어 읽기 촉진 프로그램

- 언어 읽기 고위험군 아동을 위한 언어 읽기 촉진 프로그램은 무엇보다 아동의 '개별적' 언어 읽기 발달 수준에 맞춘 것이어야 한다.
- 언어 읽기 고위험군 아동을 위한 언어 읽기 촉진 프로그램 중심에 '아동'이 자리해야 한다.

언어치료사, 부모, 여러 분야의 전문가들은 아동이 무엇을 필요로 하고 아동에게 무엇을 제공해야 하는지 가장 먼저 살펴보아야 한다.

- 언어 읽기 촉진 프로그램은 선생님 중심적으로 할 수 있고, 아동 중심적으로 진행할 수도 있고, 절충적인 방법으로 진행할 수도 있다. 아동의 언어 발달을 촉진시킬 수 있는 아동에게 개별화된 접근법을 선택해야 한다.
- 언어치료사가 언어치료 경험이 많지 않은 경우, 또는 부모들이 급한 마음에 무조건 시키듯이 따라하도록 강요하면서 아동에게 언어나 읽기 발달을 촉진하는 경우가 있다. 이런 경우 언어치료는 대개 실패로 끝나기 쉽다. 언어 발달 촉진은 '즐거운' 환경에서 이루어져야 한다.
- 치료 시 아동의 언어발달 수준에 적합한 책과 활동을 골라서 사용하는 것이 좋다. 이는 아동의 개별적 관심이나 요구도에 따라 내용을 정하고, 아동이 관심을 가질 수 있도록 유도하는 것에서부터 출발한다. 아무리 노력해도 관심을 갖지 않는다면 다른 중재 방법을 사용하거나 전문가의 자문을 구하도록 한다.

내 용

- 『해독과 읽기 유창성』은 초기 읽기 편으로, 한국어 해독 중심의 읽기 촉진 프로그램을 제공한다.

  임상 경험과 연구 결과를 토대로, 한국어 읽기를 최소한의 낱말로 습득할 수 있도록 구성하였다. 우리말카드에서 선택한 약 300개의 단어를 제시하였고, 응용하기 활동에서 사용할 수 있도록 약 300개의 단어를 더 제시하였다. 읽기 촉진 프로그램은 음성음운적 접근법을 중심으로 하였다. 여기에 초등학교에서 빈번히 나오는 단어와 문법형태소를 포함하여 언어적 내용도 강조하였다.
- '음절/음소 놀이와 통글자 읽기' '낱글자와 말소리 연결하여 읽기' '음절 글자/낱글자와 받침 읽기' '음운 규칙과 문법형태소 활용하여 읽기'로 구성하였다.

프로그램의 실시 절차

- 이 책의 프로그램은 아동의 읽기 및 언어 발달 수준을 고려하였으며, 각 영역들이 상호적으로 잘 발달할 수 있도록 목표를 설정하였다. 따라서 아동에게 적절한 목표를 찾도록 한다.
- 목표달성의 정도를 확인할 수 있도록 중재 전에 해당 목표에 대한 아동의 수행력을 평가한다.
- 우리말카드를 이용하여 쉽게 가르치며, 다양한 활동 및 전략을 사용한다.
- 각 목표마다 중재 효과를 측정한다.
- 활용 사례를 참고한다. 목표를 적용할 수 있는 아동 수준과 이후 목표설정의 실제를 확인한다.
- 목표의 일반화 및 반복 학습을 위한 응용활동을 사용한다.
  - –아동의 흥미를 고려하여 즐겁게 말하거나 읽고 배울 수 있게 한다.
  - –아동의 수준에 적절한 하위 목표를 선택하여 중재할 수 있다. 모든 단계를 밟아야 하는 것은 아니다.

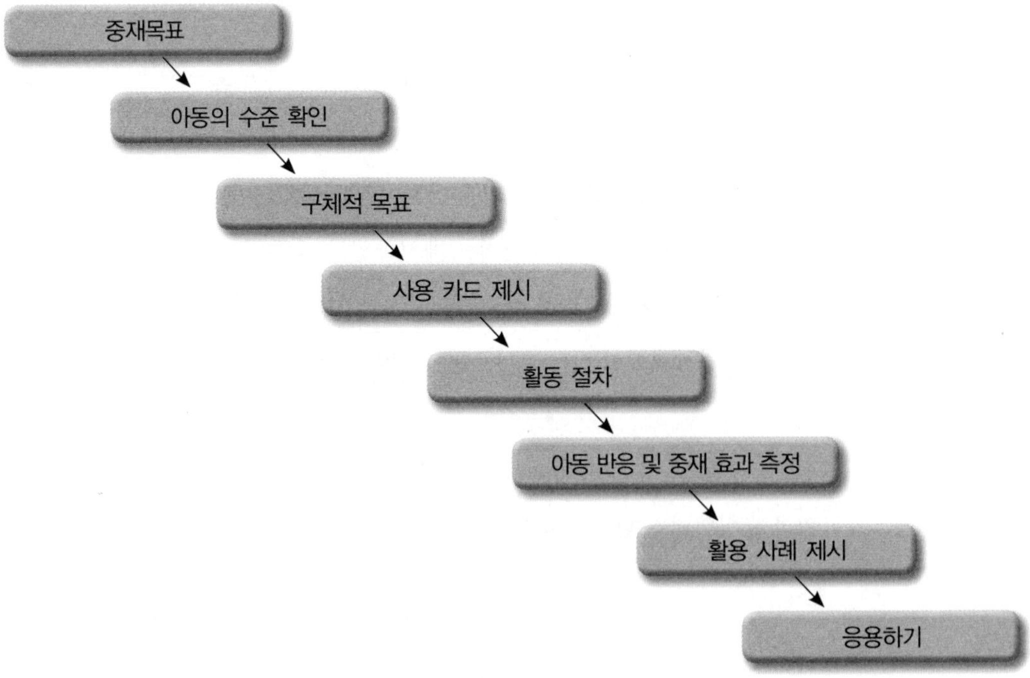

- 우리말카드 활용 시리즈는 유아기 및 초등학교 1, 2학년 중에서 언어 발달 고위험군 아동에게 사용할 수 있다.
- 아동에게 개별화되고 즐거운 언어 환경을 제공하기 위해 우리말카드를 사용한다.
- 언어 및 읽기 발달을 촉진하는 다양한 기법과 내용을 제공한다.
- 중재 전후를 평가할 수 있도록 한다.
- 응용하기를 통해 목표활동에 대한 추가내용을 제공한다.
- 우리말카드에 있는 낱말들을 활용하여 중재자 중심법으로 언어 및 읽기 발달을 촉진하는 방법을 제시한다.
- 이 프로그램은 언어 읽기 발달을 촉진하기 위해 중재자가 아동의 언어 읽기 수준에 맞춘 우리말카드를 사용하도록 안내한다.
- 우리말카드를 정신없이 나열하거나 무조건 따라하도록 강요하는 일은 하지 않아야 한다. 우리말카드를 가지고 즐겁게 놀고 대화하고 읽을 수 있도록 해야 한다.

한국어 해독해 ② 해독과 읽기 유창성

차례

제1부 음절/음소 놀이와 통글자 읽기

제2장 통글자 · 75

제2부 낱글자와 말소리 연결하여 읽기

제3장 낱글자와 말소리 연결하기 · 111

제4장 낱글자 합하여 읽기 · 141

제1부

음절/음소 놀이와 통글자 읽기

음절/음소 놀이와 통글자 읽기 편–함께 말하고 읽어요!

≫ '음절/음소 놀이와 통글자 읽기'에서는

• 아동의 말소리인식 능력 및 통글자 읽기를 향상시킬 수 있도록 개발하였다.
음운인식(phonological awareness)이란 말소리의 단위를 인식하고 말소리를 조작할 수 있는 능력을 말한다. 인쇄물에 노출되기 시작한 아동에게 친숙한 낱말을 사용하여 낱말이 개별적인 소리로 되어 있다는 것을 인식하도록 한다. 음운인식 능력은 이후 아동이 읽기를 시작할 때 낱글자와 말소리의 대응을 빠르게 습득할 수 있도록 돕는다. 또한 반복적으로 제시된 친숙한 의미의 글자를 그림처럼 한 덩이로 인식하여 통글자로 읽을 수 있도록 하였다. 통글자로 읽을 수 있는 낱말이 약 100개 정도 된다면 음운인식, 파닉스 능력을 바탕으로 새로운 낱말을 읽게 된다.

• 『한국어 해독해』는 인쇄물에 막 노출되기 시작한 아동을 대상으로 한다. 읽기를 시작하려고 하는 단계의 아동으로 통글자가 10개 미만인 아동에게 음운인식 능력 및 통글자 읽기를 향상시킬 수 있도록 개발되었다.

• 음운인식 능력은 다음과 같다.
 –음절 수준의 말소리 조작하기
 –음소 수준의 말소리 조작하기

• 통글자 읽기 능력은 다음과 같다.
 –종성 없는 낱말 통글자로 읽기
 –종성 있는 낱말 통글자로 읽기
 –동물 범주의 낱말 통글자로 읽기
 –학습한 통글자를 정확하고 빠르게 읽기

≫ 대 상

• 이 지침서는 인쇄물에 노출되기 시작한 아동을 가르치는 선생님을 위해 제작하였다.

• 주로 학령전기 아동부터 초등 저학년 아동을 대상으로 한다.

• 새로운 낱말을 읽는 일반 아동을 비롯하여 언어발달지체, 난독증 등 다양한 유형의 어려움을 가진 아동에게 적용할 수 있다.

» 구성 및 목표

• 본 프로그램은 다음과 같이 구성되어 있다.

–중재목표: 아동이 달성해야 하는 읽기의 수준이다. 중재목표 아래 다양한 세부 목표가 포함되어 있다.

–읽기 수준: 목표를 적용할 수 있는 아동의 읽기 수준이다.

–읽기 목표: 중재목표를 달성하기 위한 세부 목표를 말한다. 하나의 읽기 목표를 아동 반응에 따라 한 회기 또는 여러 회기에 걸쳐 진행할 수 있다.

–사용 카드: 활동에서 사용되는 '우리말카드'의 카드통과 어휘가 제시되어 있다.

–활동절차: 목표를 달성하기 위한 구체적인 중재 전략과 중요한 유의사항이 제시되어 있다.

–아동 반응 및 중재 효과: 목표 달성 여부를 확인하기 위한 과제가 제시되어 있다.

–활용 사례: 적용할 수 있는 아동의 수준과 아동 반응에 따른 이후 계획의 실제가 제시되어 있다.

–응용하기: 목표의 일반화 및 반복 학습을 위한 응용 활동이 제시되어 있다.

• 음운인식과 통글자로 읽기, 낱글자와 말소리 연결하기, 음운규칙 및 문법형태소를 활용하여 읽기의 다른 프로그램과 연결하여 아동의 수준에 따라 여러 영역을 함께 목표로 설정할 수 있다.

» 활용 방법

• 아동이 어려움을 보이는 영역을 확인하여 해당하는 활동을 선택한다. 아동의 강점과 약점에 따라 여러 영역이 목표가 될 수 있다.

• 읽기 수준을 확인하여 해당하는 중재목표 및 읽기 목표를 확인한다. 활용사례를 참고하여 중재목표 및 읽기 목표가 적절한지 확인한다.

• 활동에서 사용되는 '우리말카드'의 카드통과 어휘를 확인하여 준비한다.

• 활동절차에서 중재 전략과 유의사항을 확인하여 활동한다.

• 아동 반응 및 중재 효과 방법에 따라 목표 달성 여부를 확인한다.

• 필요한 경우 응용하기를 통해 일반화 및 반복학습 활동을 할 수 있다.

» 목표를 달성하기 위한 전략들

목표 및 활동절차는 다음을 기반으로 한다.

• 아동이 알고 있는 의미지식 활용

-아동은 모르는 낱말보다 의미를 알고 있는 낱말을 더 쉽게 읽는다.

• 말소리에 대한 지식 확장

-음운인식 목표에서는 음절 수준을 확립하면 음소 수준으로 넘어간다.

-음운인식 활동은 글자가 아닌 말소리로 하는 활동이다. 머릿속으로 말소리를 생각하며 조작해야 하는 활동이라서 그림 자극, 바둑알과 같은 시각적 자극을 함께 제공하면 아동이 과제를 더 잘 수행할 수 있다.

-음소 수준의 음운인식 활동에서 목표 말소리와 그에 해당하는 낱글자를 함께 제시하여 중재하면 초기 낱말 읽기에 효과적이다.

• 친숙한 낱말 통글자 읽기

-아동은 반복적으로 보았던 친숙한 의미의 낱말을 먼저 읽게 된다. 따라서 효율적으로 글자를 반복 제시할 수 있는 방법을 포함하였다. 또한 아동의 의미지식과 흥미를 고려하였다.

• 말소리, 글자지식을 바탕으로 한 낱말 읽기

-아동이 통글자로 읽는 낱말이 쌓이면 낱말에 포함된 말소리를 인식하고 이후 글자와 대응하여 새로운 낱말 읽기로 나아갈 수 있도록 하였다. 또한 아동이 읽지 못할 경우 음운인식, 파닉스에서 배운 전략을 사용하여 읽을 수 있도록 절차를 구성하였다.

• 낱말 목록 제공

-자소-음소 일치형 낱말의 경우 목록을 다양한 기준으로 제시하여 아동 특성에 따라 활용할 수 있도록 하였다. 선생님이 목록을 살펴보고 아동에게 적절한 목표를 설정하여 적용할 수 있다.

! 읽기는 평생에 걸쳐 발달하는 매우 큰 능력이다.

-읽기는 어린 아동이 동화책, 글자카드, 상품 이름 등의 다양한 인쇄물에 노출되는 것에서 시작되어 전문적 지식을 쌓고, 쌓은 지식을 바탕으로 새로운 것을 도출하는 단계까지 평생에 걸쳐 습득 및 발달이 이루어지는 매우 광범위한 영역의 능력이다.

! 읽은 내용을 이해하기 위해 글자를 읽을 수 있어야 한다.

-초기 읽기 발달은 적절한 읽기 환경을 조성하고 친숙한 낱말을 그림처럼 인식하여 읽는 것부터 시작한다.

-아동은 점차 한글 글자 체계를 알게 되고 새로운 낱말, 문장, 문단글을 읽게 된다. 이러한 읽기 기술은 글자를 얼마나 정확하게 읽을 수 있는가로 나타나는데, 우리는 이것

을 읽기 자체를 배우는 단계라고 한다.

-읽기를 배우는 단계에서 글자를 읽는 능력을 갖추는 것은 읽기 이해 단계보다 선행되며, 아동이 긴 글을 읽고 이해하기 위해 필수적인 능력이다.

! 글자를 읽는 해독 능력은 어휘, 음운인식, 파닉스, 담화 등의 다양한 능력과 함께 발달한다.

-아동은 인쇄물을 접하면서 인쇄물 개념이 형성되고 글자에 노출된다. 아동은 반복적으로 제시된 친숙한 의미의 글자를 그림처럼 한 덩이로 인식하여 통글자로 읽는다. 통글자로 읽을 수 있는 낱말이 약 50~100개 정도 된다면 이제 음절 글자를 읽을 준비가 된 것이다. 특히 자음 자소와 모음 자소로 이루어진 음절이 상대적으로 읽기 쉬우며 받침, 즉 종성 자소가 있는 경우 상대적으로 읽기가 어렵다. 아동은 친숙하게 알고 있는 낱말들을 음절 또는 자소로 나누어 보기 시작한다. 특히 자소의 이름과 말소리를 연결하는 능력은 글자 해독에서 중요하다. 읽기에 어려움을 겪는 경우 보다 효율적으로 읽기 발달을 촉진하기 위해 파닉스 접근법을 사용하기도 한다. 자소와 음성음운적 특성을 연결하는 체계적인 방식이 중요하다. 낱말을 통글자로 읽는 것부터 새로운 낱말을 읽어 내는 것까지의 읽기 발달은 주로 학령전기부터 취학 시기까지, 초기 발달에 해당하는 읽기 능력이다.

-아동의 초기 읽기 발달에서 낱말을 읽는 능력은 의미, 음운, 문법 등의 언어 발달을 기반으로 한다. 또한 한글 글자 지식의 발달 및 음운인식과도 밀접한 관련이 있다.

» 용어

- 목표를 이해하여 읽는 능력, 친숙한 음절구조를 가진 낱말을 빠르고 정확하게 읽는 능력 모두 해독이라고 정하고, 활동절차를 쉽게 파악하기 위해 주요 용어의 개념을 정리하였다.

  -해독: 글자와 말소리의 대응 규칙을 알고 소리 내어 읽는 능력이다. 아동이 각각의 글자와 말소리를 대응하여 읽는 능력, 친숙한 음절 구조를 가진 낱말을 빠르고 정확하게 읽는 능력 모두 해독이라고 한다.

  -통글자로 읽기: 반복하여 보았던 친숙한 의미의 낱말을 그림처럼 한 덩이로 인식하여 읽는 것을 말한다. 즉, 통글자는 글자와 소리의 대응 규칙의 적용 없이 시각적으로 친숙하여 자동적으로 읽을 수 있는 글자를 의미한다. 예를 들어, 동화책에서 자주 보았던 '코끼리'는 읽을 수 있지만 '코알라'의 '코'는 읽지 못하는 단계가 통글자 단계다.

-낱글자(자소): 의미상 구분할 수 있는 가장 작은 단위의 문자를 말한다. 예를 들면, 'ㄱ, ㄴ, ㄷ, ㅏ, ㅗ'등의 문자다.

-말소리(음소): 단어의 의미를 구별 짓는 최소의 소리 단위를 말한다. 예를 들면, '책'은 /ㅊ/, /ㅐ/, /ㄱ/의 세 개의 음소로 이루어져 있다.

-자소-음소 일치형 낱말: 쓰인 그대로 소리 내어 읽을 수 있는 낱말을 말한다. 예를 들어, '가방'은 글자 그대로 /가방/이라고 읽을 수 있다.

-자소-음소 불일치 낱말: 글자와 소리가 일치하지 않는 낱말을 말한다. 예를 들어, '놀이터'는 읽을 때 /노리터/라고 읽을 수 있다.

-문법형태소: 문법적 의미가 있는 것으로 조사와 어미가 이에 속한다. 예를 들어, 조사에는 '-가, -도, -만, -에/-에서', 어미에는 '-지만, -러, -고, -는데' 등이 속한다.

-음운인식: 각 언어 내에 있는 말소리를 자유롭게 조작할 수 있는 능력이다. 예를 들면, "/가/와 /방/ 소리를 더하면 무슨 소리가 될까?" "/가방/에서 /가/를 빼면 무슨 소리만 남을까?" 등의 과제로 살펴볼 수 있다. 음운인식 검사와 읽기 활동에서 주의할 점은 음운인식은 글자 자극 없이 말소리로만 하는 활동이라는 것이다.

-파닉스: 낱글자와 소리의 대응 관계를 이해하는 능력을 말한다. 예를 들어, 'ㄱ'이 글자라는 것을 알고 /ㄱ/라고 소리가 난다는 것을 이해하는 것이다.

-초성 자소: 초성이란 한 글자의 첫 말소리(음소)에 해당하는 낱글자를 말한다. 예를 들면, '사과'의 초성 자소는 'ㅅ, ㄱ' '감자'의 초성 자소는 'ㄱ, ㅈ'이다.

-종성 자소: 우리말에서 종성 자소란 일반적으로 받침에 해당하는 낱글자를 말한다. 예를 들면, 일음절 낱말인 '감'에서 종성 자소는 'ㅁ'이며, 이음절 낱말인 '연필'은 'ㄴ, ㄹ' 2개의 종성 자소를 가지고 있다.

제1장

음운인식

음절 수준에서 말소리를 조작할 수 있다 ①

읽기 수준

• 인쇄물을 보기 시작한 아동

읽기 목표

• 낱말의 음절 수를 셀 수 있다.

사용 카드

• 소리놀이(수 세기): 소, 말, 사자, 고래, 호랑이, 강아지

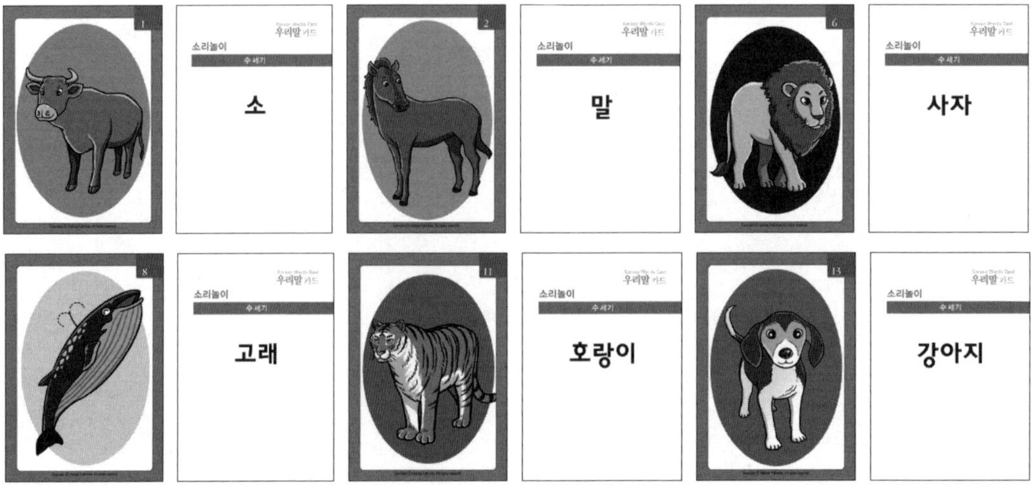

활동절차: 중재 전략 및 유의사항

(1) 낱말의 의미와 소리를 확인하기

• 아동에게 그림카드를 보여 주고 낱말의 의미를 아는지 확인한다. 아동이 모르는 낱말이라면 아동이 알고 있는 다른 낱말의 그림카드를 사용한다.

(2) 낱말의 음절 수 세기 워크북 1-1-1

• (그림카드와 블록을 준비하고) 아동에게 동물 그림카드를 보여 주며, 동물의 음절 수대로 블록을 꽂으며 아동이 음절 수를 알도록 시범을 보인다.

('소' 그림카드를 보여 주고 블록을 한 개 놓으며) "소. 소는 한 개의 소리로 되어 있어."

(블록을 아동 앞에 놓으며) "자, 한번 해 볼까? 소는 몇 개의 소리로 되어 있어?"

• 아동 스스로 음절 수를 세도록 한다.

('말' 그림카드와 블록을 놓으며) "말은 몇 개의 소리로 되어 있을까?" 아동이 블록을 한 개 놓으며 "한 개."라고 하면 새로운 낱말로 넘어간다.

• 아동이 적절하게 대답하지 못하면 다음과 같이 한다.

(블록을 한 개 놓으며) "말. 말은 한 개의 소리로 되어 있어. 말이 몇 개의 소리로 되어 있는지 블록을 놓아 볼까?"

• 아동이 적절하게 대답하면 2음절 낱말카드를 사용하여 낱말의 음절 수를 세도록 한다.

('사자' 그림카드와 블록들을 놓으며) "사자. 사자는 몇 개의 소리로 되어 있을까?"

• 아동이 2개의 블록을 쌓으면 다음과 같이 한다. "그래. 사자는 2개의 소리로 되어 있어."

아동이 적절하게 대답하지 못하면 다음과 같이 한다. (블록을 두 개 꽂으며) "사자. 사자는 두 개의 소리로 되어 있어."

• 아동과 그림카드를 한 장씩 뽑아 가며 낱말을 소리 내어 말하며 음절 수대로 블록을 꽂는다. 아동에게 낱말의 음절 수가 몇 개인지를 묻고 같은 음절 수의 그림카드를 한 통에 넣도록 한다.

> **유의사항:** 아동이 1부터 5까지의 수 개념을 알고 있어야 실시할 수 있다. 음운인식 활동에서는 아동에게 글자를 제시하지 않고 말소리만 제시하여 음절의 수를 세야 한다.

아동 반응 및 중재 효과

- 아동에게 지금까지 확인한 낱말을 들려주며 "몇 개의 소리로 되어 있어?"라고 질문을 하여 아동 스스로 음절 수를 세어 보게 한다.
- 아동이 세지 못하면 선생님은 음절 수대로 블록을 꽂으며 낱말을 천천히 들려준다. 그리고 아동에게 "몇 개의 소리로 되어 있어?"라고 질문하여 아동 스스로 음절 수를 세어 보게 한다.
- 선생님의 단서에도 아동이 대답하지 못하면, 아동에게 그림카드와 음절 수대로 블록을 제시하며 다시 한 번 모델링을 해 준다. 예를 들면, 사자그림을 보여 주고 블록을 2개 꽂으며 "사자는 사. 자. 소리가 두 개야."라고 알려 준다. 그리고 오반응으로 기록한다.
- 아동이 적절하게 음절 수를 센 낱말에는 '+' 표시를 한다.

	소	말	사자	고래	호랑이	강아지	합계
혼자 수 세기							/6
시각 단서							
오반응							

유의사항: 아동이 100%(단서 포함)의 정확도를 보이면 다음 음운인식 활동으로 넘어간다. 100%의 정확도를 보이지 않으면 응용하기의 낱말을 사용하여 앞과 같은 활동을 반복한다.

활용 사례- 만 4세 5개월(남) 유치원생

- 아동은 읽기카드와 학습지를 통해 읽기교육에 노출되었으나 읽기에 어려움을 보이고, 읽기를 거부하고 있다.
- 수에 대한 개념이 있고 그림카드에 흥미를 보였다.
- 카드놀이를 하며 대부분 스스로 음절 수를 세는 것이 가능하였다. 아동이 어려움을 보일 때에는 시각적 단서를 제공하였고, 아동은 시각적 단서(블록)를 통해 적절하게 음절 수 세기가 가능하였다.

	소	말	사자	고래	호랑이	강아지	합계
혼자 수 세기	+	+	−	+	−	+	4/6
시각 단서			+		+		2/2
오반응							

• 자발적으로 음절 수 세기가 가능한 것으로 보고 다음 음운인식 목표를 진행할 예정이다.

응용하기

• 다른 낱말 음절 수 세기

−1~3음절로 이루어진 우리말카드를 사용하여 몇 개의 소리로 되어 있는지를 아동이 인식할 수 있도록 한다.

−음절 수 세기는 시각적 단서(그림카드와 블록)를 사용하여 음절 수를 세는 단계부터 시각적 단서 없이 아동 스스로 목표 낱말의 음절 수를 세는 단계까지 위계적으로 진행할 수 있다.

−아동이 좋아하는 범주의 우리말카드를 사용하여 3개(1음절 통, 2음절 통, 3음절 통)의 통을 만들어 놓고 음절 수에 맞는 통에 우리말카드를 넣는 게임을 할 수 있다.

−사용 카드

① 소리놀이(수 세기): 양, 곰

② 소리놀이(수 세기): 코끼리, 고양이

③ 소리놀이(수 세기): 돼지, 토끼

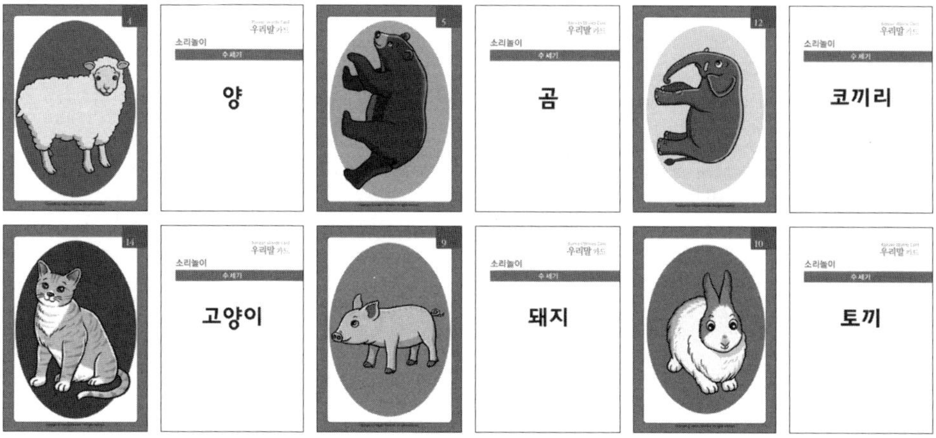

중재목표

02

음절 수준에서 말소리를 조작할 수 있다 ②

읽기 수준

• 인쇄물을 보기 시작한 아동

읽기 목표

• 낱말의 끝음절을 확인할 수 있다.

사용 카드

• 낱말읽기(받침 없음): 오리
• 명사 7(곤충 외): 개구리
• 조음어휘 1(어두초성 ㄱ): 개미
• 명사 7(식물): 장미
• 조음어휘 2(어중초성 ㅊ): 고추
• 명사 9(채소): 배추

활동절차: 중재 전략 및 유의사항

(1) 낱말의 의미와 소리를 확인하기

- 아동에게 그림카드를 보여 주고 낱말의 의미를 아는지 확인한다. 아동이 모르는 낱말이라면 아동이 알고 있는 다른 낱말의 그림카드를 사용한다.

(2) 그림카드를 사용하여 같은 음절로 끝나는 낱말 확인하기 워크북 1-2-1

- 아동에게 같은 음절로 끝나는 그림카드를 보여 주고, 낱말의 끝음절을 강조하여 들려준다. 아동에게 끝음절이 같은 소리로 끝난다는 것을 알려 준다.

"오리, 개구리에 똑같은 소리가 있네."

"'오리'는 무슨 소리로 끝나? '리'로 끝나지."

"'개구리'는 무슨 소리로 끝나? 개구리도 '리'로 끝나."

"모두 '리'소리로 끝나네. '오리' '개구리'. '리'가 똑같네."

- 아동에게 새로운 그림카드(배추–고추)를 보여 주며 아동 스스로 끝음절이 같은지 확인하도록 한다.

"'고추' '배추'네. '고추' '배추'. 끝나는 소리가 같아? 무슨 소리로 끝나?"

- 아동이 적절하게 대답하지 못하면,

"'고추'는 무슨 소리로 끝나?" (아동의 반응을 기다리고)

"'배추'는 무슨 소리로 끝나?" (아동의 반응을 기다리고)

"고추와 배추 모두 '추'로 끝나네. '고추' '배추'. '추'가 같아요."와 같이 모델링을 다시 해 준다.

(3) 다른 음절로 끝나는 낱말 찾기

- 아동에게 같은 음절로 끝나는 낱말의 그림카드 2개와 다른 음절로 끝나는 낱말카드 1개를 보여 주며 끝음절이 다른 낱말을 찾도록 한다.
  ('오리, 개구리, 배추' 그림카드를 보여 주며) "'오리' '개구리' '배추'. 여기에 다른 소리로 끝나는 낱말이 있어. 뭘까?"
- 아동이 적절하게 '배추'를 찾으면 "그래. '오리' '개구리'는 '리'로 끝나고, '배추'는 '추'소리로 끝나는구나. 끝나는 소리가 다르네."라고 한다.
- 아동이 적절하게 대답하지 못하면, "'오리' '개구리'는 무슨 소리로 끝나?"
  (아동의 반응을 기다리고) "두 개는 '리'로 끝나는구나. 같은 소리로 끝나는구나. 근데 '배추'는 무슨 소리로 끝나?"
  (아동의 반응을 기다리고) "배추는 '추'로 끝나네. 배추는 다른 소리로 끝나네."와 같이 모델링을 다시 해 준다.
- 새로운 그림카드 '장미, 개미, 오리'를 보여 주며 끝음절이 다른 낱말을 찾는 활동을 다시 한 번 연습한다.

아동 반응 및 중재 효과

- 아동에게 같은 음절로 끝나는 그림카드 2개와 다른 음절로 끝나는 그림카드 1개를 보여 주고, 다른 음절로 끝나는 그림카드를 찾도록 한다.
- 아동이 끝음절이 다른 카드를 찾지 못하면 각 낱말의 끝음절을 강조하여 들려주고 다시 질문한다.
- 선생님의 단서에도 아동이 대답하지 못하면, 아동에게 "오리는 '리'로 끝나. '개구리'도 '리'로 끝나네. 두 개 모두 '리'로 끝나는 구나. 그런데 '배추'는 혼자 '추'로 끝나네. 배추는 끝나는 소리가 달라."라고 알려 준다. 그리고 오반응으로 기록한다.
- 아동이 적절하게 끝소리를 확인한 낱말세트에는 '+' 표시를 한다.

	오리-개구리-배추	고추-배추-장미	장미-개미-오리	합계
자발적 정반응				/3
강조하여 들려주기				
오반응				

유의사항: 아동이 100%(단서 포함)의 정확도를 보이면 다음 단계로 넘어간다. 아동이 100%의 정확도를 보이지 않으면 응용하기 낱말을 사용하여 앞과 같은 활동을 반복한다.

활용 사례- 만 4세 7개월(여) 유치원생

- 아동은 읽기카드와 학습지를 통해 읽기교육에 노출되었으나 읽기에 어려움을 보이고, 읽기를 거부하고 있다.
- 개별적인 음절은 읽지 못하고 약 10개 미만의 통글자를 읽을 수 있다.

	오리-개구리-배추	고추-배추-장미	장미-개미-오리	합계
자발적 정반응	+	+	−	2/3
강조하여 들려주기			+	1/1
오반응				

- 자발적으로 낱말의 끝음절을 확인할 수 있는 것으로 보고 다음 음운인식 목표를 진행할 예정이다.

응용하기

• 다른 낱말 끝 소리 찾기

–아동에게 그림카드를 제시하고 끝소리가 같은 낱말을 찾아 같은 통에 넣는 활동을 한다.

–3개의 상자를 준비하고 '박' '마' '자'로 끝나는 낱말을 한 개씩 넣는다.

–각 상자에 있는 낱말과 같은 소리로 끝나는 낱말을 찾아 분류하도록 한다.

–사용 카드

① 낱말읽기(받침 있음): 수박, 호박

② 낱말읽기(받침 없음): 하마, 조음어휘 1(어두초성 ㄱ): 고구마

③ 낱말읽기(받침 없음): 사자, 의자

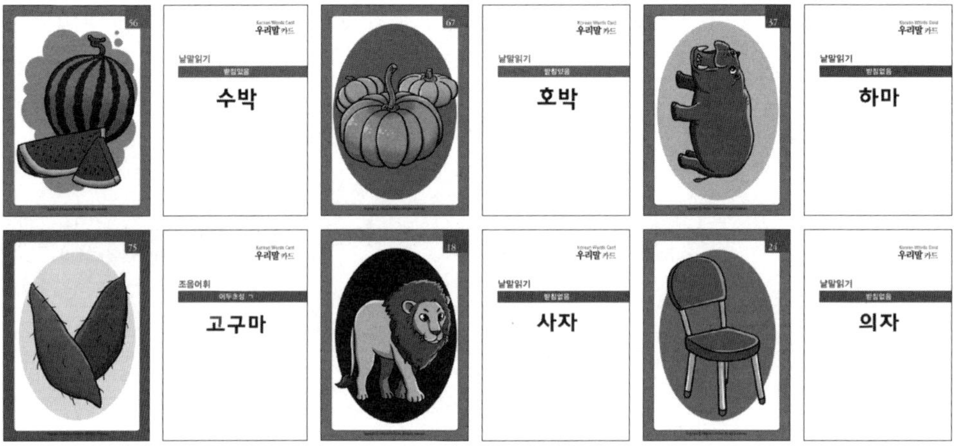

• 낱말 첫 소리 찾기

–음절 수준의 말소리를 조작할 수 있다: 낱말의 첫 음절을 확인할 수 있다.

① 앞의 지침을 참고로 하여 낱말의 첫 음절 확인하기를 목표로 할 수 있다.

–사용 카드

① 소리놀이(첫소리 알기): 나비, 나무 ② 소리놀이(첫소리 알기): 하마, 하늘

③ 소리놀이(첫소리 알기): 토끼, 토마토

2-1
소리놀이
우리말 카드
나비
나무
노래
2-2
소리놀이
우리말 카드
나무
나비
노래
12-1
소리놀이
우리말 카드
하마
하늘
호박
12-2
소리놀이
우리말 카드
하늘
하마
호박
11-1
소리놀이
우리말 카드
토끼
토마토
트럭
11-2
소리놀이
우리말 카드
토마토
토끼
트럭

중재목표

03

음절 수준에서 말소리를 조작할 수 있다 ③

읽기수준

- 인쇄물을 보기 시작한 아동
- 읽기를 시작하는 단계의 아동

읽기 목표

- 음절 수준에서 합성할 수 있다.

사용 카드

- 낱말읽기(받침 없음): 포도
- 소리놀이(첫소리 알기): 사과
- 낱말읽기(받침 있음): 나팔, 딸기
- 소리놀이(수 세기): 코끼리, 고양이

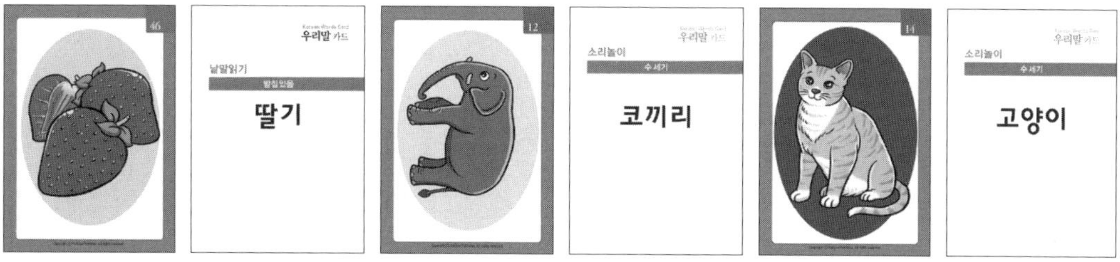

활동절차: 중재 전략 및 유의사항

(1) 낱말의 의미와 소리를 확인하기

- 아동에게 그림카드를 보여 주고 낱말의 의미를 아는지 확인한다. 아동이 모르는 낱말이라면 아동이 알고 있는 다른 낱말의 그림카드를 사용한다.

(2) 그림카드나 블록을 사용하여 낱말의 음절 합성하기 워크북 1-3-1

- 포도(포도를 반으로 자른 그림), 사과(사과를 반으로 자른 그림) 그림카드를 준비한다.
- 두 개의 소리(음절)가 합쳐져서 하나의 낱말이 된다는 것을 알려 준다.

  (아동에게 포도 반쪽 그림을 2장 제시하며) "'포'와 '도'를 더하면 '포도'가 되네."
- 새로운 낱말을 사용하여 아동 스스로 낱말을 합성한다.

  (아동에게 사과 반쪽 그림을 2장 제시하며) "'사'와 '과'를 더하면 무슨 소리가 될까?"
- 아동이 적절하게 대답하면, "그래. 사과가 되네."라고 강화를 하고 다른 소리로 연습한다.
- 아동이 적절하게 대답하지 못하면, "'사'와 '과'를 더하면 '사과'가 되네."라고 모델링을 제시하고 다시 한 번 질문한다.
- 아동이 적절하게 대답할 때까지 음절 수대로 나눠진 그림카드나 블록을 통해 해당 단어가 2개의 소리로 되어 있다는 것을 알게 한다.
- 모델링 후 아동 스스로 합성을 하도록 한다.

(3) 그림 단서 없이 말소리로만 낱말 합성하기

- 아동에게 그림 단서 없이 말소리로만 들려주고 아동 스스로 합성하도록 한다. (2)의 절차를 그림 단서 없이 아동에게 제시한다.

• 아동에게 '포' '도' 소리를 강조하여 들려주고, 두 소리를 더하면 '포도'가 된다는 것을 알려준다.
• 아동에게 충분히 모델링을 제시하고 아동 스스로 음절을 합성하여 낱말을 만들도록 한다.
• 아동이 적절하게 대답하지 못하면 (2)에서 사용했던 그림 단서와 블록을 사용하여 2개의 소리로 되어 있다는 것을 알도록 한다.

유의사항: 음절 합성하기 활동은 음절 분절하기 활동과 함께 할 수 있다.

아동 반응 및 중재 효과

• 아동에게 그림 단서 없이 각 음절을 들려주고 두 개의 음절을 합성하도록 한다.
• 아동이 두 개의 음절을 합성하지 못하면, 다음과 같이 질문한다.
(각 음절을 말할 때 블록을 하나씩 제시하고) "두 소리를 더하면 무슨 소리가 될까?"
• 아동이 단서를 제시했을 때 적절하게 대답하면 다시 블록 단서를 빼고 말소리만 제시하여 음절을 합성하도록 한다. "자, 이번에는 블록 없이 해 보자. '포'와 '도'를 더하면 무슨 소리가 될까?"
• 선생님의 단서에도 아동이 대답하지 못하면, 아동에게 "'포'와 '도'를 더하면 '포도'가 되네."라고 알려 준다. 그리고 오반응으로 기록한다.
• 아동이 적절하게 음절을 합성한 낱말에는 '+' 표시를 한다.

	포도	사과	나팔	딸기	코끼리	고양이	합계
자발적 정반응							/6
시각 단서							
오반응							

유의사항: 아동이 100%의 정확도를 보이면 다음 단계로 넘어간다. 아동이 100%의 정확도를 보이지 않으면 응용하기의 낱말을 사용하여 앞과 같은 활동을 반복한다.

활용 사례- 만 5세(남) 유치원생

• 아동은 읽기카드와 학습지를 통해 읽기교육에 노출되었으나 읽기에 어려움을 보이고, 읽기를 거부하고 있다.

• 개별적인 음절은 읽지 못하고 약 10개 미만의 통글자를 읽을 수 있다.

	포도	사과	나팔	딸기	코끼리	고양이	합계
자발적 정반응	+	+	−	+	+	−	4/6
시각 단서			+			+	2/2
오반응							

• 자발적으로 음절을 합성할 수 있는 것으로 보고 다음 음운인식 목표를 진행할 예정이다.

응용하기

• 음절 합성하기

-개구리 그림과 돌다리 그림을 각각 3개씩 준비한다.

-(개구리를 돌다리 하나씩 건너도록 하며 각 음절을 강조하여 들려주고) 세 음절을 더하면 '개구리'가 된다는 것을 알려 준다.

-다른 그림카드(토끼+당근카드 2개, 원숭이+나무카드 3개)를 사용하여 음절을 합성하여 낱말을 만들도록 한다.

-아동이 그림카드 단서를 통해 적절하게 대답하면 그림카드 단서 없이 말소리로만 음절을 합성하도록 한다.

-사용 카드

① 낱말읽기(받침 없음): 토끼　　② 명사 7(곤충 외): 개구리

③ 낱말읽기(다음절): 원숭이

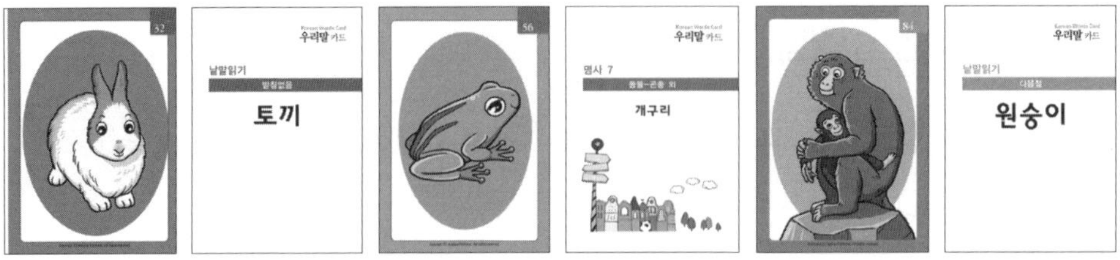

• 음절 수준의 말소리를 조작할 수 있다: 음절 수준에서 탈락할 수 있다.

① 앞의 지침을 참고로 하여 음절 수준에서 탈락하기를 목표로 할 수 있다.

• 사용 카드

① 낱말읽기(받침 없음): 포도 ② 낱말읽기(받침 있음): 나팔, 딸기

③ 소리놀이(첫소리 알기): 사과 ④ 소리놀이(수 세기): 코끼리, 고양이

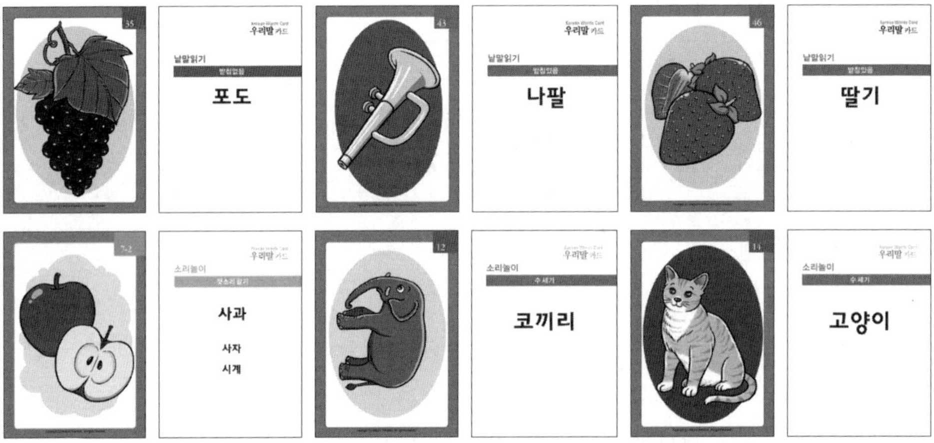

음절 수준에서 말소리를 조작할 수 있다 ④

읽기 수준

- 인쇄물을 보기 시작한 아동
- 읽기를 시작하는 단계의 아동

읽기 목표

- 낱말의 음절을 분절할 수 있다.

사용 카드

- 낱말읽기(받침 없음): 토끼, 고래
- 명사 7(곤충 외): 거미, 개구리
- 명사 7(육지동물): 두더지, 고슴도치

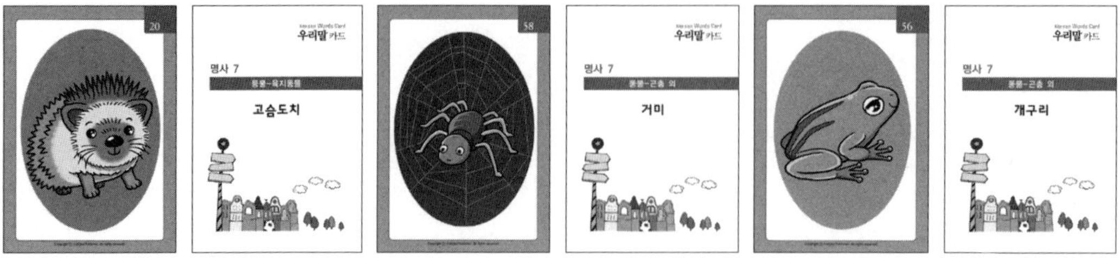

활동절차: 중재 전략 및 유의사항

(1) 낱말의 의미와 소리를 확인하기

• 아동에게 그림카드를 보여 주고 낱말의 의미를 아는지 확인한다. 아동이 모르는 낱말이라면 아동이 알고 있는 다른 낱말의 그림카드를 사용한다.

(2) 그림카드와 블록을 사용하여 낱말의 음절 분절하기 워크북 1-4-1

• 목표 낱말의 그림카드와 목표 낱말의 음절 수에 맞는 블록을 준비한다.

• 아동에게 낱말이 여러 소리로 되어 있다는 것을 알려 준다.

('거미' 그림카드를 제시하고 각 음절을 말할 때 블록 1개씩 놓으며) "'거미'는 무슨 소리로 되어 있을까? 거미는 '거'와 '미' 소리로 되어 있어."라며 두 소리로 되어 있는 것을 알게 한다.

• 아동 스스로 낱말을 분절하도록 한다.

(아동에게 '개구리' 그림카드와 블록 3개를 주며) "'개구리'는 무슨 소리로 되어 있을까?"

• 아동이 적절하게 대답하지 못하면, "개구리는 '개'로 시작해요. 다음 소리는 뭘까?"와 같이 모델링을 해 준다.

• 아동이 적절하게 대답하면 다른 낱말로 연습하고, 아동이 대답하지 못하면 모델링을 해 주고 다시 스스로 해 보도록 요구한다.

• 새로운 그림카드와 블록을 사용하여 각 낱말이 개별적인 소리로 이루어졌다는 것을 알도록 연습한다.

(3) 단서 없이 말소리로만 분절하기

• 아동에게 그림과 블록 단서 없이 말소리로만 들려주고, 아동 스스로 낱말을 음절로 분절하

도록 한다. (2)의 절차를 그림과 블록 단서 없이 아동에게 제시한다.

- 아동에게 "'토끼'는 무슨 소리로 되어 있을까?"라고 질문을 하고 '토'와 '끼' 소리로 되어 있다는 것을 알려 준다.
- 아동에게 충분히 모델링을 제시하고 아동 스스로 낱말을 음절로 분절하도록 한다.
- 아동이 적절하게 대답하지 못하면 (2)에서 사용했던 그림과 블록 단서를 사용하여 연습한다.

아동 반응 및 중재 효과

- 아동에게 그림 단서 없이 낱말을 들려주고 낱말을 분절하도록 질문한다.
- 아동이 분절을 하지 못하면 선생님은 첫음절을 들려주고 "다음 소리는 뭘까?"라고 질문을 하여 아동이 스스로 분절하도록 한다. "'거미'는 거로 시작하네. 다음 소리는 뭘까?"
- 아동이 적절하게 대답하면 다시 한 번 낱말을 들려주고 음절을 분절하도록 한다. "자, 다시 한 번 해 보자. '거미'는 무슨 소리로 되어 있을까?"
- 아동이 여전히 어려움을 보인다면 아동에게 그림카드를 제시하며 모델링을 해 준다. "'거미'는 '거'와 '미'로 되어 있구나."라고 알려 준다. 그리고 오반응으로 기록한다.
- 아동이 적절하게 음절로 분절한 낱말에는 '+' 표시를 한다.

	거미	고래	토끼	개구리	두더지	고슴도치	합계
자발적 정반응							/6
첫음절 단서							
오반응							

유의사항: 아동이 100%(단서 포함)의 정확도를 보이면 음소 단계의 음운인식으로 넘어간다. 아동이 100%의 정확도를 보이지 않으면 응용하기의 낱말을 이용해서 앞의 활동을 반복한다.

활용 사례- 만 5세 2개월(여) 유치원생

- 아동은 읽기카드와 학습지를 통해 읽기교육에 노출되었으나 읽기에 어려움을 보이고, 읽기를 거부하고 있다.
- 개별적인 음절은 읽지 못하고 약 10개 미만의 통글자를 읽을 수 있다.

	거미	고래	토끼	개구리	두더지	고슴도치	합계
자발적 정반응	+	+	−	+	+	−	4/6
첫음절 단서			+			+	2/2
오반응							

- 자발적으로 낱말의 음절 분절이 가능한 것으로 보고 다음 음운인식 목표를 진행할 예정이다.

응용하기

- 다른 낱말 분절하기
  - 시각적 단서(그림카드 및 블록)를 사용하여 음절을 분절하는 단계부터 단서 없이 말소리만으로 아동 스스로 목표 낱말의 음절을 분절하는 단계까지 위계적으로 진행할 수 있다.
  - 2~4음절의 그림카드를 사용하여 아동이 음절 단위로 분절하도록 한다.
  - 목표 낱말의 그림카드와 어절 수만큼의 바둑알을 준비한다. '고양이' 그림카드를 보여 주고 바둑알 3개를 놓으며 '고양이'는 '고' '양' '이'로 분절할 수 있도록 한다.
  - 아동이 적절하게 대답하면 그림카드 단서 없이 말소리로만 분절할 수 있도록 한다.
  - 사용 카드

    ① 낱말읽기(받침 없음): 돼지　　② 명사 7(곤충 외): 파리

    ③ 낱말읽기(다음절) : 강아지, 고양이, 크레파스

    ④ 명사 7(바다생물): 불가사리

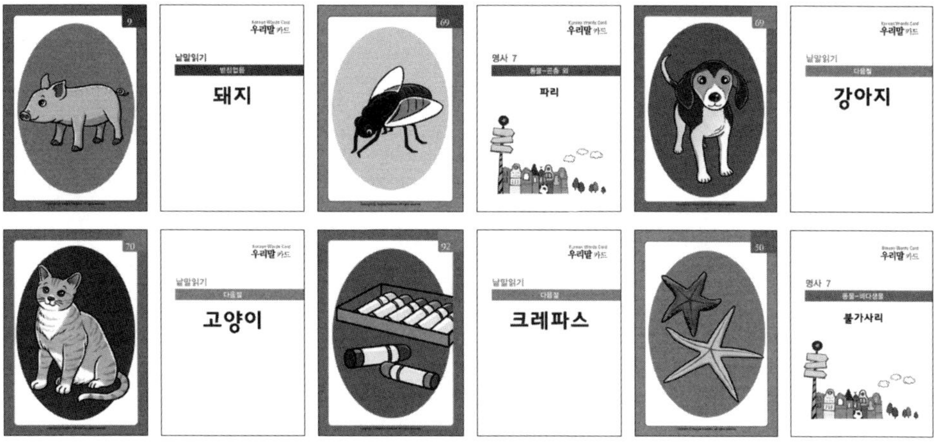

유의사항: 아동이 좋아하는 범주의 우리말카드를 사용하여 낱말의 음절을 분절하는 활동을 할 수 있다.

중재목표

05

음소 수준에서 말소리를 조작할 수 있다 ①

읽기 수준

- 읽기를 시작하는 단계의 아동
- 음절 수준의 음운인식을 할 수 있는 아동

읽기 목표

- 음절의 첫 음소를 확인할 수 있다.

사용 카드

- 소리놀이(첫소리 알기): 사과, 시계
- 소리놀이(첫소리 알기): 치마, 창문
- 소리놀이(첫소리 알기): 커피, 키위
- 소리놀이(첫소리 알기): 토마토, 트럭

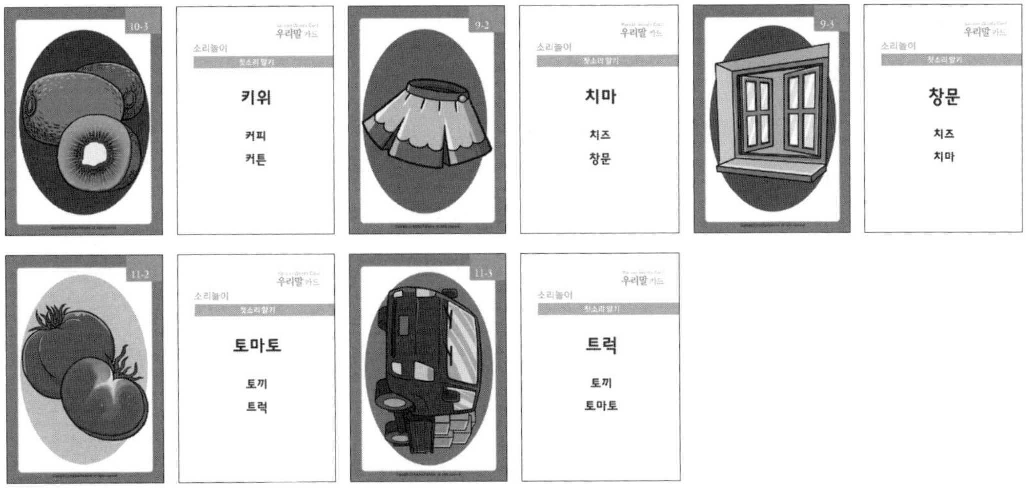

활동절차: 중재 전략 및 유의사항

(1) 낱말의 의미와 소리를 확인하기

- 아동에게 그림카드를 보여 주고 낱말의 의미를 아는지 확인한다. 아동이 모르는 낱말이라면 아동이 알고 있는 다른 낱말의 그림카드를 사용한다.

(2) 그림카드를 사용하여 같은 음소로 시작하는 낱말 확인하기 워크북 1-5-1

- 아동에게 같은 음소로 시작하는 그림카드를 보여 주고, 낱말의 첫 음소를 강조하여 들려준다. 아동이 첫 음소가 같은 소리로 시작한다는 것을 알게 한다.

  "사과, 시계에 똑같은 소리가 있네."

  "'사과'는 무슨 소리로 시작할까? '사과'는 /ㅅ/ 소리로 시작하는구나."

  "'시계'는 무슨 소리로 시작할까? '시계'도 /ㅅ/로 시작하는구나."

  "모두 /ㅅ/ 소리로 시작해. '사과' '시계'의 /ㅅ/가 똑같네."

- 아동에게 새로운 그림카드(커피-키위)를 보여 주며 낱말의 첫음소가 같은지 질문한다.

  "'커피' '키위' 시작하는 소리가 같아? 무슨 소리로 시작해?" 아동이 적절하게 대답하면 다른 그림카드를 사용하여 연습하다.

- 아동이 적절하게 대답하지 못하면,

"'커피'는 무슨 소리로 시작해?" (아동의 반응을 기다리고)

"'키위'는 무슨 소리로 시작해?" (아동의 반응을 기다리고)

"'커피'와 '키위' 모두 /ㅋ/로 시작하네. '커피' '키위'는 /ㅋ/가 같아요."라고 모델링을 제시하고 다시 한 번 질문한다.

(3) 다른 음소로 시작하는 낱말 찾기

- 아동에게 같은 음소로 시작하는 낱말의 그림카드 2개와 다른 음소로 시작하는 낱말카드 1개를 보여 주며 첫 음소가 다른 낱말을 찾도록 한다.

('토마토–트럭–시계' 그림카드를 보여 주며) "'토마토' '트럭' '시계'. 여기에 다른 소리로 시작하는 낱말이 있어요. 뭘까?"

- 아동이 적절하게 '시계'를 찾으면, "그래. '토마토' '트럭'은 /ㅌ/로 시작하고 '시계'는 /ㅅ/ 소리로 시작하는구나. 시작하는 소리가 다르네."라고 강화를 하고 다른 낱말을 사용하여 연습한다.
- 아동이 적절하게 대답하지 못하면,

"'토마토' '트럭'은 무슨 소리로 시작해?" (아동의 반응을 기다리고)

"두 개는 /ㅌ/로 시작하는구나. 같은 소리로 시작하네."

"근데 '시계'는 무슨 소리로 시작해?" (아동의 반응을 기다리고)

"시계는 /ㅅ/로 시작하네. 시계는 다른 소리로 시작하네."라고 모델링을 제시하고 다시 한 번 질문한다.

- 새로운 그림카드 '치마–창문–커피'를 보여 주며 첫음소가 다른 낱말을 찾는 활동을 다시 한 번 연습한다.

유의사항

- 음소 수준의 음운인식 활동에서는 '시옷' 혹은 /스/로 들려주는 것이 아니라 /ㅅ/ 음소자극으로만 들려줘야 한다.
- 음운인식 활동은 글자가 아니라 말소리로만 하는 활동이다. 하지만 아동이 음소 수준에서 과제를 이해하여 적절하게 수행하면 말소리에 해당하는 낱글자를 제시하여 파닉스(phonics) 단계로 이어질 수 있도록 할 수 있다.

아동 반응 및 중재 효과

- 아동에게 같은 음소로 시작하는 낱말 2개와 다른 음소로 시작하는 낱말 1개 그림카드를 보여 주고 다른 음소로 시작하는 낱말을 찾도록 한다.
- 아동이 첫 음소가 다른 낱말을 찾지 못하면 각 낱말의 첫 음소를 강조하여 들려주고 다시 질문한다.
- 아동이 여전히 어려움을 보인다면 다시 한 번 말소리만 제시하여 확인시켜 준다. 그리고 오반응으로 기록한다.
- 아동이 적절하게 첫음소를 확인한 낱말세트에는 '+' 표시를 한다.

	사과-시계-토마토	치마-창문-커피	커피-키위-트럭	토마토-트럭-시계	합계
자발적 정반응					/4
강조하여 들려주기					
오반응					

유의사항: 아동이 90%(단서 포함)의 정확도를 보이면 다음 단계로 넘어간다. 아동이 90%의 정확도를 보이지 않으면 응용하기의 낱말을 사용하여 앞의 활동을 반복한다.

활용 사례- 만 5세 5개월(남) 유치원생

- 아동은 읽기카드와 학습지를 통해 읽기교육에 노출되었으나 읽기에 어려움을 보이고, 읽기를 거부하고 있다.
- 개별적인 음절은 읽지 못하고 약 20개 미만의 통글자를 읽을 수 있다.

	사과–시계–토마토	치마–창문–커피	커피–키위–트럭	토마토–트럭–시계	합계
자발적 정반응	+	−	−	+	2/4
강조하여 들려주기		+	+		2/2
오반응					

• 자발적으로 낱말의 첫 음소를 확인할 수 있는 것으로 보고 다음 음운인식 목표를 진행할 예정이다.

응용하기

• 첫 음소가 같은 낱말 찾기

–3개의 상자를 준비하고 /ㄱ/ /ㅁ/ /ㅂ/로 시작하는 낱말을 한 개씩 넣는다.

–아동에게 각 상자에 있는 낱말과 같은 소리로 시작하는 낱말을 찾아 분류하도록 한다.

–사용카드

① 조음어휘 1(어두초성 ㄱ): 개미
② 명사 6(때 · 날씨): 무지개
③ 낱말읽기(받침 없음): 고래
④ 낱말읽기(받침 없음): 바나나
⑤ 낱말읽기(받침 없음): 모자
⑥ 낱말읽기(다음절): 비행기

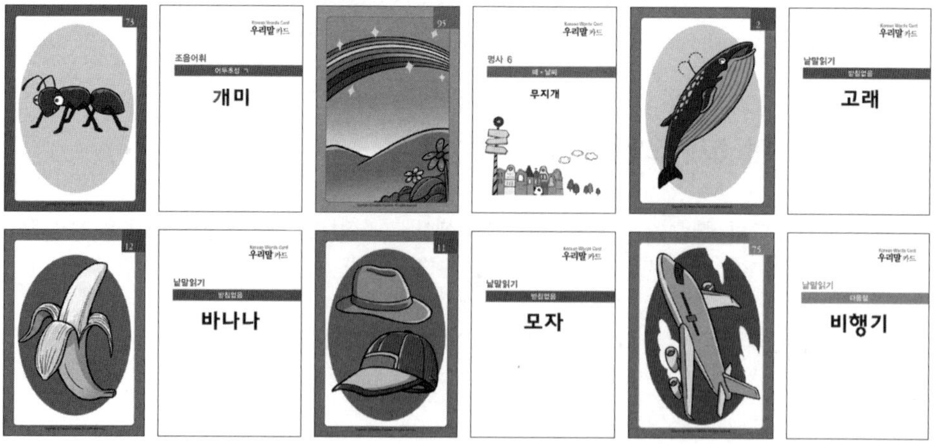

-음소 수준에서 말소리를 조작할 수 있다: 음절의 끝음소를 확인할 수 있다.

① 앞의 지침을 참고로 하여 음소 수준에서 끝음소 확인하기를 목표로 할 수 있다.

-사용 카드

① 조음어휘 3(종성 ㅁ): 밤, 햄

② 조음어휘 3(종성 ㅇ): 빵

③ 조음어휘 3(종성 ㄹ): 물, 발

④ 명사 9(채소): 콩

⑤ 조음어휘 3(종성 ㄴ): 돈, 산

중재목표

06

음소 수준에서 말소리를 조작할 수 있다 ②

읽기 수준

- 읽기를 시작하는 단계의 아동
- 음절 수준의 음운인식을 할 수 있는 아동

읽기 목표

- 음소 수준에서 합성할 수 있다(자음+모음 형태).

사용 카드

- 소리놀이(소리만들기): 차, 코, 소
- 명사 6(때 · 날씨): 비
- 서술어 2(쉬는 시간): 가(가다)

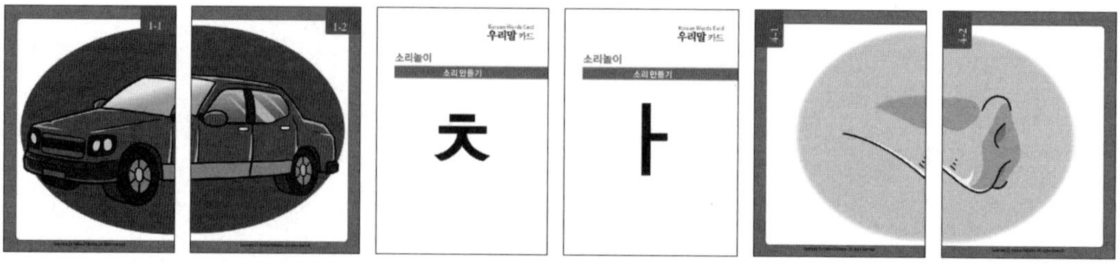

활동절차: 중재 전략 및 유의사항

(1) 낱말의 의미와 소리를 확인하기

- 아동에게 그림카드를 보여 주고 낱말의 의미를 아는지 확인한다. 아동이 모르는 낱말이라면 아동이 알고 있는 다른 낱말의 그림카드를 사용한다.

(2) 그림카드와 블록을 사용하여 음소 합성하기

- 두 개의 음소가 합쳐져서 하나의 낱말이 된다는 것을 들려준다.
  (아동에게 '차' 그림카드와 블록 2개를 제시하며) "/ㅊ/와 /ㅏ/를 더하면 '차'가 되네."
- 새로운 낱말을 보여 주고 아동 스스로 합성하게 한다.
  (아동에게 '소' 그림카드와 블록 2개를 제시하며) "/ㅅ/와 /ㅗ/ 소리를 더하면 무슨 소리가 될까?"
- 아동이 적절하게 대답하면, "그래. '소'가 되네."라고 강화를 하고 다른 낱말로 연습한다.
- 아동이 적절하게 대답하지 못하면,
  "/ㅅ/와 /ㅗ/를 더하면 '소'가 되네."라고 모델링을 제시하고 다시 한 번 질문한다.
- 다른 낱말로 앞의 활동을 반복한다.

(3) 그림 단서 없이 말소리로만 음소 합성하기

- 아동에게 그림 단서 없이 말소리로만 들려주고 아동 스스로 합성하도록 한다. (2)의 절차를 그림단서 없이 아동에게 제시한다.
- 아동에게 /ㅅ/와 /ㅗ/ 소리를 강조하여 들려주고, /ㅅ/와 /ㅗ/ 소리를 더하면 '소'가 된다는 것을 알려 준다.
- 아동에게 충분히 모델링을 제시하고 아동 스스로 음소를 합성하여 낱말을 만들도록 한다.
- 아동이 적절하게 대답하지 못하면 (2)에서 사용했던 그림 단서와 블록을 사용하여 두 소리를 더하면 '소'가 된다는 것을 알도록 한다.

유의사항: 음소 수준의 음운인식 활동에서는 '시옷' 혹은 /스/로 들려주는 것이 아니라 /ㅅ/ 음소자극으로만 들려줘야 한다.

아동 반응 및 중재 효과

- 아동에게 그림 단서 없이 각 음소를 들려주고 두 개의 음소를 합성하도록 한다.
- 아동이 두 개의 음소를 합성하지 못하면 블록을 사용해 두 음소를 합성하도록 한다.
- 아동이 적절하게 대답하면 다시 한 번 말소리만 제시하여 두 음소를 합성하도록 한다.
- 아동이 여전히 어려움을 보인다면 아동에게 그림카드와 블록을 사용하여 /ㅋ/와 /ㅗ/ 소리를 더하면 '코'가 된다는 것을 알려 준다. 그리고 오반응으로 기록한다.
- 아동이 적절하게 합성한 낱말에는 '+' 표시를 한다.

	차	코	소	가	비	합계
자발적 정반응						/5
시각 단서						
오반응						

유의사항: 아동이 80%(단서 포함)의 정확도를 보이면 다음 단계로 넘어간다. 아동이 80%의 정확도를 보이지 않으면 응용하기의 낱말을 사용하여 앞의 활동을 반복한다.

활용 사례– 5세 6개월(여) 유치원생

- 아동은 읽기카드와 학습지를 통해 읽기교육에 노출되었으나 읽기에 어려움을 보이고, 읽기를 거부하고 있다.
- 개별적인 음절은 읽지 못하고 약 20개 미만의 통글자를 읽을 수 있다.

	차	코	소	가	비	합계
자발적 정반응	–	+	+	–	+	3/5
시각 단서	+			+		2/2
오반응						

- 자발적으로 음소를 합성할 수 있는 것으로 보고 다음 음운인식 목표를 진행할 예정이다.

응용하기

- 자음+모음 형태 합성하기
  - –아동이 어려움을 보이면 그림카드와 바둑알을 사용하여 시각 단서를 제공한다.
  - –사용 카드

① 서술어 3(쉬기 외): 자(자다)　　② 명사 7(가축 외): 개

③ 서술어 4(놀이): 타(타다)　　④ 명사 9(채소): 파

유의사항

- 음운인식 활동은 글자가 아니라 말소리로만 하는 활동이다. 하지만 아동이 음소 수준에서 과제를 이해하여 적절하게 수행하면 말소리에 해당하는 낱글자를 제시하여 음운인식 활동을 할 수 있다. 이러한 활동은 이후 파닉스 단계로 이어지고, 초기 낱말읽기를 증진시키는 데 효과적이다.
- 음소 합성하기 활동은 음소 분절하기 활동과 함께 할 수 있다.

중재목표

07

음소 수준에서 말소리를 조작할 수 있다 ③

읽기 수준

- 읽기를 시작하는 단계의 아동
- 음절 수준의 음운인식을 할 수 있는 아동

읽기 목표

- 음소 수준에서 합성할 수 있다[1음절: (자음+모음)+종성].

사용 카드

- 낱말읽기(받침 있음): 손
- 명사 9(채소): 콩
- 조음어휘 3(종성 ㄹ): 물
- 조음어휘 3(종성 ㅁ): 햄
- 명사 5(연장): 삽
- 소리놀이(소리만들기): 해, 코, 소, 무

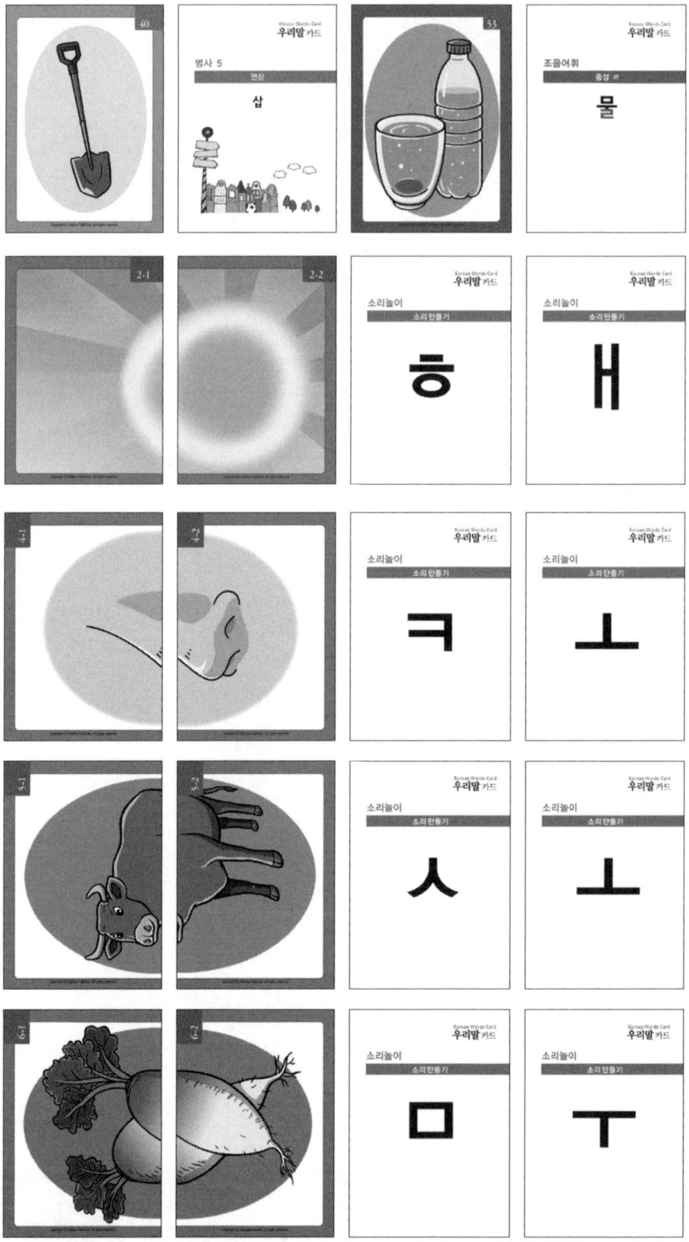
40
우리말 카드
명사 5
연장
삽
53
우리말 카드
조음어휘
물
2-1
2-2
우리말 카드
소리놀이
소리만들기
ㅎ
우리말 카드
소리놀이
소리만들기
ㅐ
우리말 카드
소리놀이
소리만들기
ㅋ
우리말 카드
소리놀이
소리만들기
ㅗ
우리말 카드
소리놀이
소리만들기
ㅅ
우리말 카드
소리놀이
소리만들기
ㅗ
우리말 카드
소리놀이
소리만들기
ㅁ
우리말 카드
소리놀이
소리만들기
ㅜ

활동절차: 중재 전략 및 유의사항

(1) 낱말의 의미와 소리를 확인하기

• 아동에게 그림카드를 보여 주고 낱말의 의미를 아는지 확인한다. 아동이 모르는 낱말이라면 아동이 알고 있는 다른 낱말의 그림카드를 사용한다.

(2) 그림카드를 사용하여 음소 합성하기

• '중재목표 6(p. 50)'에서 사용한 그림카드를 준비한다.

• 아동에게 그림카드를 보여 주며 종성이 없는 1음절 낱말(자음+모음 형태)에 종성을 합성하여 들려준다.

(아동에게 '소' 그림카드를 보여 주며) "소. 소네. '소'와 /ㄴ/ 소리를 더하면 '손'이 되네." (이때 '손' 그림카드를 제시한다.)

• 아동이 스스로 합성하게 한다.

('코' 그림카드를 제시하며) "'코'와 /ㅇ/ 소리를 더하면 무슨 소리가 될까?"

• 아동이 적절하게 대답하면, ('콩' 그림카드를 보여 주며) "그래. '콩'이 되네."라고 강화를 하고 다른 낱말로 연습한다.

• 아동이 적절하게 대답하지 못하면, "'코'와 /ㅇ/ 소리를 더하면 '콩'이 되네." 라고 모델링을 제시하고 다시 한 번 질문한다.

(3) 그림 단서 없이 말소리로만 음소 합성하기

• 아동에게 그림 단서 없이 말소리로만 들려주고 아동 스스로 합성하도록 한다. (2)의 절차를 그림단서 없이 아동에게 제시한다.

• 아동에게 '코'와 /ㅇ/ 소리를 강조하여 들려주고, '코'와 /ㅇ/ 소리를 더하면 '콩'이 된다는 것을 알려 준다.

• 아동에게 충분히 모델링을 제시하고 아동 스스로 합성하여 낱말을 만들도록 한다.

• 아동이 적절하게 대답하지 못하면 (2)에서 사용했던 그림카드를 사용하여 합성할 수 있도록 한다.

유의사항: 음소 수준의 음운인식 활동에서는 '니은' 혹은 /느/로 들려주는 것이 아니라 /ㄴ/ 음소자극으로만 들려줘야 한다.

아동 반응 및 중재 효과

- 아동에게 그림 단서 없이 각 음소를 들려주고 1음절(자음+모음) 낱말에 종성을 합성하도록 한다. "'무'와 /ㄹ/을 더하면 뭐가 될까?"라고 질문한다.
- 아동이 합성하지 못하면 그림카드를 사용하여 합성할 수 있도록 한다. 아동이 적절하게 대답하면 다시 한 번 말소리만 제시하여 합성하도록 한다.
- 아동이 여전히 어려움을 보인다면 아동에게 2장의 그림카드(무, 물)를 사용하여 '무'와 /ㄹ/을 더하면 '물'이 된다는 것을 알려 준다. 그리고 오반응으로 기록한다.
- 아동이 적절하게 합성한 낱말에는 '+' 표시를 한다.

	손	콩	물	햄	삽	합계
자발적 정반응						/5
시각 단서						
오반응						

유의사항: 아동이 80%(단서 포함)의 정확도를 보이면 다음 단계로 넘어간다. 아동이 80%의 정확도를 보이지 않으면 응용하기의 낱말을 사용하여 앞의 활동을 반복한다.

활용 사례- 5세 7개월(남) 유치원생

- 아동은 읽기카드와 학습지를 통해 읽기교육에 노출되었으나 읽기에 어려움을 보이고, 읽기를 거부하고 있다.
- 개별적인 음절은 읽지 못하고 약 20개 미만의 통글자를 읽을 수 있다.

	손	콩	물	햄	삽	합계
자발적 정반응	−	+	+	−	+	3/5
시각 단서	+			+		2/2
오반응						

• 자발적으로 음소를 합성할 수 있는 것으로 보고 다음 음운인식 목표를 진행할 예정이다.

응용하기

• 1음절(자음+모음) 낱말에 종성을 들려주고 아동이 합성하도록 한다.

−아동이 어려움을 보이면 그림카드를 사용하여 음소를 합성하도록 한다.

−사용 카드

① 낱말읽기(받침 있음): 문, 팔　　② 낱말읽기(다음절): 창(창문)

③ 명사 7(육지동물): 뱀　　④ 명사 9(채소) : 무, 파

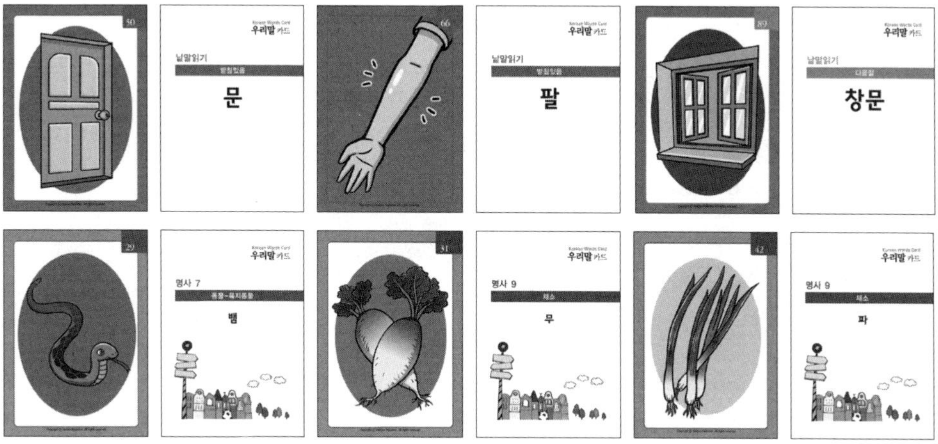

−음소 수준에서 말소리를 조작할 수 있다: 음소 수준에서 탈락할 수 있다.

① 앞의 활동절차를 참고로 하여 음소 수준에서 탈락하기[(자음+모음+자음)-종성] 과제를 할 수 있다.

–사용 카드

① 낱말읽기(받침 있음): 손
② 조음어휘 3(종성 ㅁ): 햄
③ 명사 9(채소): 콩
④ 명사 5(연장): 삽
⑤ 조음어휘 3(종성 ㄹ): 물
⑥ 소리놀이(소리만들기): 해, 코, 소, 무

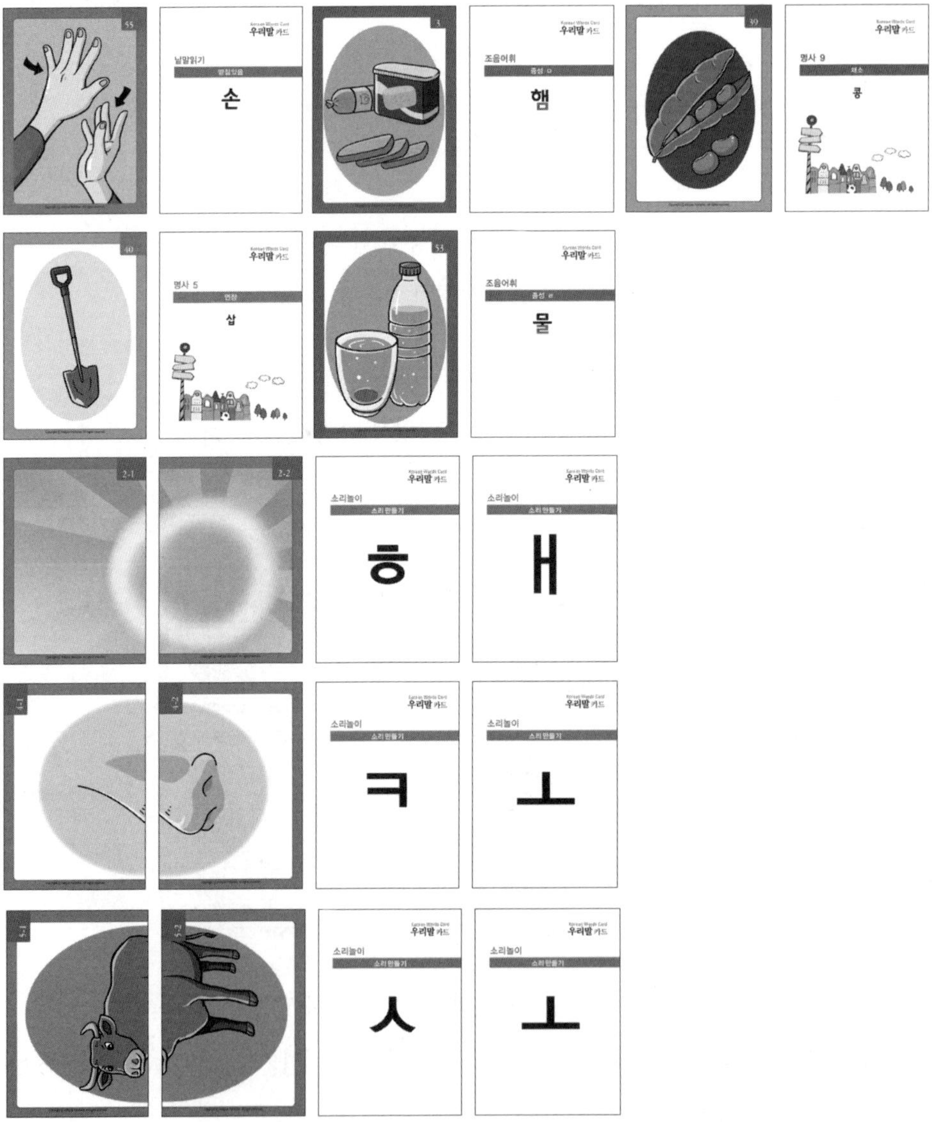

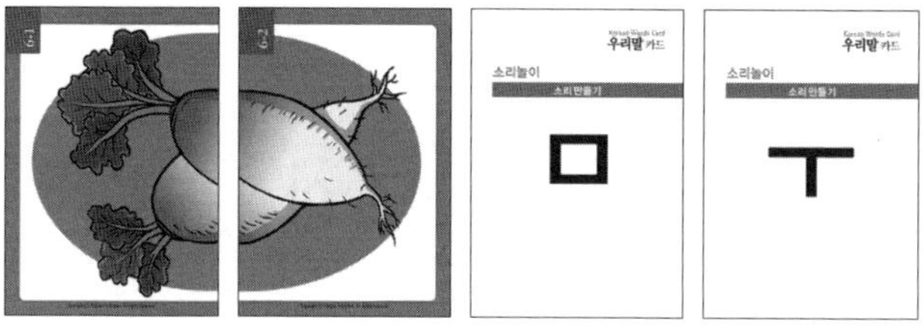

유의사항: 음운인식 활동은 글자가 아니라 말소리로만 하는 활동이다. 하지만 아동이 음소 수준에서 과제를 이해하여 적절하게 수행하면 말소리에 해당하는 낱글자를 제시하여 음운인식 활동을 할 수 있다. 이러한 활동은 이후 파닉스 단계로 이어지고, 초기 낱말읽기를 증진시키는 데 효과적이다.

중재목표 08

음소 수준에서 말소리를 조작할 수 있다 ④

읽기 수준

- 읽기를 시작하는 단계의 아동
- 음절 수준의 음운인식을 할 수 있는 아동
- 통글자로 읽을 수 있는 낱말이 30개 미만인 아동

읽기 목표

- 음소 수준에서 분절할 수 있다(자음+모음 형태).

사용 카드

- 소리놀이(소리만들기): 차, 코, 소
- 명사 6(때 · 날씨): 비
- 서술어 2(쉬는 시간): 가(가다)

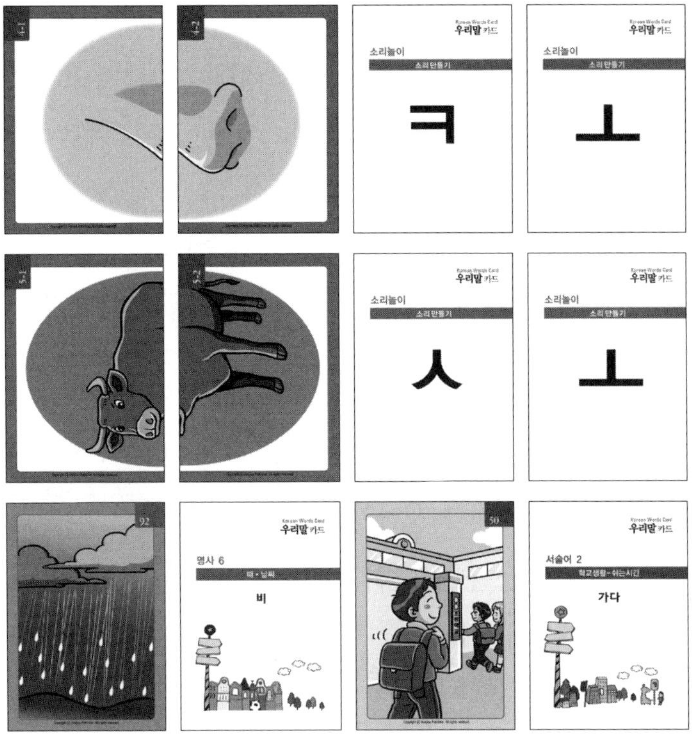

활동절차: 중재 전략 및 유의사항

(1) 낱말의 의미와 소리를 확인하기

- 아동에게 그림카드를 보여 주고 낱말의 의미를 아는지 확인한다. 아동이 모르는 낱말이라면 아동이 알고 있는 다른 낱말의 그림카드를 사용한다.

(2) 그림카드와 블록을 사용하여 음소 분절하기

- 낱말이 개별적인 소리로 되어 있다는 것을 알도록 한다.

  (아동에게 '차' 그림카드와 블록 2개를 제시하며) "'차'는 /ㅊ/와 /ㅏ/ 소리로 되어 있어."

- 아동이 스스로 분절하도록 한다.

  (아동에게 '소' 그림카드와 블록 2개를 제시하며) "'소'는 무슨 소리로 되어 있을까?"

- 아동이 적절하게 대답하면, "그래. '소'는 /ㅅ/와 /ㅗ/ 소리로 되어 있네."라고 강화를 하고 다른

낱말로 연습한다.

- 아동이 적절하게 대답하지 못하면, '소'는 무슨 소리로 시작해요?"라고 질문한다.
  아동이 적절하게 대답하면, "'소'는 무슨 소리로 되어 있는지 말해 줄래?"라고 질문한다.
- 아동이 /ㅅ/ 소리로 시작한다는 것을 대답하지 못하면,
  "'소'는 /ㅅ/ 소리로 시작해요. 그럼 다음 소리는 뭘까?"라고 질문한다.
- 아동이 여전히 어려움을 보이면 그림카드와 블록을 통해 2개의 개별적인 말소리로 이루어져 있다는 것을 알게 한다.
- 모델링 후 아동 스스로 분절할 수 있도록 한다.

(3) 그림 단서 없이 말소리로만 분절하기

- 아동에게 그림 단서 없이 말소리로만 들려주고 아동 스스로 분절하도록 한다. (2)의 절차를 그림단서 없이 아동에게 제시한다.
- 아동에게 '소'를 강조하여 들려주고 '소'는 /ㅅ/와 /ㅗ/ 소리로 되어 있다는 것을 알려 준다.
- 아동에게 충분히 모델링을 제시하고 아동 스스로 음소로 분절하도록 한다.
- 아동이 적절하게 대답하지 못하면 (2)에서 사용했던 그림 단서와 블록을 사용하여 '소'는 /ㅅ/와 /ㅗ/ 소리로 되어 있다는 것을 알려 준다.

유의사항: 음소 수준의 음운인식 활동에서는 '시옷' 혹은 /스/로 들려주는 것이 아니라 /ㅅ/ 음소자극으로만 들려줘야 한다.

아동 반응 및 중재 효과

- 아동에게 단서 없이 낱말을 음소로 분절하도록 한다. "'차'는 무슨 소리로 되어 있을까?"라고 질문한다.
- 아동이 분절을 하지 못하면 선생님은 첫 음소를 들려주고 "다음 소리는 뭘까?"라고 질문을 하여 아동 스스로 분절하도록 한다. 아동이 적절하게 대답하면 다시 한 번 질문하고 아동 스스

로 분절하도록 한다. "'차'는 무슨 소리로 되어 있을까?"

- 아동이 여전히 어려움을 보인다면 아동에게 그림카드를 제시하며 모델링을 해 준다. '차'는 /ㅊ/와 /ㅗ/ 소리로 되어 있다는 것을 알려 준다. 그리고 오반응으로 기록한다.
- 아동이 적절하게 분절한 낱말에는 '+' 표시를 한다.

	차	코	소	가	비	합계
자발적 정반응						/5
첫 음소 단서						
오반응						

유의사항: 아동이 70%(단서 포함)의 정확도를 보이면 다음 단계로 넘어간다. 아동이 70%의 정확도를 보이지 않으면 응용하기의 낱말을 사용하여 앞의 활동을 반복한다.

활용 사례- 5세 8개월(남) 유치원

- 아동은 읽기카드와 학습지를 통해 읽기교육에 노출되었으나 읽기에 어려움을 보이고, 읽기를 거부하고 있다.
- 개별적인 음절은 읽지 못하고 약 30개 미만의 통글자를 읽을 수 있다.

	차	코	소	가	비	합계
자발적 정반응	−	+	+	−	+	3/5
첫 음소 단서	+			+		2/2
오반응						

- 자발적으로 음소를 분절할 수 있는 것으로 보고 다음 음운인식 목표를 진행할 예정이다.

응용하기

• 1음절 낱말(자음+모음)을 각 음소로 분절하기

–아동이 어려움을 보이면 시각 단서(그림카드와 바둑알)를 사용하여 음소로 분절할 수 있도록 한다.

–사용 카드

① 서술어 3(쉬기 외): 자(자다)　　② 명사 7(가축 외): 개

③ 서술어 4(놀이): 타(타다)　　④ 명사 9(채소): 파

유의사항: 음운인식 활동은 글자가 아니라 말소리로만 하는 활동이다. 하지만 아동이 음소 수준에서 과제를 이해하여 적절하게 수행하면 말소리에 해당하는 낱글자를 제시하여 음운인식 활동을 할 수 있다. 이러한 활동은 이후 파닉스 단계로 이어지고, 초기 낱말읽기를 증진시키는 데 효과적이다.

중재목표

09

음소 수준에서 말소리를 조작할 수 있다 ⑤

읽기 수준

- 읽기를 시작하는 단계의 아동
- 음절 수준의 음운인식을 할 수 있는 아동
- 통글자로 읽을 수 있는 낱말이 30개 미만인 아동

읽기 목표

- 음소 수준에서 분절할 수 있다(자음+모음+자음).

사용 카드

- 낱말읽기(받침 있음): 손
- 명사 9(채소): 콩
- 조음어휘 3(종성 ㄹ): 물
- 조음어휘 3(종성 ㅁ): 햄
- 명사 5(연장): 삽

활동절차: 중재 전략 및 유의사항

(1) 낱말의 의미와 소리를 확인하기

• 아동에게 그림카드를 보여 주고 낱말의 의미를 아는지 확인한다. 아동이 모르는 낱말이라면 아동이 알고 있는 다른 낱말의 그림카드를 사용한다.

(2) 그림카드와 블록을 사용하여 음소 분절하기

• 낱말이 개별적인 소리로 되어 있다는 것을 알도록 한다.

(아동에게 '물' 그림카드와 블록 3개를 제시하며) "'물'은 /ㅁ/ /ㅜ/ /ㄹ/. 3개의 소리로 되어 있어."

• 아동이 스스로 분절하도록 한다.

(아동에게 '콩' 그림카드와 블록 3개를 제시하며) "'콩'은 무슨 소리로 되어 있을까?"

• 아동이 적절하게 대답하면, "그래. '콩'은 /ㅋ/ /ㅗ/ /ㅇ/. 3개의 소리로 되어 있네."라고 강화를 하고 다른 낱말로 연습한다.

• 아동이 적절하게 대답하지 못하면, "'콩'은 무슨 소리로 시작해요?"라고 질문한다. 아동이 적절하게 대답하면, "'콩'은 무슨 소리로 되어 있는지 말해 줄래?"라고 질문한다.

• 아동이 /ㅋ/ 소리로 시작한다는 것을 대답하지 못하면, "'콩'은 /ㅋ/ 소리로 시작해요. 그럼 다음 소리는 뭘까?"라고 질문한다.

• 아동이 대답하지 못하면 그림카드와 블록을 통해 3개의 개별적인 말소리로 이루어져 있다는 것을 알게 한다.

• 모델링 후 아동 스스로 분절할 수 있도록 한다.

(3) 그림 단서 없이 말소리로만 분절하기

- 아동에게 그림 단서 없이 말소리로만 들려주고 아동 스스로 분절하도록 한다. (2)의 절차를 그림 단서 없이 아동에게 제시한다.
- 아동에게 '콩'을 강조하여 들려주고 '콩'은 /ㅋ/ /ㅗ/ /ㅇ/ 소리로 되어 있다는 것을 알려 준다.
- 아동에게 충분히 모델링을 제시하고 아동 스스로 음소를 분절하도록 한다.
- 아동이 적절하게 대답하지 못하면 (2)에서 사용했던 그림 단서와 블록을 사용하여 '콩'은 /ㅋ/ /ㅗ/ /ㅇ/ 소리로 되어 있다는 것을 알려 준다.

유의사항: 음소 수준의 음운인식 활동에서는 '리을' 혹은 /르/로 들려주는 것이 아니라 /ㄹ/ 음소자극으로만 들려줘야 한다.

아동 반응 및 중재 효과

- 아동에게 그림 단서 없이 소리로만 음소로 분절하도록 한다. "'콩'은 무슨 소리로 되어 있을까?" 하고 질문한다.
- 아동이 세 개의 음소로 분절하지 못하면 첫음소를 들려주고 "다음 소리는 뭘까?"라고 질문을 하여 아동 스스로 분절하도록 한다. 아동이 적절하게 대답하면 다시 한 번 아동 스스로 분절하도록 한다. "'콩'은 무슨 소리로 되어 있을까?"
- 아동이 여전히 어려움을 보인다면 아동에게 그림카드와 블록을 사용하여 '콩'은 /ㅋ/ /ㅗ/ /ㅇ/ 소리로 되어 있다는 것을 알려 준다. 그리고 오반응으로 기록한다.
- 아동이 적절하게 분절한 낱말에는 '+' 표시를 한다.

	손	콩	물	햄	삽	합계
자발적 정반응						/5
첫 음소 단서						
오반응						

유의사항: 아동이 50%(단서 포함)의 정확도를 보이면 파닉스와 낱말해독 단계로 넘어 간다. 아동이 50%의 정확도를 보이지 않으면 응용하기의 낱말을 사용하여 앞의 활동을 반복한다.

활용 사례 – 5세 10개월(여) 유치원생

- 아동은 읽기카드와 학습지를 통해 읽기교육에 노출되었으나 읽기에 어려움을 보이고, 읽기를 거부하고 있다.
- 개별적인 음절은 읽지 못하고 약 30개 미만의 통글자를 읽을 수 있다.

	손	콩	물	햄	삽	합계
자발적 정반응	+	+	+	−	+	4/5
첫 음소 단서				+		1/1
오반응						

- 자발적으로 음소를 분절할 수 있는 것으로 보고 통글자 읽기와 파닉스 단계를 진행할 예정이다.

응용하기

- 종성이 있는 1음절 낱말 분절하기
  - 종성이 있는 1음절 낱말(자음+모음+자음)을 각 음소로 분절할 수 있도록 한다.
  - 아동이 어려움을 보이면 시각 단서(그림카드와 바둑알)를 사용하여 음소로 분절할 수 있도록 한다.
  - 사용 카드

    ① 조음어휘 3(종성 ㅁ): 밤
    ② 조음어휘 3(종성 ㅂ): 컵
    ③ 조음어휘 3(종성 ㄴ): 산
    ④ 조음어휘 3(종성 ㄱ): 목
    ⑤ 조음어휘 3(종성 ㄹ): 말

유의사항: 음운인식 활동은 글자가 아니라 말소리로만 하는 활동이다. 하지만 아동이 음소 수준에서 과제를 이해하여 적절하게 수행하면 말소리에 해당하는 낱글자를 제시하여 음운인식 활동을 할 수 있다. 이러한 활동은 이후 파닉스 단계로 이어지고, 초기 낱말읽기를 증진시키는 데 효과적이다.

제2장

통글자

중재목표

낱말을 통글자로 읽을 수 있다 ①

* 통글자 읽기: 개별 글자를 읽지 못하나 친숙한 낱말을 한 덩이로 읽는 것

읽기 수준

- 읽기를 시작하는 단계의 아동
- 통글자로 읽을 수 있는 낱말이 10개 미만인 아동

읽기 목표

- 종성 없는 낱말을 통글자로 읽을 수 있다.

사용 카드

- 조음어휘 2(어중초성 ㅊ): 고추
- 조음어휘 1(어두초성 ㅅ): 사과
- 낱말읽기(받침 없음): 포도, 토마토, 바나나

활동절차: 중재 전략 및 유의사항

(1) 낱말의 의미와 소리를 확인하기

- 아동에게 그림카드를 보여 주고 낱말의 의미를 아는지 확인한다. 사물의 맛이나 생김새 등에 대해 대화를 나누어 낱말의 의미를 확인시켜 준다. 그런 다음 그림카드의 뒷면에 있는 글자를 보여 주고 의미와 글자를 연결해 준다.

  ('사과' 그림카드를 보여 주고) "이게 뭐야?"

  (아동의 반응을 기다리고) "사과. 빨간색 사과야. 사과네."

  (그림카드 뒷면의 '사과' 글자를 손가락으로 가리키며) "사과, 사과야."

  (그림과 글자를 함께 혹은 번갈아 보여 주며) " 빨간색 사과야. '사과'라고 읽어."

- 다른 목표 낱말도 앞과 같이 한다.

(2) 그림과 글자 연결하기

- (1)의 활동을 통해 몇 개의 낱말을 통글자로 확인하고 나면 아동이 의미(그림)와 글자를 연결하게 한다.
- 2장의 그림카드를 아동에게 제시하고 하나의 글자카드를 보여 주어 그림카드 중 글자카드와 일치하는 그림카드를 찾게 한다.

  (그림카드 2장을 아동 앞에 놓고) "여기 우리가 봤던 그림이 있어. 선생님이 보여 주는 글자를 보고 그림을 찾는 거야."

  (목표 낱말 하나를 글자로 보여 주고) "'사과' 어디 있어?"

- 아동이 할 때까지 충분한 시간을 주고 기다리며 아동이 글자카드에 맞는 그림카드를 찾으면

그림카드와 글자카드를 나란히 놓고 "그래, 사과."라고 들려주어 아동이 다시 의미와 글자를 연결하는지 확인하도록 한다.

- 아동이 할 때까지 충분한 시간을 주고 기다리며, 아동이 글자카드에 맞는 그림카드를 찾지 못하면 목표 낱말의 그림카드와 글자카드를 나란히 놓고 "사과야. 빨간색 사과."라고 들려주어 의미와 글자를 확인시켜 준다. 그런 다음 다시 몇 장의 그림카드를 아동의 앞에 놓고 목표 낱말을 글자카드로 제시하여 찾게 한다.

유의사항: 아동이 뜻을 알고 있는 낱말만 사용한다. 아동의 수준에 맞추어 제시하는 그림카드를 2~5장 정도로 조절한다. 아동이 알고 있는 통글자가 많지 않다면 2장의 그림카드만 제시하여 혼란스럽지 않도록 한다. 또한 아동이 같은 음절 수의 낱말을 혼동하면 제시하는 낱말의 음절 수가 다른 것부터 함께 제시할 수 있다.

(3) 목표 낱말 통글자 읽기

- 목표 낱말카드가 들어 있는 주머니를 준비하여 아동이 뽑게 한다(또는 낚시놀이를 통해 목표 낱말카드를 뽑도록 한다).
- 아동이 뽑은 카드를 뒤집어 글자카드로 보여 주고 아동이 읽어 보게 한다.
- 아동이 정확하게 읽었을 경우 글자카드를 손가락으로 가리키며 천천히 목표 낱말을 다시 읽어 준다.

  (글자카드를 손가락으로 가리키며) "그래. 사과. 사과야."
- 아동이 정확하게 읽지 못하였을 경우 글자카드 뒷면의 그림을 보여 주어 아동이 목표 낱말을 말하도록 하고 다시 글자를 보고 읽어 보게 한다.

아동 반응 및 중재 효과

- 아동에게 지금까지 배운 낱말을 글자카드로 보여 주어 아동이 혼자 읽어 보게 한다.
- 아동이 읽지 못하면 '빨간색' 또는 '먹는 거' 등 아동을 가르칠 때 사용하였던 의미 단서를 주

고 아동이 말하면 다시 글자를 보고 읽어 보게 한다.

• 아동이 의미 단서에도 오반응하면 "사–"라고 첫음절을 들려준다.
  아동이 "과" 또는 "사과"라고 말하면 다시 글자를 보고 혼자 읽어 보게 한다.

• 아동이 전혀 읽지 못하면 그림카드를 보여 주어 "사과"라고 들려주고 다시 글자를 보고 읽게 하며 오반응으로 기록한다.

• 아동이 읽은 단계에 '+' 표시를 한다.

	고추	사과	포도	바나나	토마토	합계
혼자 읽기						/5
의미 단서						
말소리 단서						
오반응						

유의사항: 아동이 80%(혼자 읽기)의 정확도를 보이면 다음 단계로 넘어간다. 아동이 80%의 정확도를 보이지 않으면 응용하기를 앞의 활동 절차대로 실시한다.

활용 사례– 만 5세 3개월(남) 유치원생

• 아동은 읽기교육을 시작하였으나 'ㄱ'부터 자소 이름 교육 후 글자 읽기를 시작하여 읽기를 거부하였다. 이에 아동에게 친숙한 낱말부터 통글자 읽기를 목표로 진행하였다.

• 아동이 마트에서 살 수 있는 좋아하는 음식 범주로 통글자를 선정하였으며, 2~3음절로 음절수를 다르게 하여 시각적으로 혼란스럽지 않도록 하였다.

• 처음에는 아동이 다섯 가지 카드를 구분하지 못하였으나, 점차 카드에 흥미를 보였다.

• 아동과 카드놀이를 하며 통글자로 읽기를 반복한 결과 통글자로 혼자 읽기가 가능하였으며, '고추'는 스스로 읽지 못하였지만 의미 단서 제공 후 읽을 수 있었다.

	고추	사과	포도	바나나	토마토	합계
혼자 읽기	−	+	+	+	+	4/5
의미 단서	+					1/1
말소리 단서						
오반응						

• 낱말을 읽으며 각 음절을 손가락으로 가리키는 것이 관찰되어 종성이 포함된 통글자 수업 후 새로운 낱말 읽기로 진행할 예정이다.

응용하기

• 상품 진열하기 워크북 1-10-1

–아동에게 마트 진열대에 목표 낱말의 그림카드를 상품을 진열하듯이 놓은 후 진열대에 상품 이름 붙이기를 한다. 목표 낱말을 그림카드의 약 1/4 사이즈 종이에 쓴 뒤 아동에게 모두 보여 주고 아동이 글자를 찾으면 그림카드 밑에 붙여 주어 그림과 글자를 연결하여 읽어 보게 한다.

• 문장에서 확인하기

–상품 글자 읽기 후 마트에서 무엇을 파는지 물어본다.

–"마트에 뭐 있어?"라고 질문하고 "(　　　) 있어."라는 문장을 글로 제시한다. 앞에서 사용한 글자를 읽고 빈칸에 넣어 완성하게 한다.

중재목표

02 낱말을 통글자로 읽을 수 있다 ②

읽기 수준

- 읽기를 시작하는 단계의 아동
- 통글자로 읽을 수 있는 낱말이 10개 미만인 아동

읽기 목표

- 종성 있는 낱말을 통글자로 읽을 수 있다.

사용 카드

- 낱말읽기(받침 있음): 빵, 딸기
- 조음어휘 3(종성 ㄴ): 만두
- 명사 9(과일 · 열매): 오렌지
- 낱말읽기(다음절): 아이스크림

활동절차: 중재 전략 및 유의사항

(1) 낱말의 의미와 소리를 확인하기

- 아동에게 그림카드를 보여 주고 낱말의 의미를 아는지 확인한다. 사물의 맛이나 생김새 등에 대해 대화를 나누어 낱말의 의미를 확인시켜 준다. 그런 다음 그림카드의 뒷면에 있는 글자를 보여 주고 의미와 글자를 연결해 준다.

  ('아이스크림' 그림카드를 보여 주고) "이게 뭐야?"

  (아동의 반응을 기다리고) "아이스크림. 차갑고 맛있는 아이스크림. 아이스크림이네."

  (그림카드 뒷면의 '아이스크림' 글자를 손가락으로 가리키며) "아이스크림, 아이스크림이야."

  (그림과 글자를 함께 혹은 번갈아 보여 주며) "차갑고 맛있어. 아이스크림이야. '아이스크림'이라고 읽어."
- 다른 목표 낱말도 앞과 같이 한다.

(2) 그림과 글자 연결하기

- (1)의 활동을 통해 몇 개의 낱말을 통글자로 확인하고 나면 아동이 의미(그림)와 글자를 연결하게 한다.
- 2장의 그림카드를 아동에게 제시하고 하나의 글자카드를 보여 주어 그림카드 중 글자카드와 일치하는 그림카드를 찾아 보게 한다.

  (그림카드 2장을 아동 앞에 놓고) "여기 우리가 봤던 그림이 있어. 선생님이 보여 주는 글자를 보고 그림을 찾는 거야."

  (목표 낱말 하나를 글자로 보여 주고) "'아이스크림' 어디 있어?"
- 아동이 할 때까지 충분한 시간을 주고 기다리며 아동이 글자카드에 맞는 그림카드를 찾으면 그림카드와 글자카드를 나란히 놓고 "그래, 아이스크림."이라고 들려주어 아동이 다시 의미와

글자를 연결하여 확인하도록 한다.

- 아동이 할 때까지 충분한 시간을 주고 기다리며, 아동이 글자카드에 맞는 그림카드를 찾지 못하면 목표 낱말의 그림카드와 글자카드를 나란히 놓고 "아이스크림이야. 차갑고 맛있는 아이스크림."이라고 들려주어 의미와 글자를 확인시켜 준다. 그런 다음 다시 몇 장의 그림카드를 아동의 앞에 놓고 목표 낱말을 글자카드로 제시하여 찾도록 한다.

> **유의사항:** 아동이 뜻을 알고 있는 낱말만 사용한다. 아동이 알고 있는 통글자가 많지 않다면 2장의 그림카드만 제시하여 혼란스럽지 않도록 한다. 또한 아동이 같은 음절 수의 낱말을 혼동하면 제시하는 낱말의 음절 수가 다른 것부터 함께 제시할 수 있다.

(3) 목표 낱말 통글자로 읽기

- 목표 낱말카드가 들어 있는 주머니를 준비하여 아동이 뽑도록 한다(또는 낚시놀이를 통해 목표 낱말카드를 뽑도록 한다).
- 아동이 뽑은 카드는 그림을 뒤집어 글자카드로 보여 주고 아동이 읽어 보게 한다.
- 아동이 정확하게 읽었을 경우 글자카드를 손가락으로 가리키며 천천히 목표 낱말을 다시 읽어 준다.

  (글자카드를 손가락으로 가리키며) "그래. 아이스크림. 아이스크림이야."
- 아동이 정확하게 읽지 못하였을 경우 글자카드 뒷면의 그림을 보여 주어 아동이 목표 낱말을 말하도록 하고 다시 글자를 보고 읽어 보게 한다.

아동 반응 및 중재 효과

- 아동에게 지금까지 배운 낱말을 글자카드로 보여 주어 아동이 혼자 읽어 보게 한다.
- 아동이 읽지 못하면 '먹는 거' 또는 '차갑고 맛있어' 등 아동을 가르칠 때 사용하였던 의미 단서를 주고 아동이 말하면 다시 글자를 보고 읽어 보게 한다.
- 아동이 의미 단서에도 오반응하면 "아-"라고 첫음절을 들려준다.

유의사항: '빵'의 경우 '빠-'라고 들려준다.

- 아동이 "이스크림" 또는 "아이스크림"이라고 말하면 다시 글자를 보고 읽도록 한다.
- 아동이 전혀 읽지 못하면 그림카드를 보여 주어 "아이스크림"이라고 들려주고 다시 글자를 보고 읽어 보게 하며 오반응으로 기록한다.
- 아동이 읽은 단계에 '+' 표시를 한다.

	빵	만두	딸기	오렌지	아이스크림	합계
혼자 읽기						/5
의미 단서						
말소리 단서						
오반응						

유의사항: 아동이 80%(혼자 읽기)의 정확도를 보이면 다음 단계로 넘어간다. 아동이 80%의 정확도를 보이지 않으면 응용하기를 앞의 활동절차대로 실시한다.

활용 사례- 만 5세 5개월(남) 유치원생

- 아동은 가정에서 동화책을 읽어 주었으며 자신의 이름과 '배, 우유'의 종성 없는 낱말을 통글자로 읽을 수 있으며 종성이 포함된 친숙한 낱말 통글자 읽기를 목표로 진행하였다.
- 아동이 마트에서 살 수 있는 좋아하는 음식 범주로 통글자를 선정하였으며, 1~5음절로 음절 수를 다르게 하여 시각적으로 혼란스럽지 않도록 하였다.
- 처음에는 아동이 다섯 가지 카드를 구분하지 못하였다.
- 아동과 카드놀이를 하며 통글자 읽기를 반복 제시한 결과, '빵, 딸기, 아이스크림'을 혼자 읽었으며, '오렌지'는 스스로 읽지 못하였지만 의미 단서 제공 후 읽을 수 있었고, '만두'는 '만–'이라고 첫음절을 들려준 뒤에 읽을 수 있었다.

	빵	만두	딸기	오렌지	아이스크림	합계
혼자 읽기	+	−	+	−	+	3/5
의미 단서		−		+		1/2
말소리 단서		+				1/1
오반응						

• 목표가 60% 달성되었으며, 직접적인 말소리 단서 후에 읽는 낱말이 확인되어 종성이 포함된 통글자에 대한 수업을 더 진행할 예정이다.

응용하기

• 상품 진열하기 워크북 1-11-1

–아동에게 마트 진열대에 목표 낱말의 그림카드를 상품을 진열하듯이 놓은 후 진열대에 상품 이름 붙이기를 한다. 목표 낱말을 그림카드의 약 1/4 사이즈 종이에 쓴 뒤 아동에게 모두 보여 주고 아동이 글자를 찾으면 그림카드 밑에 붙여 주어 그림과 글자를 연결하여 읽도록 한다.

• 문장에서 확인하기

–종성 있는 낱말 읽기 후 마트에서 무엇을 파는지 물어본다.

–"마트에 뭐 있어?"라고 질문하고 "(　　) 있어."라는 문장을 글로 제시한다. 앞에서 사용한 글자를 읽고 빈칸에 넣어 완성하게 한다.

• 동물 범주의 낱말을 통글자로 읽기 워크북 1-11-2

–종성이 포함된 동물 범주의 낱말을 보여 주고 아동이 읽어 보게 한다.

–앞의 활동절차를 참고로 하여 다음의 통글자 읽기를 목표로 한다.

–사용 카드

① 소리놀이(수 세기): 곰　　② 낱말읽기(받침 있음): 기린

③ 낱말읽기(받침 없음): 사자　　④ 소리놀이(수 세기): 호랑이

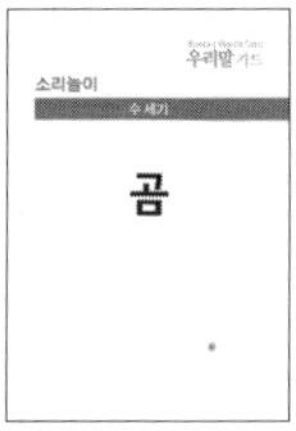
우리말 카드
소리놀이
수 세기
곰

우리말 카드
기린

우리말 카드
소리놀이
수 세기
사자

우리말 카드
소리놀이
수 세기
호랑이

중재목표

03

낱말을 통글자로 읽을 수 있다 ③

읽기 수준

- 통글자로 읽을 수 있는 낱말이 종성 있는 낱말을 포함하여 약 30개 정도인 아동

읽기 목표

- 학습한 통글자를 정확하고 빠르게 읽을 수 있다.

사용 카드

- 소리놀이(수 세기): 곰, 말, 소, 사자, 토끼
- 낱말읽기(받침 있음): 기린
- 낱말읽기(다음절): 강아지
- 소리놀이(수 세기): 고양이, 호랑이, 코끼리

활동절차: 중재 전략 및 유의사항

(1) 목표 낱말 찾아 색칠하기 워크북 1-12-1

- 아동에게 곰, 토끼, 호랑이, 코끼리를 글자카드로 제시하고, 카드 밑에는 색깔 동그라미(빨강, 노랑, 초록, 파랑)를 놓아 둔다. 아동에게 목표 낱말이 무작위 순서로 써 있는 종이(20개)를 보여 주고 각 낱말을 읽고 이에 해당하는 색깔로 색칠하게 한다.

  (글자카드를 보여 주고) "이게 뭐야?"

  (반응을 기다리고) "'곰'이네."

  (글자카드 밑에 빨간색 원을 놓고) "'곰'은 빨간색이야. 빨간색으로 색칠해."

  (20개 낱말 종이를 주고 글자카드를 가리키며) "이제 이 글자를 찾아서 색칠하는 거야."
- 아동이 글자를 찾지 못할 경우 목표 낱말을 찾아 읽어 주고 다시 아동이 할 수 있도록 한다.
- 빈칸 종이를 이용하여 다른 목표 낱말로도 할 수 있다.

(2) 카드 읽고 내려놓기

- 아동에게 목표 낱말을 글자카드로 모두 보여 주고 서로 나누어 갖는다. 아동과 번갈아 가면서 하나씩 카드를 읽고 내려놓도록 한다. 이후 카드를 모두 내려놓는 사람이 이기는 게임을 한다.

  (글자카드를 나누어 갖고) "지금부터 하나씩 글자를 읽고 여기에 내려놓는 거야."

- 아동이 정확하게 읽지 못할 경우 틀린 낱말을 손가락으로 가리켜 다시 읽어 보게 한다. 아동이 다시 오류를 보일 경우 낱말을 손가락으로 가리키며 읽어 주고 게임을 계속한다.
- 선생님의 순서에 선생님이 낱말을 일부러 틀리게 읽어 아동이 바르게 읽어 보게 할 수 있다.

유의사항: 아동이 글자카드 뒷면의 그림을 보지 않도록 한다. 모든 카드를 아동에게 주는 것보다 아동이 한번에 들 수 있는 카드 수를 고려하여 게임을 진행한다. 게임을 반복하여 아동이 목표 낱말을 모두 읽을 수 있도록 한다. 제시한 목표 낱말 이외에 아동이 학습한 다른 낱말카드를 사용할 수 있다.

아동 반응 및 중재 효과

- 학습한 낱말을 카드로 제시하여 아동이 하나씩 넘기면서 혼자 읽어 보게 한다.
- 아동이 정확하게 읽지 못한 낱말이 있을 경우 손가락으로 가리켜 다시 한 번 읽어 보게 한다.
- 그래도 정확하게 읽지 못하면 손가락으로 가리키며 읽어 주고 다시 읽어 보게 한다.
- 아동이 읽은 낱말 수와 아동이 보인 오류의 특징을 비고에 기록한다.

	낱말 수	비고
혼자 읽기	/(제시한 낱말 수)	
손가락 단서		
오반응		

유의사항: 아동이 80%(혼자 읽기)의 정확도를 보이면 다음 단계로 넘어간다. 아동이 80%의 정확도를 보이지 않으면 응용하기를 앞의 활동절차대로 실시한다.

활용 사례- 만 5세 6개월(남) 유치원생

- 아동은 약 30개 통글자를 학습한 아동으로 맥락 안에서 낱말을 하나씩 제시하면 통글자로 읽기가 가능하나 맥락 없이 낱말을 제시하거나 여러 개 보여 주면 오류가 많았다. 따라서 자신이 학습한 통글자를 맥락 없이 보자마자 읽을 수 있는 것을 목표로 진행하였다.
- 아동과 낱말 찾아 색칠하기, 카드게임을 하면서 반복적으로 읽게 한 결과 학습한 20개 낱말을 카드로 하나씩 넘기며 제시하였을 때 모든 낱말을 혼자 읽을 수 있었다.

	낱말 수	비고
혼자 읽기	20/20	
손가락 단서		
오반응		

- 목표가 100% 달성되어 자소-음소 일치형의 낱말 읽기로 진행할 예정이다.

응용하기

- 두루마리 휴지 풀기 워크북 1-12-2
  - 목표 어휘가 쓰여 있는 긴 네모종이를 두루마리 휴지처럼 말고 아동과 함께 조금씩 휴지를 풀듯이 풀어서 나타나는 낱말을 읽는 활동을 한다.
- 앞에서 학습한 동물범주 어휘를 목표로 정확하게 읽기 워크북 1-12-3
  - 아동에게 어떤 낱말을 읽었는지 글자카드로 보여 주고 다시 한 번 읽어 보게 한다.
  - 학습한 낱말 활동지를 보고 손가락으로 하나씩 따라가며 읽어 보게 한다.

• 앞에서 학습한 음식 범주 어휘를 목표로 정확하게 읽기 워크북 1-12-4

–학습한 통글자를 보여 주고 아동이 읽어 보게 한다.

–빵, 아이스크림 또는 만두 쌓기를 하며 목표 낱말을 읽고 붙이기를 한다.

–목표 낱말을 붙여 쌓은 빵, 아이스크림 또는 만두의 낱말을 순서대로 읽어 보게 한다.

–사용 카드

① 낱말읽기(받침 있음): 빵, 딸기
② 조음어휘 2(어중초성 ㅊ): 고추
③ 낱말읽기(다음절): 아이스크림
④ 조음어휘 1(어두초성 ㅅ): 사과
⑤ 낱말읽기(받침 없음): 포도, 토마토, 바나나
⑥ 명사 9(과일 · 열매): 오렌지
⑦ 조음어휘 3(종성 ㄴ): 만두

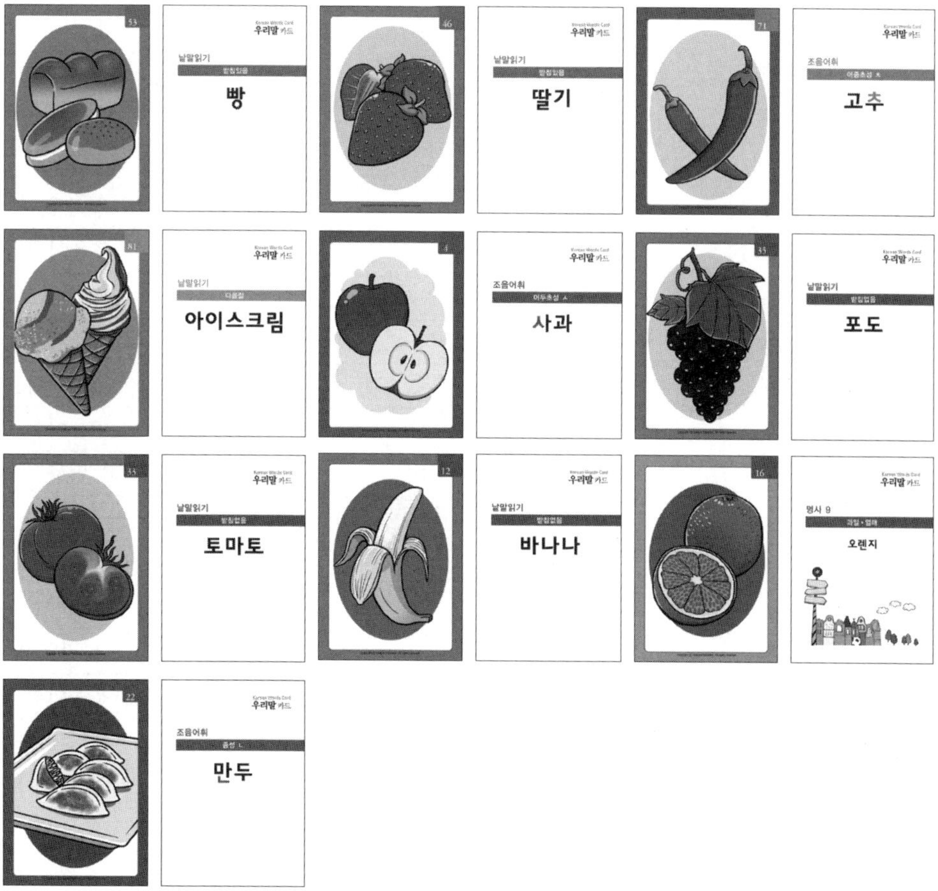

통글자 편 사용 낱말 목록

*'우리말카드'에서 제시된 번호이다.

	낱말	낱말 통 번호		낱말	낱말 통 번호
1	가다	서술어 2	31	로봇	소리놀이
2	가방	소리놀이	32	로켓	조음어휘 3
3	가위	소리놀이	33	만두	소리놀이
4	강아지	소리놀이	34	말	조음어휘 3
5	강아지	낱말읽기	35	말	소리놀이
6	강아지/개	명사 7	36	모기	소리놀이
7	개구리	명사 7	37	모자	낱말읽기
8	개미	조음어휘 1	38	모자	조음어휘 3
9	개미	명사 7	39	목	소리놀이
10	거미	조음어휘 1	40	무	명사 9
11	고구마	소리놀이	41	무	명사 6
12	고래	낱말읽기	42	무지개	낱말읽기
13	고래	명사 7	43	문	조음어휘 3
14	고슴도치	소리놀이	44	물	낱말읽기
15	고양이	낱말읽기	45	바나나	조음어휘 3
16	고양이	조음어휘 2	46	발	조음어휘 3
17	고추	소리놀이	47	밤	조음어휘 3
18	곰	수 세기	48	밥	명사 9
19	곰	명사 9	49	배추	명사 7
20	국	낱말읽기	50	뱀	명사 7
21	기린	소리놀이	51	불가사리	명사 6
22	나무	소리놀이	52	비	낱말읽기
23	나비	낱말읽기	53	비행기	조음어휘 3
24	나팔	조음어휘 3	54	빵	낱말읽기
25	돈	수 세기	55	빵	소리놀이
26	돼지	낱말읽기	56	사과	조음어휘 1
27	돼지	명사 7	57	사과	소리놀이
28	두더지	낱말읽기	58	사자	낱말읽기
29	딸기	조음어휘 3	59	사자	조음어휘 3
30	떡	소리놀이	60	산	명사 5

61	삽	소리놀이	94	팔	낱말읽기
62	소	낱말읽기	95	포도	소리놀이
63	손	낱말읽기	96	하늘	소리놀이
64	수박	소리놀이	97	하마	낱말읽기
65	시계	낱말읽기	98	하마	소리놀이
66	아이스크림	수 세기	99	해	조음어휘 3
67	양	명사 9	100	햄	소리놀이
68	오렌지	낱말읽기	101	호랑이	낱말읽기
69	오리	낱말읽기	102	호박	낱말읽기
70	원숭이	낱말읽기			
71	의자	서술어 3			
72	자다	명사 7			
73	장미	조음어휘 3			
74	집	소리놀이			
75	차	소리놀이			
76	창문	낱말읽기			
77	창문	소리놀이			
78	치마	소리놀이			
79	커피	조음어휘 3			
80	컵	소리놀이			
81	코	소리놀이			
82	코끼리	명사 9			
83	콩	낱말읽기			
84	크레파스	소리놀이			
85	키위	서술어 4			
86	타다	소리놀이			
87	토끼	낱말읽기			
88	토끼	소리놀이			
89	토마토	낱말읽기			
90	토마토	소리놀이			
91	트럭	명사 9			
92	파	명사 7			
93	파리	낱말읽기			

교사 이름 ________________ 아동 이름 ________________ 중재 날짜 ________________

Ⅰ. 음운인식

① 음절 수준의 말소리 조작(낱말의 음절 수 세기)

• 목표 음절
  - 소
  - 말
  - 사자
  - 고래
  - 호랑이
  - 강아지

• 다음의 평가표에 아동이 음절 수를 센 단계에 '+' 표시를 한다.
• 중재 전과 중재 후에 실시하여 비교한다.

중재 전 / 중재 후	소	말	사자	고래	호랑이	강아지	합계
혼자 수 세기							/6
시각 단서							
오반응							

중재 전 / 중재 후	소	말	사자	고래	호랑이	강아지	합계
혼자 수 세기							/6
시각 단서							
오반응							

교사 이름 ______________ 아동 이름 ______________ 중재 날짜 ______________

Ⅰ. 음운인식

② 음절 수준의 말소리 조작(낱말의 끝음절 확인하기)

• 목표 음절
  - 오리
  - 개구리
  - 개미
  - 장미
  - 고추
  - 배추

• 다음의 평가표에 아동이 끝음절을 확인한 단계에 '+' 표시를 한다.
• 중재 전과 중재 후에 실시하여 비교한다.

중재 전 / 중재 후	오리–개구리–배추	고추–배추–장미	장미–개미–오리	합계
자발적 정반응				/3
강조하여 들려주기				
오반응				

중재 전 / 중재 후	오리–개구리–배추	고추–배추–장미	장미–개미–오리	합계
자발적 정반응				/3
강조하여 들려주기				
오반응				

교사 이름 ______________ 아동 이름 ______________ 중재 날짜 ______________

Ⅰ. 음운인식

③ 음절 수준의 말소리 조작(음절 수준에서 합성하기)

• 목표 음절
  - 포도
  - 사과
  - 나팔
  - 딸기
  - 코끼리
  - 고양이

• 다음의 평가표에 아동이 음절을 합성한 단계에 '+' 표시를 한다.
• 중재 전과 중재 후에 실시하여 비교한다.

중재 전 / 중재 후	포도	사과	나팔	딸기	코끼리	고양이	합계
자발적 정반응							/6
시각 단서							
오반응							

중재 전 / 중재 후	포도	사과	나팔	딸기	코끼리	고양이	합계
자발적 정반응							/6
시각 단서							
오반응							

교사 이름 ________ 아동 이름 ________ 중재 날짜 ________

Ⅰ. 음운인식

④ 음절 수준의 말소리 조작(낱말의 음절 분절하기)

• 목표 음절
- 토끼
- 고래
- 거미
- 개구리
- 두더지
- 고슴도치

• 다음의 평가표에 아동이 음절로 분절한 단계에 '+' 표시를 한다.
• 중재 전과 중재 후에 실시하여 비교한다.

중재 전 / 중재 후	거미	고래	토끼	개구리	두더지	고슴도치	합계
자발적 정반응							/6
첫음절 단서							
오반응							

중재 전 / 중재 후	거미	고래	토끼	개구리	두더지	고슴도치	합계
자발적 정반응							/6
첫음절 단서							
오반응							

교사 이름 ____________ 아동 이름 ____________ 중재 날짜 ____________

Ⅰ. 음운인식

⑤ 음소 수준의 말소리 조작(음절의 첫음소 확인하기)

• 목표 음절
- 사과, 시계
- 치마, 창문
- 커피, 키위
- 토마토, 트럭

• 다음의 평가표에 아동이 첫음소를 확인한 단계에 '+' 표시를 한다.
• 중재 전과 중재 후에 실시하여 비교한다.

중재 전 / 중재 후	사과–시계–토마토	치마–창문–커피	커피–키위–트럭	토마토–트럭–시계	합계
자발적 정반응					/4
강조하여 들려주기					
오반응					

중재 전 / 중재 후	사과–시계–토마토	치마–창문–커피	커피–키위–트럭	토마토–트럭–시계	합계
자발적 정반응					/4
강조하여 들려주기					
오반응					

교사 이름 ______________ 아동 이름 ______________ 중재 날짜 ______________

Ⅰ. 음운인식

⑥ 음소 수준의 말소리 조작(음소 수준에서 합성하기: 자음+모음 형태)

• 목표 음절
 - 차
 - 코
 - 소
 - 가
 - 비

• 다음의 평가표에 아동이 낱말을 합성한 단계에 '+' 표시를 한다.
• 중재 전과 중재 후에 실시하여 비교한다.

중재 전 / 중재 후	차	코	소	가	비	합계
자발적 정반응						/5
시각 단서						
오반응						

중재 전 / 중재 후	차	코	소	가	비	합계
자발적 정반응						/5
시각 단서						
오반응						

교사 이름 ________________ 아동 이름 ________________ 중재 날짜 ________________

Ⅰ. 음운인식

⑦ 음소 수준의 말소리 조작[음소 수준에서 합성하기: (자음+모음)+종성]

• 목표 음절
  - 손
  - 콩
  - 물
  - 햄
  - 삽

• 다음의 평가표에 아동이 낱말을 합성한 단계에 '+' 표시를 한다.
• 중재 전과 중재 후에 실시하여 비교한다.

중재 전 / 중재 후	손	콩	물	햄	삽	합계
자발적 정반응						/5
시각 단서						
오반응						

중재 전 / 중재 후	손	콩	물	햄	삽	합계
자발적 정반응						/5
시각 단서						
오반응						

교사 이름 ______________ 아동 이름 ______________ 중재 날짜 ______________

Ⅰ. 음운인식

⑧ 음소 수준의 말소리 조작(음소 수준에서 분절하기: 자음+모음 형태)

• 목표 음절
  - 차
  - 코
  - 소
  - 가
  - 비

• 다음의 평가표에 아동이 낱말을 분절한 단계에 '+' 표시를 한다.
• 중재 전과 중재 후에 실시하여 비교한다.

중재 전 / 중재 후	차	코	소	가	비	합계
자발적 정반응						/5
첫 음소 단서						
오반응						

중재 전 / 중재 후	차	코	소	가	비	합계
자발적 정반응						/5
첫 음소 단서						
오반응						

교사 이름 ________________ 아동 이름 ________________ 중재 날짜 ________________

Ⅰ. 음운인식

⑨ 음소 수준의 말소리 조작(음소 수준에서 분절하기: 자음+모음+자음)

• 목표 음절
  - 손
  - 콩
  - 물
  - 햄
  - 삽

• 다음의 평가표에 아동이 낱말을 분절한 단계에 '+' 표시를 한다.
• 중재 전과 중재 후에 실시하여 비교한다.

중재 전 / 중재 후	손	콩	물	햄	삽	합계
자발적 정반응						/5
첫 음소 단서						
오반응						

중재 전 / 중재 후	손	콩	물	햄	삽	합계
자발적 정반응						/5
첫 음소 단서						
오반응						

교사 이름 ______________ 아동 이름 ______________ 중재 날짜 ______________

II. 통글자

① 통글자 읽기(종성 없는 낱말 통글자 읽기)

• 목표 통글자
  - 고추
  - 사과
  - 포도
  - 토마토
  - 바나나

• 다음의 평가표에 아동이 읽은 단계에 '+' 표시를 한다.
• 중재 전과 중재 후에 실시하여 비교한다.

중재 전 \ 중재 후	고추	사과	포도	바나나	토마토	합계
혼자 읽기						/5
의미 단서						
말소리 단서						
오반응						

중재 전 \ 중재 후	고추	사과	포도	바나나	토마토	합계
혼자 읽기						/5
의미 단서						
말소리 단서						
오반응						

교사 이름 ______________ 아동 이름 ______________ 중재 날짜 ______________

Ⅱ. 통글자

② 통글자 읽기(종성 있는 낱말 통글자 읽기)

• 목표 통글자
  - 빵
  - 딸기
  - 만두
  - 오렌지
  - 아이스크림

• 다음의 평가표에 아동이 읽은 단계에 '+' 표시를 한다.
• 중재 전과 중재 후에 실시하여 비교한다.

중재 전 / 중재 후	빵	만두	딸기	오렌지	아이스크림	합계
혼자 읽기						/5
의미 단서						
말소리 단서						
오반응						

중재 전 / 중재 후	빵	만두	딸기	오렌지	아이스크림	합계
혼자 읽기						/5
의미 단서						
말소리 단서						
오반응						

교사 이름 ________________ 아동 이름 ________________ 중재 날짜 ________________

II. 통글자

③ 통글자 읽기(학습한 통글자를 정확하고 빠르게 읽기)

• 목표 통글자

- 곰
- 말
- 소
- 사자
- 토끼
- 기린
- 강아지
- 고양이
- 호랑이
- 코끼리

• 다음의 평가표에 아동이 읽은 낱말 수와 아동이 보인 오류의 특징을 비고에 기록한다.
• 중재 전과 중재 후에 실시하여 비교한다.

중재 전 / 중재 후	낱말 수	비고
혼자 읽기		
손가락 단서		
오반응		

중재 전 / 중재 후	낱말 수	비고
혼자 읽기		
손가락 단서		
오반응		

제2부

낱글자와 말소리 연결하여 읽기

낱글자와 말소리 연결하여 읽기 편 - 함께 말하고 읽어요!

‘낱글자와 말소리 연결하여 읽기’에서는

- 아동이 문자와 소리관계의 규칙을 이해하고 이를 통해 글자를 읽을 수 있도록 개발하였다. 파닉스(phonics)란 글자의 이름을 알고 낱글자에 대응하는 말소리를 아는 능력을 말한다. 음운인식을 통해 말소리 단위를 인식하고 조작하는 능력을 글자로 확장하게 되고, 글자와 말소리 간의 관계를 이해하여 읽게 된다. 이러한 전략들을 활용하도록 하며 다양한 낱말을 소리 내어 읽을 수 있도록 하고, 철자를 이해하여 글자를 쓸 수 있도록 하였다.
- 글자를 읽는 데 어려움을 보이는 아동을 대상으로 다음의 능력을 향상시킬 수 있도록 개발하였다.
  - 초성 낱글자의 말소리 확인하기
  - 중성 낱글자의 말소리 확인하기
  - 종성 낱글자의 말소리 확인하기
  - 초성 낱글자와 중성 낱글자의 합성 및 분절 규칙을 알고 낱말 단위로 읽기
  - 초성 낱글자와 중성 낱글자, 종성 낱자음의 합성 및 분절 규칙을 알고 낱말 단위로 읽기

대 상

- 이 지침서는 인쇄물에 노출되기 시작한 아동을 가르치는 선생님을 위해 제작하였다.
- 주로 학령전기 아동부터 초등 저학년 아동을 대상으로 한다.
- 새로운 낱말을 읽는 일반 아동을 비롯하여 언어발달지체, 난독증 등 다양한 유형의 어려움을 가진 아동에게 적용할 수 있다.

구성 및 목표

- 본 프로그램은 다음으로 구성되어 있다.
  - 중재목표: 아동이 달성해야 하는 읽기의 수준이다. 중재목표 아래 다양한 세부 목표가 포함되어 있다.
  - 읽기 수준: 목표를 적용할 수 있는 아동의 읽기 수준이다.
  - 읽기 목표: 중재목표를 달성하기 위한 세부 목표를 말한다. 하나의 읽기 목표를 아동 반응에 따라 한 회기 또는 여러 회기에 걸쳐 진행할 수 있다.

–사용 카드: 활동에서 사용되는 '우리말카드'의 카드통과 어휘가 제시되어 있다.

–활동절차: 목표를 달성하기 위한 구체적인 중재 전략과 중요한 유의사항이 제시되어 있다.

–아동 반응 및 중재 효과: 목표 달성 여부를 확인하기 위한 과제가 제시되어 있다.

–활용사례: 적용할 수 있는 아동의 수준과 아동 반응에 따른 이후 계획의 실제가 제시되어 있다.

–응용하기: 목표의 일반화 및 반복 학습을 위한 응용 활동이 제시되어 있다.

• 음운인식과 통글자로 읽기, 낱글자와 말소리 연결하기, 음운규칙 및 문법형태소를 활용하여 읽기의 다른 프로그램과 연결하여 아동의 수준에 따라 여러 영역을 함께 목표로 설정할 수 있다.

» 목표를 달성하기 위한 전략들

목표 및 활동절차는 다음을 기반으로 한다.

• 낱글자의 소리 지식 습득과 낱글자의 조작을 활용

–크게 낱글자에 대한 소리 지식 습득과 낱글자들의 조작을 이용한 낱말읽기의 두 부분으로 나누어 구성하였다.

• 아동이 시각적으로 익숙한 낱글자 지식을 활용 후 확장

–아동은 일반적인 학습 매체에서 한국어 자음 낱글자의 순서를 자주 접근하게 되며 비록 글자의 소리 지식은 습득하지 않으나 그 순서를 기억하고 시각적으로 익히게 된다. 따라서 여기서는 초성 낱글자 3단계와 종성 낱글자 2단계로 나누어 제공하였다.

–모음의 경우에는 단모음 낱글자와 이중모음 낱글자를 나누어 2단계로 구성하였다.

• 낱글자의 조작 능력 확장

–일반적으로 아동은 종성이 없는 글자의 규칙을 보다 쉽게 이해할 수 있으며 이후 종성을 첨가하여 읽는 양상을 보인다. 따라서 초성 자음 낱글자와 모음 낱글자를 우선적으로 조작하도록 하며, 이후 종성 자음 낱글자를 함께 조작하는 순서로 제시하였다.

–낱글자 조작 단계에서는 낱글자의 소리 지식을 이용하여 음절 및 낱말 단위의 글자에 적용할 수 있도록 합성 및 분절을 시도하고 새로운 낱말을 읽을 수 있도록 하였다.

• 말소리, 글자 지식을 바탕으로 한 낱말 읽기

–아동이 통글자로 읽는 낱말이 쌓이면 낱말에 포함된 말소리를 인식하고 이후 글자와 대응하여 새로운 낱말 읽기로 나아갈 수 있도록 하였다.

제3장

낱글자와 말소리 연결하기

중재목표

01 낱글자와 말소리를 연결할 수 있다 ①

읽기 수준

- 통글자로 읽을 수 있는 낱말이 100개 정도인 아동
- 개별 글자를 읽지는 못하나, 친숙한 낱말을 한 덩이로 읽을 수 있는 아동

읽기 목표

- 초성 자음 낱글자 'ㄱ, ㄴ, ㄷ, ㄹ'의 말소리를 알 수 있다.

사용 카드

ㄱ	ㄴ	ㄷ	ㄹ

활동절차: 중재 전략 및 유의사항

(1) 낱글자에 말소리가 있음을 알려 주기

- 선생님은 아동에게 워크북 2-1-1 의 낱글자카드 'ㄱ, ㄴ, ㄷ, ㄹ'를 잘라 하나씩 제시한다.
- 글자카드를 보면서 낱글자에 말소리가 있음을 알려 준다.

  (글자카드를 보며) "이제까지 우리는 글자를 배울 때 '기역, 니은, 디귿'이라고 배웠어. 하지만 이것들 모두 말하는 소리가 따로 있단다."
- 글자카드를 보면서 'ㄱ, ㄴ, ㄷ, ㄹ'의 말소리를 확인한다.

  (글자카드 'ㄱ'을 제시하며) "'기역' 이라고 배웠지? 그런데 이것을 /ㄱ/라고 소리낼 거야. /ㄱ/, /ㄱ/ 야."

  (아동에게 모방을 유도하며) "이 글자는 어떤 소리가 나지? 따라해 볼까? /ㄱ/"

  (아동이 직접 말하도록 유도하며) "이건 어떤 소리가 나지?"
- 다른 목표 글자도 앞과 같이 한다.

(2) 낱글자와 말소리를 연결하기

- 선생님은 글자카드와 워크북 2-1-2 를 제시한다.
- (워크북을 제시하며) "여기 우리가 봤던 글자가 있어. 똑같은 글자를 찾아 줄을 긋고 소리를 말하는 거야."
- (글자카드 'ㄱ'을 제시하며) "이건 어떤 소리가 나지?"
- (아동이 해당 자소를 말하면 워크북을 가리키며) "그래, /ㄱ/ 맞아. 여기에서 같은 것을 찾아보자. 어디에 있어?"
- (아동의 반응을 보고) "그래 맞아, 이건 어떤 소리가 나지?"라고 들려주어 아동이 같은 자소를 줄을 그어 연결하도록 하고 찾을 때마다 글자의 소리를 말하게 한다.
- 아동이 같은 것을 다 찾으면 빈칸을 아무것이나 연결하도록 하여 스스로 글자를 쓰고 글자의 소리를 말하게 한다.
- 아동이 스스로 찾을 때까지 충분한 시간을 주고 기다리며, 아동이 글자의 말소리를 말할 수 없으면 글자카드를 제시하며 "/ㄱ/야."라고 들려주어 글자와 소리를 확인시켜 준다.

유의사항

- 낱글자의 말소리를 들려줄 때는 음운인식 활동에서 제시된 방법과 동일하게 들려준다.
- 낱글자에 노출된 경험이 있는 아동에게 적용하며, 경험이 없는 아동에게는 익숙한 자신의 이름에 포함된 초성 자음을 우선적으로 활용하여도 좋다.

아동 반응 및 중재 효과

- 아동에게 지금까지 활동한 글자를 보여 주며 "이 글자는 어떤 소리가 나지?"라고 질문을 하여 아동이 혼자서 글자의 소리를 말하게 한다. (만일 '기역'이라고 말하면 다시 한 번 더 "이건 어떤 소리가 나?"라고 물어본다.)
- 아동이 혼자서 글자의 소리를 말하지 못하면 알려 주고 오반응으로 기록한다.
- 아동이 스스로 말한 글자는 '+' 표시를 한다.

	ㄱ	ㄴ	ㄷ	ㄹ	합계
스스로 말하기					/4
오반응					

유의사항: 아동이 100%의 정확도를 보이면 다음 단계로 넘어간다. 아동이 오반응을 보이는 음소가 있으면 앞의 활동을 반복한다.

활용 사례 – 만 5세 5개월(남) 유치원생

- 아동은 읽기카드와 학습지를 통해 통글자 낱말은 읽을 수 있으나 다양한 낱말을 읽는 데 어려움을 보였다.
- 책을 읽는 것에 흥미를 보이나 그림 위주만 확인하였다.
- 낱말 몇 개를 읽을 수 있었다. 그러나 읽을 수 있는 낱말에 포함된 글자임에도 다른 카드에

있는 동일한 글자를 읽을 수 없었다.

• 놀이 및 일상생활 중 낱글자를 접한 경험이 있다.

	ㄱ	ㄴ	ㄷ	ㄹ	합계
스스로 말하기	+	+	+	+	4/4
오반응					

• 아동이 낱글자에 말소리가 정해져 있다는 지식을 알고, 초성 'ㄱ, ㄴ, ㄷ, ㄹ'의 말소리를 스스로 연결할 수 있어 다음 단계로 진행하였다.

응용하기

• 낱글자 연결하기

–아동이 'ㄱ, ㄴ, ㄷ, ㄹ'를 완벽하게 습득하기 위하여 워크북 2-1-2 와 유사한 활동지를 만들되 해당 자음을 적지 않고 빈칸으로 만들어 아동에게 직접 기록하면서 낱글자의 소리를 내보도록 한다. 아동이 다 적고 나면 똑같은 낱글자를 이어 연결하면서 해당 낱글자의 소리를 내도록 하는 활동을 반복한다.

• 글자판 활용하기

–개별 글자를 제공하면서 'ㄱ, ㄴ, ㄷ, ㄹ'을 찾고 말하는 것을 반복한다.

• 아동의 이름 활용하기

–아동의 이름을 써 보고, 앞의 목표 중 포함된 글자가 있으면 확인하고 해당 자음의 말소리를 확인하도록 한다.

–아동 이름이 '김민수'인 경우 김의 'ㄱ'를 가리키며 "이거는 어떤 소리가 나지?"라고 물어본다.

• 글 속의 낱글자 찾기 워크북 2-1-4

– 워크북 2-1-4 를 제시하고 아동에게 "선생님이 읽어 줄 거야. 읽어 줄 때 낱말 속에 'ㄱ(또는 ㄷ)'이 있는 낱말을 찾아서 동그라미를 쳐 보는 거야."라고 제시하며 아동에게 해당 낱글자를 찾도록 한다. 다 찾은 이후에는 어떤 글자를 찾았는지 말해 보게 하여 낱글자를 한 번 더 확인하도록 한다. 읽을 수 있는 글자는 읽어 보게 한다.

중재목표

낱글자와 말소리를 연결할 수 있다 ②

읽기 수준

- 통글자로 읽을 수 있는 낱말이 100개 정도인 아동
- 개별 글자를 읽지는 못하나, 친숙한 낱말을 한 덩이로 읽을 수 있는 아동

읽기 목표

- 초성 자음 낱글자 'ㅁ, ㅂ, ㅅ, ㅈ, ㅎ'의 말소리를 알 수 있다.

사용 카드

ㅁ	ㅂ	ㅅ	ㅈ	ㅎ

활동절차: 중재 전략 및 유의사항

(1) 낱글자에 말소리가 있음을 알려 주기

- 선생님은 아동에게 워크북 2-1-1 의 낱글자카드 'ㅁ, ㅂ, ㅅ, ㅈ, ㅎ'를 잘라 하나씩 제시한다.
- 글자카드를 보면서 낱글자에 말소리가 있음을 알려 준다.

  (글자카드를 보며) "지난번에 우리는 글자를 부르는 소리가 있다는 것을 배웠지? 오늘도 새로운 글자와 말소리를 배워 볼 거야."
- 글자카드를 보면서 'ㅁ, ㅂ, ㅅ, ㅈ, ㅎ'와 말소리를 확인하도록 한다.

  (글자카드 'ㅁ'를 제시하며) "'미음'이라고 배웠지? 그런데 이것은 /ㅁ/라는 말소리가 나. /ㅁ/, /ㅁ/ 야"

  (아동에게 모방을 유도하며) "이건 어떤 소리라고? 따라해 볼까? /ㅁ/"

  (아동이 직접 말하도록 유도하며) "이건 어떤 소리가 나지?"
- 다른 목표 글자도 앞과 같이 한다.

(2) 낱글자와 말소리를 연결하기

- 선생님은 글자카드와 워크북 2-1-3 을 제시한다.
- (워크북을 제시하며) "여기 우리가 봤던 글자가 있어. 똑같은 글자를 찾아 줄을 긋고 소리를 말하는 거야"
- (글자카드 'ㅁ'을 제시하며) "이건 어떤 소리가 나지?"
- (아동이 해당 자소를 말하면 워크북을 가리키며) "그래, /ㅁ/ 맞아. 여기에서 같은 것을 찾아보자. 어디에 있어?"
- (아동의 반응을 보고) "그래 맞아, 이 글자는 어떤 소리가 나지?"라고 들려주어 아동이 같은 자소를 줄을 그어 연결하도록 하여 찾을 때마다 글자의 소리를 말하게 한다.
- 아동이 같은 것을 다 찾으면 빈칸을 아무것이나 연결하도록 하여 스스로 글자를 쓰고 글자의 소리를 말하게 한다.
- 아동이 스스로 찾을 때까지 충분한 시간을 주고 기다리며, 아동이 글자의 말소리를 말할 수 없으면 글자카드를 제시하며 "/ㅁ/야."라고 들려주어 글자와 소리를 확인시켜 준다.

유의사항: 아동이 이미 잘 알고 있는 글자는 목표에서 제외한다.

아동 반응 및 중재 효과

- 아동에게 지금까지 활동한 글자를 보여 주며 "이 글자는 어떤 소리가 나지?"라고 질문을 하여 아동이 혼자서 글자의 소리를 말하게 한다. (만일 '미음'이라고 말하면 다시 한 번 더 "이건 어떤 소리가 나지?"라고 물어본다.)
- 아동이 혼자서 글자의 소리를 말하지 못하면 알려 주고 오반응으로 기록한다.
- 아동이 스스로 말한 글자는 '+' 표시를 한다.

	ㅁ	ㅂ	ㅅ	ㅈ	ㅎ	합계
스스로 말하기						/5
오반응						

유의사항: 아동이 100%의 정확도를 보이면 다음 단계로 넘어간다. 아동이 오반응을 보이는 음소가 있으면 앞의 활동을 반복한다.

활용 사례- 만 5세 3개월(여) 유치원생

- 아동은 읽기카드와 학습지를 통해 일부 통글자는 읽을 수 있으나 다양한 낱말을 읽는 데 어려움을 보였다.
- 글자를 읽는 데 흥미를 보였다.
- 낱말 몇 개를 읽을 수 있었다. 그러나 읽을 수 있는 낱말에 포함된 글자임에도 다른 카드에 있는 동일한 글자를 읽을 수 없었다.
- 낱글자 'ㄱ, ㄴ, ㄷ, ㄹ'의 말소리는 확인할 수 있으나 다른 낱글자는 몰랐다.

	ㅁ	ㅂ	ㅅ	ㅈ	ㅎ	합계
스스로 말하기	+	+	+	−	+	4/5
오반응						

• 아동은 'ㅁ, ㅂ, ㅅ, ㅎ'의 말소리 확인이 가능하였으나 'ㅈ'는 오류를 보여 해당 낱글자만 활동 절차 (1)의 과정을 반복하였고, 가정에서 반복할 수 있도록 안내하였다.

응용하기

• 글 속의 낱글자 찾기 워크북 2-2-3

–워크북 2-2-3 을 제시하고 아동에게 "선생님이 읽어 줄 거야. 읽어 줄 때 낱말 속에 'ㅂ(또는 ㅅ)'이 있는 낱말을 찾아서 동그라미를 쳐 보는 거야."라고 제시하며 아동에게 해당 낱글자를 찾도록 한다. 다 찾은 이후에는 어떤 글자를 찾았는지 말해 보게 하여 낱글자를 다시 한 번 더 확인하도록 한다. 읽을 수 있는 글자는 읽어 보게 한다.

• 아동의 이름 활용하기

–아동의 이름을 써 보고, 앞의 목표 중 포함된 글자가 있으면 확인하고 해당 글자의 말소리를 확인하도록 한다.

• 동시집이나 큰 글자로 쓰여진 책을 보며 불러 주는 낱글자를 아동이 찾기

• 초성 자음 낱글자 'ㅊ, ㅋ, ㅌ, ㅍ, ㄲ, ㄸ, ㅃ, ㅆ, ㅉ'의 말소리를 확인하는 과제를 앞과 같이 실시하기

–활동절차는 중재목표 1과 유사하게 실시한다.

–워크북 2-2-5 를 활용한다.

–워크북 2-1-1 의 글자카드 'ㅊ, ㅋ, ㅌ, ㅍ, ㄲ, ㄸ, ㅃ, ㅆ, ㅉ'를 활용한다.

• 새로운 낱말에서 낱글자를 확인하기

–낱말카드를 제시하며 첫 글자를 확인하고 그 소리를 아동에게 말하게 한다.

–사용 카드

① 낱말읽기(받침 없음): 치마 ② 명사 4(주방): 포크

③ 낱말읽기(받침 없음): 치즈 ④ 명사 5(연장): 톱

⑤ 조음어휘 1(어두초성 ㅋ): 칼 ⑥ 조음어휘 3(종성 ㄱ): 떡

⑦ 조음어휘 1(어두초성 ㅋ): 컵　　　　⑧ 서술어 1(반대말): 빠르다
⑨ 명사 8(신체부위): 턱　　　　⑩ 서술어 4(거리): 쏟다
⑪ 명사 8(신체부위): 팔

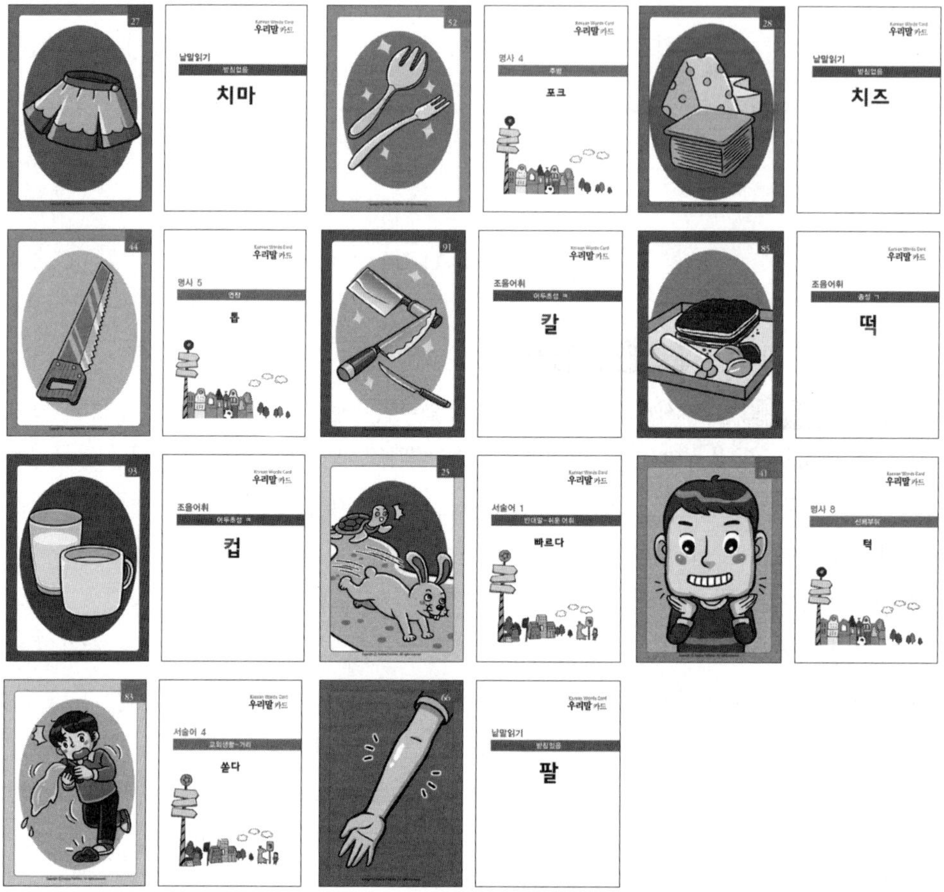

중재목표

03

낱글자와 말소리를 연결할 수 있다 ③

읽기 수준

- 통글자로 읽을 수 있는 낱말이 100개 정도인 아동
- 개별 글자를 읽지는 못하나 친숙한 낱말을 한 덩이로 읽을 수 있는 아동
- 초성 자음 낱글자 'ㄱ, ㄴ, ㄷ, ㄹ, ㅁ, ㅂ, ㅅ, ㅈ, ㅎ'의 말소리 지식을 아는 아동

읽기 목표

- 모음 낱글자 'ㅏ, ㅓ, ㅗ, ㅜ, ㅡ, ㅣ'의 말소리를 알 수 있다.

사용 카드

ㅏ	ㅓ	ㅗ	ㅜ	ㅡ	ㅣ

활동절차: 중재 전략 및 유의사항

(1) 낱글자에 말소리가 있음을 알려 주기

- 선생님은 아동에게 워크북 2-3-1 에서 낱글자카드 'ㅏ, ㅓ, ㅗ, ㅜ, ㅡ, ㅣ'를 잘라 하나씩 제시한다.
- 글자카드를 보면서 낱글자에 말소리가 있음을 알려 준다.

(글자카드를 보며) "지난번에 우리는 글자를 부르는 소리가 있다는 것을 배웠지? 오늘도 새로운 글자와 말소리를 배워 볼 거야."

- 글자카드를 보면서 'ㅏ, ㅓ, ㅗ, ㅜ, ㅡ, ㅣ'와 말소리를 연결한다.

(글자카드 'ㅏ'를 보여 주고) "우리는 이것을 /ㅏ/라는 소리로 말한단다. /ㅏ/, /ㅏ/ 야."

(아동에게 모방을 유도하며) "이건 어떤 소리라고? 따라해 볼까? /ㅏ/"

(아동이 직접 말하도록 유도하며) "이건 어떤 소리가 나지?"

- 다른 목표 글자도 앞과 같이 한다.

(2) 낱글자와 말소리를 연결하기

- 선생님은 워크북 2-3-2 의 글자그림을 제시한다.
- 글자의 의미와 소리를 확인한다.

(워크북의 글자그림을 제시하며) "여기 그림을 봐, 무엇이 있지?"

(아동의 반응을 보고) "맞아 '아기'야, 그런데 아기 그림 안에 숨은 글자가 있어."

(아기 그림에 쓰여 있는 'ㅏ'를 손으로 따라 적으며) "아기에는 이렇게 '아'가 있지? 이 글자는 어떤 소리가 난다고 했지?"

- 그림카드의 의미와 글자카드의 글자를 비교하며 확인한다.

(워크북의 글자그림과 글자카드를 보여 주고 글자를 손으로 가리키며) "여기 봐 봐, 아기에는 /ㅏ/ 소리가 숨어 있지?"

(그림카드에 있는 글자를 손으로 따라 적으며) "이것은 어떤 소리가 나지?"

(글자카드만 보여 주며) "이 글자는 어떤 소리가 나지?"

- 아동이 글자카드를 스스로 말할 때까지 충분히 기다리며 여러 번 반복한다. 아동이 스스로

말할 수 없으면 그림카드를 보여 주며 의미적으로 확인할 수 있게 준다. 아동이 의미 단서에도 글자의 소리를 말할 수 없으면 그림카드와 글자카드를 번갈아 제시하며 "/ㅏ/, /ㅏ/야."라고 들려주어 글자와 소리를 확인시켜 준다.

- 다음 목표 글자도 앞과 같이 반복한다.

유의사항: 아동이 그림 카드에 있는 낱말의 의미를 충분히 알고 있는지를 확인하고, 의미를 잘 모르는 낱말의 경우는 낱말의 의미를 먼저 익히도록 한다.
(의미단서 /ㅏ/는 '아기', /ㅓ/는 '어깨', /ㅗ/는 '오렌지', /ㅜ/는 '우산', /ㅡ/는 '으르렁', /ㅣ/는 '이빨'임)

아동 반응 및 중재 효과

- 아동에게 지금까지 활동한 글자를 보여 주며 "이 글자는 어떤 소리가 나지?"라고 질문을 하여 아동이 혼자서 글자의 소리를 말하게 한다.
- 아동이 혼자서 글자의 소리를 말하지 못하면 관련 그림을 연상하도록 하여 의미적으로 단서를 준다. "이 글자가 포함된 그림이 있었지, 그게 뭐야?"
  (아동의 반응을 보고) "그럼 이 글자는 어떤 소리가 날까?"
- 의미 단서에도 반응하지 못하면 그림카드를 제시하며 말하게 한다.
- 아동이 혼자서 읽은 단계에 '+' 표시를 한다.

	ㅏ	ㅓ	ㅗ	ㅜ	ㅡ	ㅣ	합계
스스로 말하기							/6
의미 단서							
그림 단서							
오반응							

유의사항: 아동이 의미 단서까지 100%의 정확도를 보이면 다음 단계로 넘어간다. 아동이 의미 단서에도 오류를 보이는 모음이 있으면 해당 모음만 중재 활동을 반복한다.

활용 사례– 만 5세 7개월(남) 유치원생

- 아동은 읽기카드와 학습지를 통해 일부 통글자는 읽을 수 있으나 다양한 낱말을 읽는 데 어려움을 보였다.
- 글자를 읽는 데 흥미를 보였다.
- 스스로의 이름을 읽을 수 있었으나, 이름에 포함된 글자임에도 다른 낱말에 있는 동일한 글자는 읽을 수 없었다.
- 낱글자 'ㄱ, ㄴ, ㄷ, ㄹ, ㅁ, ㅂ'의 말소리는 확인할 수 있으나 다른 낱글자는 몰랐다.

	ㅏ	ㅓ	ㅗ	ㅜ	ㅡ	ㅣ	합계
스스로 말하기	+	–	+	+	+	–	4/6
의미 단서		–				+	1/2
그림 단서		+					1/1
오반응							

- 아동은 'ㅏ, ㅗ, ㅜ, ㅡ'는 스스로 말하였으며, 'ㅣ'는 의미 단서에 말할 수 있었으며, 'ㅓ'는 스스로 말하기에서 'ㅏ'로 대치하여 반응을 보인 후 그림 단서에서만 반응하였다. 활동절차 (1), (2)의 과정을 반복하였고, 가정에서 반복할 수 있도록 안내하였다. 다음 시간에 본 회기에 배운 모음의 말소리 확인이 가능하다면 다음 목표를 진행할 예정이다.

응용하기

• 글자판 활용하기

–개별 글자를 제공하면서 'ㅏ, ㅓ, ㅗ, ㅜ, ㅡ, ㅣ'를 말하는 것을 반복한다.

• 종이에 글자 쓰기

–아동에게 'ㅏ, ㅓ, ㅗ, ㅜ, ㅡ, ㅣ'를 쓰도록 하고, 개별 자음의 말소리를 반복하여 말하도록 하고, 선생님이 가리키는 자음의 말소리를 산출하도록 한다.

• 아동의 이름 활용하기

–아동의 이름을 써 보고, 앞의 목표 중 포함된 글자가 있으면 확인하고 해당 자음의 말소리를 확인하도록 한다.

• 모음 낱글자 'ㅐ, ㅒ, ㅑ, ㅕ, ㅛ, ㅠ, ㅟ, ㅘ, ㅙ, ㅖ, ㅝ, ㅞ, ㅢ'의 말소리를 확인하는 과제 실시하기

–활동절차는 중재목표 1 또는 2와 유사하게 실시한다.

• 글자 카드 활용하기

– 워크북 2-3-1 에 포함된 글자카드를 활용한다.

• 글자블록과 글자카드를 함께 활용하기

–글자카드를 순서대로 동그랗게 올려놓는다. 그리고 해당하는 글자블록을 그 아래에 연결하여 붙이면서 말소리를 함께 확인한다.

중재목표

낱글자와 말소리를 연결할 수 있다 ④

읽기 수준

- 통글자로 읽을 수 있는 낱말이 100개 정도인 아동
- 초성 자음 낱글자와 모음 낱글자의 일부 말소리를 연결할 수 있는 아동

읽기 목표

- 종성 자음 낱글자 'ㅁ, ㄹ, ㄴ, ㅇ'의 말소리를 알 수 있다.

사용 카드

ㅁ	ㄹ	ㄴ	ㅇ

활동절차: 중재 전략 및 유의사항

(1) 초성과 종성의 말소리가 다름을 알기

- 선생님은 아동에게 워크북 2-4-1 의 낱글자카드 'ㅁ, ㄹ, ㄴ, ㅇ'을 잘라 하나씩 제시한다.
- 글자카드를 보면서 초성의 말소리와 종성의 말소리에 차이가 있음을 알려 준다.

  (글자카드를 보며) "지난번에 우리는 이 글자들을 /ㅁ/, /ㄹ/, /ㄴ/(초성) 소리가 난다고 배웠어. 그런데 이 글자들이 밑에 내려가면 또 다른 소리가 된단다."
- 글자카드를 보면서 'ㅁ, ㄹ, ㄴ, ㅇ'의 말소리를 연결한다.

  (글자카드 'ㅁ'을 보여 주고 '음'에서 최대한 모음을 짧게 말하고 /ㅁ/을 강조하여 들려준다) "글자의 밑으로 가면 이것은 /ㅁ/라는 소리가 나. /ㅁ/, /ㅁ/ 야."

  (아동에게 모방을 유도하며) "글자의 밑에 내려가면 이건 어떤 소리가 날까? 따라해 볼까? /ㅁ/"

  (아동이 직접 말하도록 유도하며) "글자의 밑에 내려가면 이건 어떤 소리가 나지?"
- 다른 목표 글자도 앞과 같이 한다.

(2) 낱글자와 말소리를 연결하기

- 선생님은 워크북 2-4-2 의 글자그림을 제시한다.
- 글자의 의미와 소리를 확인한다.

  (워크북의 'ㅁ' 글자그림을 주며) "여기 그림을 봐, 무엇이 있지?"

  (아동의 반응을 보고) "맞아. '김(종성 말소리를 길게 들려주며)이야. 그런데 '김' 그림 안에 숨은 글자가 있어."

  ('김' 그림에 쓰여 있는 'ㅁ'를 손으로 따라 적으며) "'김'에는 이렇게 'ㅁ'가 있지? 이 글자는 어떤 소리가 난다고 했지?"
- 그림카드의 의미와 글자카드의 글자를 비교하며 확인한다.

  (워크북의 글자그림과 글자카드를 보여 주고 글자를 손으로 가리키며) "여기 봐 봐, '김'에는 /ㅁ/ 소리가 숨어 있지?"

  (그림카드에 있는 글자를 손으로 따라 적으며) "이것은 어떤 소리가 나지?"

  (글자카드만 보여 주며) "이건 어떤 소리가 나지?"

- 아동이 글자카드를 스스로 말할 때까지 충분히 기다리며 여러 번 반복하도록 한다. 스스로 말할 수 없으면 그림카드를 보여 주며 의미적으로 확인할 수 있게 준다. 아동이 의미 단서에도 글자의 소리를 말할 수 없으면 그림카드와 글자카드를 번갈아 제시하며 "/ㅁ/, /ㅁ/야."라고 들려주어 글자와 소리를 확인시켜 준다.
- 다른 목표 글자를 'ㅁ → ㄹ → ㄴ → ㅇ'의 순서대로 앞과 같이 한다.

유의사항

- 종성 낱자음을 들려줄 때는 '음, 을, 은, 응'과 같이 말하되 최대한 모음을 빼고 종성 /ㅁ, ㄹ, ㄴ, ㅇ/을 강조하여 들려준다.
- 의미 낱말을 말해 줄 때 종성 부분만 길게 소리 내어 아동이 청지각하기 쉽도록 한다. 낱말의 종성을 입술이나 혀 등의 조음점을 과장되게 표현하여 확인하기 쉽도록 한다.

아동 반응 및 중재 효과

- 아동에게 지금까지 함께한 글자를 보여 주며 "이 글자는 어떤 소리가 나지?"라고 질문을 하여 아동이 혼자서 글자의 소리를 말하게 한다. (만일 '미음' 또는 초성 /ㅁ/ 이라고 말하면 다시 한 번 "글자의 밑에 있을 때는 어떤 소리가 나?"라고 물어본다.)
- 아동이 혼자서 글자의 소리를 말하지 못하면 관련 그림을 연상하도록 하여 의미적으로 단서를 준다. "이 글자가 들어간 그림이 있었지, 그게 뭐야?"
(아동의 반응을 보고) "그럼 이 글자는 어떤 소리가 날까?"
- 의미 단서에도 반응하지 못하면 그림카드를 제시하며 해당 낱말을 길게 말하도록 하여 종성을 확인한다.
(그림카드를 제시하며) "이게 뭐야? 길게 말해 보는 거야. 김-"
(그림 내에 포함된 'ㅁ'를 손으로 가리키며) "이 글자는 무슨 소리일까?"
- 아동이 혼자서 읽은 단계에 '+' 표시를 한다.

	ㅁ	ㄹ	ㄴ	ㅇ	합계
스스로 말하기					/4
의미 단서					
그림 단서					
오반응					

유의사항: 아동이 의미 단서까지 100%의 정확도를 보이면 다음 단계로 넘어간다. 아동이 의미 단서에도 오류를 보이는 종성이 있으면 해당 종성만 중재 활동을 반복한다.

활용 사례– 만 5세 7개월(남) 유치원생

- 아동은 글자를 읽는 데 흥미를 보였다.
- 종성이 없는 글자는 꽤 잘 읽으나, 종성이 포함된 낱말을 읽는 것은 어려워하였다.
- 자음 일부와 모음 일부의 말소리는 확인할 수 있으나 종성 말소리는 몰랐다.

	ㅁ	ㄹ	ㄴ	ㅇ	합계
스스로 말하기	+	+	–	–	2/4
의미 단서			+	–	1/2
그림 단서				+	1/1
오반응					

- 아동은 초성과 종성 위치에서 글자의 말소리가 다름을 알지만, 종성 'ㅇ'은 의미 단서에서도 반응하지 못하였고 그림 단서에서 반응하였다. 의미 단서에 반응한 'ㄴ'과 그림 단서에서 반응한 'ㅇ'는 중재 활동을 충분히 이해할 때까지 반복하였다.

응용하기

- 글자판을 활용하여 종성 'ㅁ, ㄹ, ㄴ ㅇ'을 찾고 말하는 것을 반복하기
- 종이에 글자를 쓰며 종성 'ㅁ, ㄹ, ㄴ, ㅇ'을 확인하기
  - 아동에게 종이에 글자를 쓰도록 하고, 개별 자음의 말소리를 반복하여 말하게 하며, 선생님이 가리키는 자음의 말소리를 산출하도록 한다.
- 낱말 내에서 종성 'ㅁ, ㄹ, ㄴ, ㅇ'을 확인하기
  - 해당 종성 자음이 들어 있는 글자를 제공하고 해당 종성을 색칠하며 산출하도록 한다.

중재목표

05

낱글자와 말소리를 연결할 수 있다 ⑤

읽기 수준

- 통글자로 읽을 수 있는 낱말이 100개 정도인 아동
- 개별 글자를 읽지는 못하나 친숙한 낱말을 한 덩이로 읽을 수 있는 아동
- 초성 자음과 단모음, 종성 자음의 말소리를 연결할 수 있는 아동

읽기 목표

- 종성 자음 낱글자 'ㄱ, ㅂ, ㄷ' 의 말소리를 확인할 수 있다.

사용 카드

ㄱ	ㅂ	ㄷ

활동절차: 중재 전략 및 유의사항

(1) 낱글자에 말소리가 있음을 알려 주기

- 선생님은 아동에게 워크북 2-4-1 의 글자카드 'ㄱ, ㅂ, ㄷ'를 잘라 하나씩 제시한다.
- 글자카드 'ㄱ'을 보면서 낱글자에 말소리가 있음을 알려 준다.

  (글자카드를 보며) "이것들은 글자의 처음에 있으면 /ㄱ/라는 소리가 난다고 했지. 그런데 글자의 밑에 있으면 /ㄱ('윽'에 가까운 소리이나 모음을 최대한 제거하고 종성 소리만 들려줌)/라고 말하는 거야."

  (한 번 더 강조하며) "우리는 이것을 /ㄱ('윽'에 가까운 소리)/라는 소리로 말할 거야. /ㄱ/, /ㄱ/ 야."

  (아동에게 모방을 유도하며) "이건 어떤 소리가 난다고 했지? 따라해 볼까? /ㄱ/"

  (아동이 직접 말하도록 유도하며) "이건 어떤 소리야?"

- 다른 목표 글자도 앞과 같이 한다.

(2) 낱글자와 말소리를 연결하기

- 워크북 2-5-2 를 제시한다.
- 워크북에 있는 낱글자의 말소리를 말하도록 한다.

  (워크북에 있는 'ㄱ'을 가리키며) "이건 어떤 소리가 나지?" (만일 '기역'이라고 말하면 /ㄱ/이라고 다시 말해 준다.)

- 똑같은 낱글자를 찾아 연결하도록 한다.
- 그림에 있는 초성 낱글자를 확인하도록 한다.

  (그림을 보며) "여기 무슨 그림이 있지?"

  ('떡' 그림의 글자 중 초성을 가리키며) "떡 글자의 밑에는 어떤 소리가 숨어 있을까? "

  (아동의 반응을 보고) "그래 맞아 /ㄱ/, /ㄱ/이야."

- 모든 낱글자와 그림의 초성을 확인하도록 하고 낱글자가 포함된 그림을 연결하며 해당 낱글자를 소리 내어 보게 한다.

> **유의사항:** 글자의 위치 때문에 소리에 확인이 어려우면, '처음에 올 때는 그런 소리가 나지? 끝에 올 때는 어떤 소리가 나?'라고 물으며 위치마다 소리가 다름을 확인시켜 준다.

아동 반응 및 중재 효과

- 아동에게 지금까지 함께한 글자를 보여 주며 "이 글자는 어떤 소리가 나지?"라고 질문을 하여 아동이 혼자서 글자의 소리를 말하게 한다.
- 아동이 혼자서 글자의 소리를 말하지 못하면 알려 주고 오반응으로 기록한다.
- 아동이 스스로 말한 글자는 '+' 표시를 한다.

	ㄱ	ㄷ	ㅂ	합계
스스로 말하기				/3
오반응				

유의사항: 아동이 스스로 말하기에서 60% 이상의 정확도를 보이면 다음으로 넘어간다. 해당 자음의 경우 불규칙 낱말에서 자주 적용되는 음소이므로 관련한 사항은 낱말 재인 단계 활동 시 다시 알려 준다.

활용 사례- 만 5세 11개월(여) 유치원생

- 아동은 글자를 읽는 데 흥미를 보였다.
- 가족의 이름을 읽을 수 있으나 다양한 낱말은 읽지 못하였다.
- 자음과 모음 일부의 말소리는 확인할 수 있으나 종성 폐쇄음 말소리는 알지 못하였다.

	ㄱ	ㄷ	ㅂ	합계
스스로 말하기	+	+	+	3/3
오반응				

- 3개의 종성 자음 모두를 100% 확인 가능하여 다음 단계로 진행하였다.

응용하기

- 우리말카드의 뒷면 글자를 확인하고 종성 'ㄱ, ㄷ, ㅂ'을 확인하며 소리 말하기
- 사용 카드
  - 조음어휘 3(종성 ㄱ): 떡
  - 명사 9(음식): 국
  - 조음어휘 3(종성 ㅂ): 집, 밥
  - 서술어 2(쉬는시간): 걷다
  - 서술어 5(마트): 싣다

중재목표 06

낱말을 구성하는 글자를 알 수 있다

읽기 수준

- 통글자로 읽을 수 있는 낱말이 100개 정도인 아동
- 낱글자의 말소리를 확인할 수 있는 아동

읽기 목표

- 1음절 낱말의 첫소리를 확인하여 분류할 수 있다.

사용 카드

- 명사 7(동물): 게
- 낱말읽기(받침 있음): 곰
- 명사 8(신체부위): 귀, 목
- 명사 6(자연): 돌
- 낱말읽기(받침 있음): 달
- 명사 6(때 · 날씨): 봄, 비
- 조음어휘(종성 ㅁ): 밤

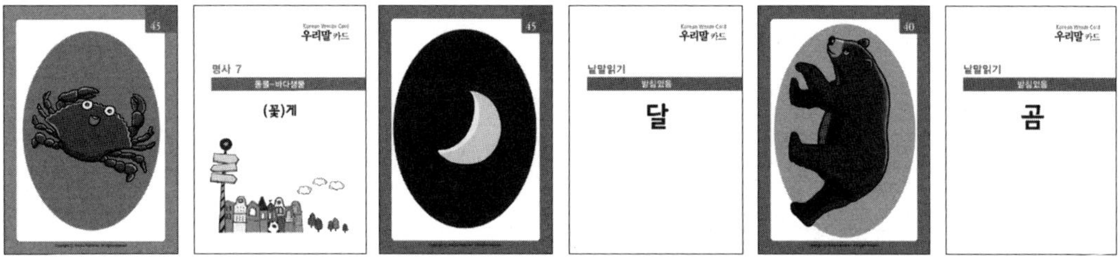

활동절차: 중재 전략 및 유의사항

(1) 낱말을 구성하는 글자와 소리 알기

- 아동에게 모든 그림카드를 보여 준 뒤, 명칭을 말하도록 하고 뒷면의 글자를 읽어 본다.

  ('게' 그림카드를 보여 주고) "이건 뭐야?"

  (아동의 반응을 기다리고) "그래 게야, 옆으로 가는 '게'." (/ㄱ/ 음소를 강하게 들려주며 확인시켜 준다)

  ('게' 그림카드 뒷면의 '게' 글자를 손가락으로 가리키며) "게야, 게." (/ㄱ/ 음소를 강하게 들려주며 확인시켜 준다.)

  (글자의 'ㄱ'을 가리키며) "게에는 /ㄱ/ 말소리가 들어가 있는 거야."

- 다른 목표 낱말도 앞과 같이 한다.

(2) 아동 스스로 글자에 포함된 말소리를 확인하기

- 'ㄱ, ㄷ, ㅂ'이 각각 붙어 있는 통 세 개를 준비하고 글자의 소리를 모두 확인한다.

  (아동에게 통에 붙여진 글자를 손으로 가리키며) "이건 어떤 소리가 날까?"

- 아동에게 그림카드의 첫소리를 확인하도록 한다.

  ('게' 그림카드를 보여 주고) "이건 '게'야, '게'. '게'의 첫소리는 무엇일까?"

  (아동의 반응을 보고) "그래? /ㄱ/가 들어가 있지?"

(아동이 제대로 반응하지 못할 때에는) 다시 한 번 더 /ㄱ/의 소리를 강조하여 들려주며 앞의 활동을 반복한다. "'게, 게'야."

(그래도 아동이 반응하지 못하면 소리를 나누어 주며) "게는 /ㄱ/와 /ㅔ/로 나눌 수 있어. 그럼 '게'의 첫소리는 무엇일까?"

- 글자가 붙여진 통에 같은 소리로 시작하는 낱말을 넣도록 한다.

"그럼 '게'는 어느 통에 넣으면 좋을까?"

- 나머지 낱말카드도 각 통에 찾아 넣을 수 있도록 한다.

아동 반응 및 중재 효과

- 아동에게 지금까지 배운 그림카드를 보여 주어 아동이 혼자서 말하게 하고 'ㄱ, ㄷ, ㅂ'가 쓰여진 통에 각 낱말을 넣도록 한다.
- 아이가 스스로 분류하지 못하면 낱말 목록에 있는 해당 음소를 강조하여 들려주며 낱말의 명칭을 말해 주고 아동이 모방하게 한다. "자 '게', 따라 말해 봐. '게', '게'는 어디에 들어갈까?"
- 아동이 그래도 찾지 못하면 음소를 나누어 단서를 준다.

"자 이건 /ㄱ/와 /ㅔ/를 더해서 '게'라는 소리가 되었어. 이건 어느 통에 들어갈까?"

- 아동이 찾지 못하면 낱말카드 뒷면에 있는 글자를 보여 주며 첫글자를 확인해 준다.

"이건 '게'야, 이건 어느 통에 들어가지?"

- 아동이 찾은 단계에 '+' 표시를 한다.

	ㄱ			ㄷ			ㅂ			합계
	게	곰	귀	등	돌	달	봄	밤	비	
혼자 찾기										/9
강조 단서										
음소 단서										
글자 단서										
오반응										

유의사항: 아동이 강조 단서까지 100%의 정확도를 보이면 다음 단계로 넘어간다. 아동이 100%의 정확도를 보이지 않으면 응용하기 낱말에 제시된 낱말로 앞의 활동을 반복한다.

활용 사례- 만 5세 5개월(남) 유치원생

- 아동은 읽기카드와 학습지를 통해 일부 통글자를 읽을 수 있고 글자의 말소리를 확인할 수 있었다.
- 글자를 읽는 것에 관심을 보였다.
- 낱말카드 일부 몇 개를 읽을 수 있었다. 그러나 낱말카드에 있는 글자임에도 다른 카드에 있는 동일한 글자를 읽을 수 없었다.

	ㄱ			ㄷ			ㅂ			합계
	게	곰	귀	등	돌	달	봄	밤	비	
혼자 찾기	+	+	−	−	−	+	−	+	+	5/9
강조 단서			+	+	−		−			2/4
음소 단서					+		+			2/2
글자 단서										
오반응										

- 아동은 80% 미만의 수행력을 보였고, '돌, 봄'은 음소로 분리하여 단서를 주어야 했다. 따라서 응용하기에 제시된 목록으로 동일한 활동을 반복하여 수행하였다.

응용하기

• 글자 빨래놀이

–‘ㄱ, ㄷ, ㅂ’가 적힌 빨래줄 3개와 빨래집게를 준비해서 각 카드의 첫소리를 확인하고 분류한다.

• 글자 주사위 만들기

–주사위를 준비하며 ‘ㄱ’ ‘ㄷ’ ‘ㅂ’을 각각 두 개씩 총 6면에 붙인다. 그리고 그림카드를 섞어 책상에 펼쳐 놓는다. 아동에게 주사위를 굴리게 한 뒤 주사위에 나온 글자로 시작하는 낱말을 찾아보며 분류한다.

–사용 카드

① 서술어 2(수업시간): 가르치다, 그리다, 공부하다, 닦다, 던지다

② 서술어 2(쉬는시간): 가다, 가리키다, 당기다

③ 서술어 3(씻기 외): 감다

④ 서술어 3(쉬기 외): 골다

⑤ 서술어 3(옷입기): 가르다, 빗다, 바르다, 벗다

⑥ 서술어 3(요리) 담그다, 뒤집다, 붓다

⑦ 서술어 4(놀이): 보다, 달다, 돌다, 두다

⑧ 서술어 4(거리): 부딪히다, 뒤지다

⑨ 서술어 4(여가): 구경하다, 구하다, 기도하다

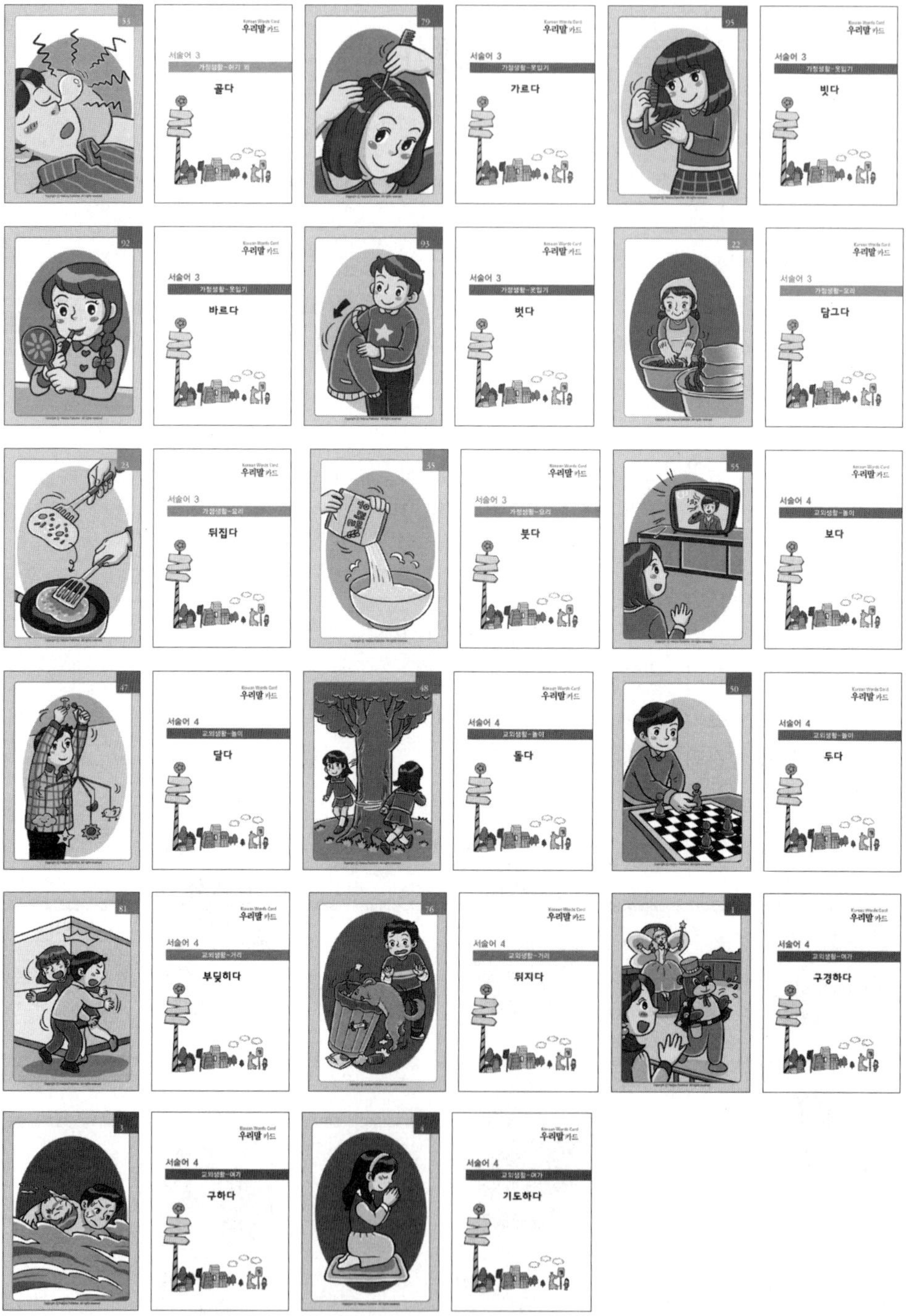

우리말 카드
서술어 3
곯다
우리말 카드
서술어 3
가정생활-옷입기
가르다
우리말 카드
서술어 3
가정생활-옷입기
빗다
우리말 카드
서술어 3
가정생활-옷입기
바르다
우리말 카드
서술어 3
가정생활-옷입기
벗다
우리말 카드
서술어 3
가정생활-요리
담그다
우리말 카드
서술어 3
가정생활-요리
뒤집다
우리말 카드
서술어 3
가정생활-요리
붓다
우리말 카드
서술어 4
교외생활-놀이
보다
우리말 카드
서술어 4
교외생활-놀이
달다
우리말 카드
서술어 4
교외생활-놀이
돌다
우리말 카드
서술어 4
교외생활-놀이
두다
우리말 카드
서술어 4
교외생활-거리
부딪히다
우리말 카드
서술어 4
교외생활-거리
뒤지다
우리말 카드
서술어 4
교외생활-여가
구경하다
우리말 카드
서술어 4
교외생활-여가
구하다
우리말 카드
서술어 4
교외생활-여가
기도하다

한국어 해독해 ② 해독과 읽기 유창성

제4장

낱글자 합하여 읽기

중재목표

01 자음 낱글자와 모음 낱글자를 합성하여 낱말을 읽을 수 있다 ①

읽기 수준

- 통글자 100개 정도는 읽을 수 있으나 다양한 낱말을 읽지 못하는 아동
- 낱글자의 소리를 확인할 수 있는 아동

읽기 목표

- 자음 낱글자와 모음 낱글자를 합성하여 '파, 타, 소, 코, 가, 게'를 만들고 읽을 수 있다.

사용 카드

- 명사 9(채소): 파
- 서술어 4(교외생활): 타다
- 명사 7(동물): 게
- 서술어 2(학교생활): 가다, 켜다

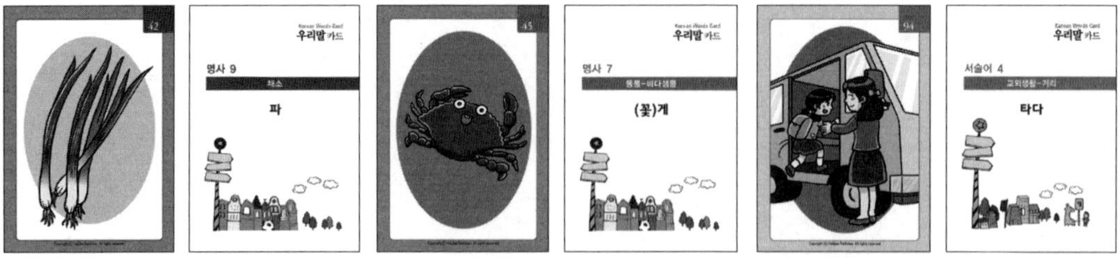

활동절차: 중재 전략 및 유의사항

(1) 음운인식 활동을 재확인하기

- 아동과 함께 음운인식 활동 중 음소를 합성하는 활동을 한다.

 (아동을 선생님에게 집중시키고) "소리가 더해지면 새로운 소리가 만들어져. 우리 한 번 해 보자."

 (소리만 들려주며) "/ㅍ/와 /ㅏ/를 더하면 무슨 소리가 되지?"

 (아동의 반응을 기다리고 그림카드를 제시하며) "'파'. 그래 '파'야."

- 다른 목표 글자도 '파 → 타 → 소 → 코 → 가 → 게'의 순서대로 앞과 같이 한다.

(2) 글자 지식 활동 중 자음과 모음의 말소리 떠올리기

- 아동과 함께 글자 지식을 다시 확인한다.

 (아동을 선생님에게 집중시키고) "이전에 우리는 글자를 말하는 소리가 있다고 했지? 기억해 보자."

 (워크북 2-1-1 의 글자카드 'ㄱ'을 보여 주며) "이건 어떤 소리가 나지?"

 (아동의 반응을 기다리고) "/ㄱ/. 그래 /ㄱ/야."

- 다른 글자카드를 제시하며 '자음 → 모음'의 순서대로 앞과 같이 한다.

(3) 자음과 모음을 합성하기

- 워크북 2-1-1 과 워크북 2-3-1 의 글자카드 'ㅍ' 'ㅏ'를 함께 제시한다.

  (글자를 하나씩 가리키며) "이 글자는 어떤 소리가 나지?"

  (아동의 반응을 보며) "그래, /ㅍ/와 /ㅏ/야."

- 자음과 모음을 더하여 소리 내도록 한다.

  (두 글자를 가까이 붙여 글자의 형태를 만들어 주며) "/ㅍ/와 /ㅏ/를 더해서 말해 볼까?"

  (아동의 반응을 보며) "그래. '파'. '파'야."

- 그림카드 '파'의 뒷면 글자를 제시한다.

  (아동을 집중시키며) "읽어볼까?"

- 다른 목표 글자도 '파 → 타 → 소 → 코 → 가 → 게'의 순서대로 앞과 같이 한다.

> **유의사항:** 동사 '파다, 가다'는 '파, 가' 부분만 읽도록 한다.

(4) 글자카드만 나열하여 읽기

- 그림카드의 뒷면 글자만 보여 주며 모두 읽어 보게 한다.

> **유의사항:** 아동이 목표 글자를 모두 성공하면 응용하기에 제시된 다른 글자들도 실시한다.

아동 반응 및 중재 효과

- 제시된 글자카드를 아동이 혼자서 읽어 보게 한다.
- 아동이 읽지 못하면 각각의 자소를 가리키며 "이건 어떤 소리가 나지?"라고 말하며 개별 자소의 소리를 확인하도록 하고, "그것을 더해 보자."라고 음소 합성 단서를 주며 글자를 보고 읽도록 한다.

• 아동이 개별 자소의 소리를 기억하지 못하면 /ㅍ/ /ㅏ/라고 모르는 음소를 들려주어 다시 확인시켜 준다.

• 아동이 읽은 단계는 '+' 표시를 하고, 오반응은 기록한다.

	파	타	소	코	가	게	합계
혼자 읽기							/6
합성 단서							
음소 단서							
오반응							

유의사항: 아동이 합성 단서까지 100%의 정확도를 보이면 다음 단계로 넘어간다. 아동이 100%의 정확도를 보이지 않으면 소리만들기카드를 이용하여 무의미 낱말 수준에서 앞의 활동을 반복한다.

활용 사례- 만 5세 7개월(여) 유치원생

• 아동은 낱글자마다 불리는 말소리가 있다는 것을 알고 있다.

• 익숙한 자음과 모음의 말소리를 스스로 확인할 수 있다.

• 낱말카드 일부 몇 개를 읽을 수 있었다. 그러나 낱말카드에 있는 글자임에도 다른 카드에 있는 동일한 글자를 읽을 수 없었다.

	파	타	소	코	가	게	합계
혼자 읽기	+	−	+	+	+	−	6/6
합성 단서		+				+	
음소 단서							
오반응							

• '파, 소, 코, 가'를 스스로 읽을 수 있었으나 '타, 게'의 경우는 스스로 합성하지 못하여 선생님이 개별 글자를 확인하도록 하고 합성을 유도하였다. 합성 단서까지 100% 정반응을 보여 다음 단계를 진행할 예정이다.

응용하기

• 글자판 놀이하기

–글자판을 활용하여 무의미 1음절 낱말을 제시하고 앞의 활동을 반복하여 다양한 자음과 모음을 합성하여 읽기를 확장하도록 한다.

(예: 내, 도, 리, 뫼, 벼, 수, 쥐, 쵸, 큐, 프, 터, 휴)

• 글자 받아쓰기

–종이를 준비하여 선생님이 불러 주는 자음과 모음을 아동이 하나씩 받아쓰도록 하고 쓴 글자를 읽어 보게 한다.

–사용 카드

① 서술어 2(수업시간): 끄다, 서다, 쓰다

② 서술어 3(요리): 짜다, 까다

중재목표

02

자음 낱글자와 모음 낱글자를 합성하여 낱말을 읽을 수 있다 ②

읽기 수준

- 통글자로 100개 정도의 낱말은 읽을 수 있으나, 다양한 낱말은 읽지 못하는 아동
- 자음 낱글자와 모음 낱글자의 소리를 일부 확인할 수 있는 아동

읽기 목표

- 초성 자음 낱글자를 찾아 낱말을 완성하고 읽을 수 있다.

사용 카드

- 낱말읽기(받침 없음): 바다
- 서술어 2(쉬는 시간): 가다
- 서술어 3(쉬기 외): 자다
- 서술어 3(요리): 까다, 짜다
- 서술어 4(여가): 파다
- 서술어 4(놀이): 타다, 차다
- 서술어 5(마트): 사다

활동절차: 중재 전략 및 유의사항

(1) 글자의 의미를 확인하기

- 아동에게 '바다' 그림카드를 제시하며 낱말의 의미를 확인한다.

  (그림카드를 제시하며) "이건 뭐지?"

  (아동의 반응을 보고) "그래 '바다'지? 수영도 하고 물고기가 사는 '바다'야."

  (첫소리를 강조하며) "'바다', '바다'야."

(2) 글자의 첫소리 확인하기

- 아동에게 글자의 첫소리를 강조하여 들려주며 확인시켜 준다.

  (아동을 선생님에게 집중시키고) "바다는 첫소리가 무엇일까?"

  (아동의 반응을 보고) "그래 /ㅂ/야. 바다는 /ㅂ/로 시작하지."

- 아동이 스스로 첫소리를 확인하지 못하면 선생님이 첫소리를 알려 준다.

  (첫소리를 강조하며) "'ㅂ~ㅏ다', 'ㅂ~ㅏ다'야. 바다는 /ㅂ/로 시작해."

- 다른 그림카드를 제시하며 (1), (2)의 활동을 반복한다.

(3) 낱말의 첫소리를 확인하고 쓰기

- 워크북 2-8-1 과 연필을 아동의 앞에 제시하고 그림의 이름을 확인한다.
  (아동을 집중시키고) "이 그림은 뭐야?"
  (아동의 반응을 보며) "그래, '바다'야. '바다'야."
- 워크북에 쓰여진 글자를 읽어 보게 한다.
  (아동을 집중시키며) "이건 뭐라고 읽어?"
  (아동의 반응을 보며) " '아다', '아다'야."
- 낱말의 첫소리를 강조하여 들려주고 아동에게 첫소리를 말하게 한다.
  (아동을 집중시키며) "우리는 바다를 만들 거야. '바다('ㅂ'를 강조하며)'의 첫소리는 무엇일까?"
  (아동의 반응을 보며) "그래 /ㅂ/. /ㅂ/야."
- 아동이 스스로 찾지 못하면 선생님이 첫소리를 직접 들려주며 확인시켜 준다.
- 낱말의 첫소리를 워크북에 써 보게 한다.

(4) 낱말을 합성하여 읽기

- 워크북에 완성한 낱말을 합성해 보게 한다.
  (아동을 집중시키며) "이건 'ㅂ'와 '아다'를 더한 글자야. 함께 읽어 보자."
  (아동의 반응을 보고) "그래 '바다'야, '바다'."
- (3), (4)를 반복하여 워크북 활동을 실시한다.

아동 반응 및 중재 효과

- 아동에게 낱말카드의 뒷면 글자만 제시하여 혼자서 낱말을 읽어 보게 한다.
- 아동이 읽지 못하면 첫음소와 '아다'를 손으로 가리키며 나누어 읽도록 하고 합성한다.
- 아동이 첫음소 단서에도 읽지 못하면 선생님이 첫음소를 말해 준다.
- 아동이 읽은 단계는 '+' 표시를 하고, 오반응은 기록한다.
- 음소를 나누어 읽기 단계까지 읽을 수 있으면 정반응한 것으로 보며, 8개 이상 읽을 수 있으면 다음 단계로 넘어간다.

	바다	가다	자다	파다	타다	차다	사다	까다	짜다	합계
혼자 읽기										/9
나누어 읽기										
음소 단서										
오반응										

활용 사례– 만 5세 3개월(남) 유치원생

- 아동은 낱글자에 대한 소리 지식이 있다.
- 낱말의 첫음소가 다름을 확인할 수 있었다.
- 낱말카드의 일부를 읽을 수 있었다. 그러나 낱말카드에 있는 글자임에도 다른 카드에 있는 동일한 글자는 읽을 수 없었다.
- '바다, 가다, 자다, 파다'를 혼자서 읽을 수 있었다. '타다, 차다, 사다, 까다'는 첫자음을 확인하도록 한 후에 스스로 합성하여 읽을 수 있었다. '짜다'는 첫글자의 소리를 기억하지 못하여 선생님이 들려주고 합성하도록 유도하였다.

	바다	가다	자다	파다	타다	차다	사다	까다	짜다	합계
혼자 읽기	+	+	+	+	−	−	−	−	−	8/9
나누어 읽기					+	+	+	+	−	
음소 단서									+	1/1
오반응										

- 아동은 혼자 또는 스스로 첫소리와 나머지 소리를 합성하여 낱말을 읽을 수 있는 전략을 사용하고 있으므로 다음 단계를 진행할 예정이다. 잘 읽지 못했던 '짜다'는 가정에서 반복하여 읽을 수 있도록 지도하였다.

응용하기

• 소리를 찾아 글자 완성하여 읽기 **워크북 2-8-2**

–새로운 낱말의 첫음소를 확인하도록 한다.

–사용 카드

① 서술어 3(요리): 푸다

② 서술어 4(놀이): 두다, 추다, 쏘다, 보다

③ 서술어 3(씻기 외): 누다

④ 서술어 4(여가): 쪼다

⑤ 서술어 3(쉬기 외): 꾸다

• 무의미 낱말의 글자를 합하여 읽기

–워크북 2-8-4: 초성+'ㅣ다'를 합하여 글자를 읽는다.

–워크북 2-8-5: 초성+'ㅢ다'를 합하여 글자를 읽는다.

중재목표

초성 자음 낱글자, 종성 자음 낱글자, 모음 낱글자를 합성하고 읽을 수 있다 ①

읽기 수준

- 초성 자음 낱글자, 종성 자음 낱글자, 모음 낱글자의 소리를 확인할 수 있는 아동
- 종성이 없는 글자는 읽을 수 있으나 종성이 포함되면 읽기 어려워하는 아동

읽기 목표

- 종성 자음 낱글자 'ㅁ, ㄴ'을 합성하여 '감, 김, 밤, 뱀, 산, 손, 문, 돈' 의미 낱말을 읽을 수 있다.

사용 카드

- 명사 9(과일 · 열매): 감
- 조음어휘(어두초성 ㄱ): 김
- 조음어휘(종성 ㅁ): 밤
- 조음어휘(어두초성 ㅅ): 산, 손
- 낱말읽기(받침 있음): 문
- 조음어휘(종성 ㄴ): 돈
- 명사 7(동물): 뱀

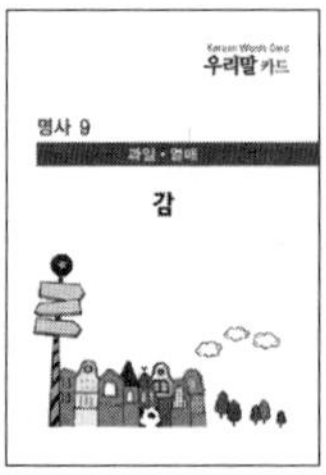

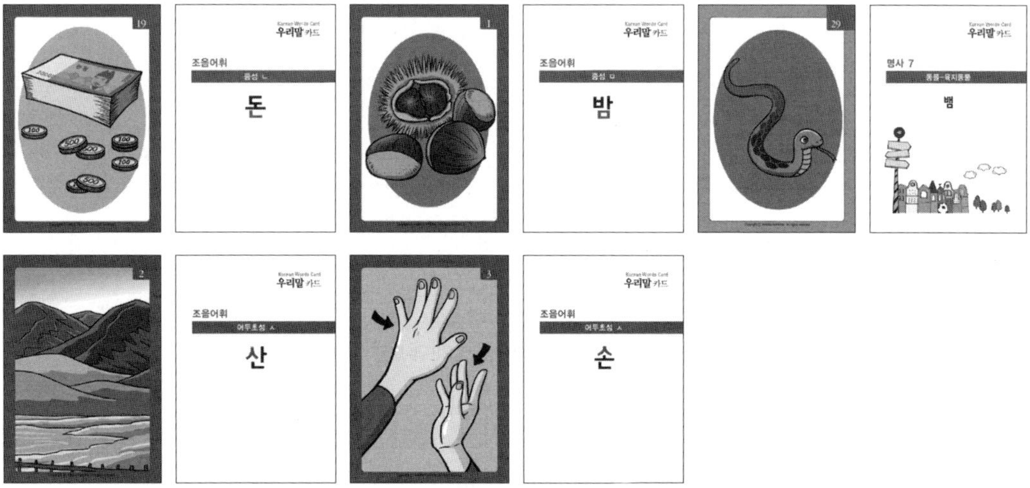

활동절차: 중재 전략 및 유의사항

(1) 음운인식의 음소 합성을 확인하기

- 아동과 함께 음운인식 활동 중 음소를 합성하는 활동을 한다.

  (아동을 선생님에게 집중시키고) "말소리를 더해서 새로운 소리를 만들 수 있단다. 우리 한 번 말소리를 더해 보자."

  (소리만 들려주며) "/ㄱ/와 /ㅏ/ /ㅁ/을 더하면 무슨 소리가 되지?"

  (아동의 반응을 기다리고 그림카드를 제시하며) "'감'. 그래 '감'이야."

- 다른 목표 글자도 앞과 같이 한다.

(2) 낱글자를 합성하기

- 워크북 2-1-1 워크북 2-4-1 워크북 2-3-1 의 낱글자카드를 잘라 'ㄱ' 'ㅏ' 'ㅁ'을 함께 제시하여 낱글자의 말소리를 확인한다.

  (글자를 하나씩 가리키며) "이 글자는 어떤 소리가 나지?"

  (아동의 반응을 보며) "그래, /ㄱ/와 /ㅏ/, /ㅁ/ 이야."

- 낱글자를 더하여 소리 내도록 한다.

  (세 글자를 가까이 붙여 글자의 형태를 만들어 주며) "/ㄱ/와 /ㅏ/, /ㅁ/를 더해서 말해 볼까?"

(아동의 반응을 보며) "그래. '감'. '감'이야."

- 그림카드 '감'의 뒷면 글자를 제시한다.

(아동을 집중시키며) "읽어 볼까?"

- 다른 목표 글자도 앞과 같이 한다.

(3) 글자카드만 나열하여 읽기

- 그림카드의 뒷면 글자만 보여 주며 모두 읽어 보게 한다. 만일 아동이 스스로 읽지 못하면 각 낱글자의 말소리를 들려준 후 글자를 읽어 준다.

유의사항

- 아동이 종성 'ㅁ'와 'ㄴ'을 변별할 수 있는지 반드시 확인한다. 만일 변별이 어려우면 변별 가능한 다른 종성을 목표로 전환하여 활동하여도 좋다.
- 아동이 이미 음운인식 활동 중 합성 활동에 대한 지식이 충분하면 해당 과제를 생략하여도 좋다.

아동 반응 및 중재 효과

- 제시된 글자카드를 아동이 혼자서 읽어 보게 한다.
- 아동이 읽지 못하면 각각의 낱글자를 가리키며 "이건 어떤 소리가 날까?"라고 말하며 개별 낱글자의 소리를 확인시켜 주고, "그것을 더해 보자."라고 음소 합성 단서를 주며 글자를 보고 읽어 보게 한다.
- 아동이 개별 낱글자의 소리를 기억하지 못하면 /ㄱ/ /ㅏ/ /ㅁ/라고 모르는 음소를 하나씩 들려주어 다시 확인시켜 준다.
- 아동이 읽은 단계는 '+' 표시를 하고 오반응은 기록한다.

	감	김	밤	뱀	산	손	문	돈	합계
혼자 읽기									/8
합성 단서									
음소 단서									
오반응									

유의사항

- 제시한 낱말 중 합성 단서 단계까지 80% 이상 아동이 스스로 읽기가 가능하다면 다음 단계로 진행한다.

활용 사례- 만 5세 5개월(남) 유치원생

- 아동은 낱글자에 대한 소리 지식이 있다.
- 낱말의 첫음소가 다름을 확인할 수 있다.
- 종성 /ㅁ/ /ㄴ/을 변별할 수 있다.
- 종성이 없는 글자를 읽을 수 있으나 종성이 포함되면 오류를 보인다.

	감	김	밤	뱀	산	손	문	돈	합계
혼자 읽기	+	+	+	−	+	+	+	−	8/8
합성 단서				+				+	
음소 단서									
오반응									

- '감, 김, 밤, 산, 손, 문'을 혼자 읽을 수 있었고, '뱀, 돈'은 합성을 유도하였을 때 스스로 합성하여 읽을 수 있었다.
- 아동은 낱말 읽기 또는 스스로 끝소리를 합성하여 낱말을 읽을 수 있는 전략을 사용하고 있으므로 다음 단계를 진행할 예정이다. 혼자 읽기 단계에서 잘 읽지 못했던 낱말들은 가정에서 반복하여 읽을 수 있도록 지도하였다.

초성 자음 낱글자, 종성 자음 낱글자, 모음 낱글자를 합성하고 읽을 수 있다 ②

읽기 수준

- 초성 자음 낱글자, 종성 자음 낱글자, 모음 낱글자의 소리를 확인할 수 있는 아동
- 종성이 없는 글자를 읽을 수 있는 아동

읽기 목표

- 종성 자음 낱글자 'ㅁ, ㄴ'을 합성하여 무의미 낱말(돔, 참, 룸, 폄, 밈, 점, 꿈, 샘 / 간, 면, 론, 변, 훈, 컨, 짠, 뿐)을 읽을 수 있다.

사용 카드

ㄱ	ㄴ	ㄷ	ㅁ	ㅂ	ㅅ
ㅎ	ㅋ	ㅌ	ㄲ	ㅉ	ㅏ

ㅣ	ㅓ	ㅗ	ㅜ	ㅐ	ㅕ

활동절차: 중재 전략 및 유의사항

(1) 음운인식의 음소 합성을 확인하기

- 아동과 함께 음운인식 활동 중 음소를 합성하는 활동을 한다.

  (아동을 선생님에게 집중시키고) "말소리를 더해서 새로운 소리를 만들 수 있단다. 우리 한 번 말소리를 더해 보자."

  (소리만 들려주며) "/ㄷ/와 /ㅗ/, /ㅁ/을 더하면 무슨 소리가 되지?"

  (아동의 반응을 기다리고 그림카드를 제시하며) "'돔'. 그래 '돔'이야."

- 다른 목표 글자도 앞과 같이 한다.

(2) 낱글자를 합성하기

- 워크북 2-10-1 을 아동에게 제시하고 낱글자의 소리를 확인시켜 준다.

  (목표 음소를 들려주고 찾아보도록 하며) "'ㄷ'는 어디에 있어?"

  (아동의 반응을 보고) "'ㅗ'는 어디에 있어?"

  (아동의 반응을 보고) "'ㅁ'은 어디에 있지?"

  (아동의 반응을 보며) "그래. /ㄷ/와 /ㅗ/, /ㅁ/ 이야."

- 찾은 음소를 선으로 그어 연결하도록 하여 글자의 합성을 유도한다.

  (아동의 반응을 보고) "우리 'ㄷ'과 'ㅗ', 'ㅁ'을 연결해 보도록 하자."

- 해당 낱글자를 빈칸에 글자의 형태에 맞게 써 보도록 한다.

  (세 글자를 가까이 붙여 글자의 형태를 만들어 주며) "네가 찾은 글자들을 함께 빈칸에 써 보자."

- 아동이 쓴 글자를 읽어 보도록 한다.

  (아동을 집중시키고) "자, 이제 뭐라고 썼는지 읽어 볼까?"

• 다른 목표 낱말도 앞과 같이 한다.

(3) 아동이 쓴 글자만 나열하여 읽기

• 아동이 쓴 글자를 순서대로 보며 모두 읽어 보게 한다. 만일 아동이 스스로 읽지 못하면 각 낱글자의 말소리를 들려준 후 낱말을 읽어 준다.

유의사항

• 아동이 종성 /ㅁ/와 /ㄴ/을 변별할 수 있는지 반드시 확인한다. 만일 변별이 어려우면 변별 가능한 다른 종성을 목표로 전환하여 활동하여도 좋다.
• 만일 아동이 2개의 종성 읽기를 함께 수행하는 것에 어려움을 보일 경우 종성 음소를 1개씩 선택하여 2회기로 나누어 진행할 수 있다.
• 아동이 잘 모르는 낱글자의 소리는 확인 과정을 좀 더 길게 한다.

아동 반응 및 중재 효과

• 워크북 활동 중 완성된 무의미 1음절 낱말만 제시하여 아동이 읽어 보게 한다.
• 아동이 읽지 못하면 각각의 낱글자를 가리키며 "이건 어떤 소리가 날까?"라고 말하며 개별 낱글자의 소리를 확인하도록 하고, "그것을 더해 보자."라고 음소 합성 단서를 주며 글자를 보고 읽어 보게 한다.
• 아동이 개별 낱글자의 소리를 기억하지 못하면 /ㄷ/ /ㅗ/ /ㅁ/라고 모르는 음소를 들려주어 다시 확인시켜 준다.
• 아동이 읽은 단계는 '+' 표시를 하고 오반응은 기록한다.

	돔	참	룸	펌	밈	점	꿈	샘	간	면	론	변	훈	컨	짠	뿐	합계
혼자 읽기																	/16
합성 단서																	
음소 단서																	
오반응																	

유의사항

- 제시한 낱말 중 합성 단서 단계까지 80% 이상 아동 스스로 읽기가 가능하다면 합성과 종성 자음의 글자 지식을 이해하는 것으로 보고 다음 단계로 진행한다.

활용 사례- 만 5세 6개월(여) 유치원생

- 아동은 낱글자에 대한 소리 지식이 있다.
- 낱말의 첫음소가 다름을 확인할 수 있다.
- 종성 자음 낱글자 /ㅁ/ /ㄴ/의 소리를 변별할 수 있다.
- 종성이 없는 글자를 읽을 수 있으나 종성이 포함되면 오류를 보였다.
- 종성 자음 낱글자 /ㅁ/ /ㄴ/이 포함된 의미 낱말을 읽을 수 있으나 다양한 낱말로 적용하는 데에는 어려움을 보였다.
- '돔, 밈, 점, 샘, 간, 면, 론'을 혼자 읽을 수 있었고, '참, 룸, 훈, 짠'은 합성을 유도하여 읽을 수 있었다. '펌, 꿈, 변, 컨, 뿐'은 초성과 종성을 대치하여 읽었다.
- 68%의 정확도를 보여서 무의미 낱말까지 종성 'ㅁ, ㄴ'을 적용하여 읽는 데 어려움을 보였다. 자음-모음-자음 합성 단계에서 경/격음/이중모음의 합성에서도 다소 어려움 나타냈다.

	돔	참	룸	펌	밈	점	꿈	샘	간	면	론	변	훈	컨	짠	뿐	합계
혼자 읽기	+	−	−	−	+	+	−	+	+	+	+	−	−	−	−	−	11/16
합성 단서		+	+										+		+		
음소 단서				+			+					+		+		+	5/5
오반응																	

- 아동은 자음-모음-자음 합성 전략을 사용할 수 있고, 개별 자음 낱글자와 모음 낱글자의 글자 지식이 있으나 합성 단계에서 다소 미숙하였다. 따라서 1회기 더 활동을 반복할 예정이며, 다른 무의미 낱말을 응용하여 다양하게 합성하는 활동을 제공할 것이다.

응용하기

- 새로운 무의미 낱말 읽기
  - 주사위 3개를 준비한다. 주사위 1에 초성 자음, 주사위 2에 모음을 무작위로 적어 붙인다. 주사위 3에는 종성 'ㅁ, ㄴ'을 3개씩 각 면에 붙인다.
  - 초성 자음 주사위, 모음 주사위, 종성 주사위에서 나온 각각의 음소를 종이에 적는다.
  - 노트에 적은 음소를 합성하여 무의미 낱말을 1음절 낱말로 쓰게 한 후 합성하여 읽어 보게 한다.
- 워크북 2-10-2 등의 빈 활동지를 활용한 무의미 낱말 읽기
  - 선생님이 빈칸에 자음 낱글자, 모음 낱글자, 종성 자음 낱글자의 순서대로 적어 놓는다. 그리고 아동에게 각 음소의 소리를 확인하라고 한 후, 선생님이 불러 주는 글자에 따라 선을 긋고 완성된 글자를 다시 써 보게 한다. 이후 완성된 글자를 하나씩 또는 전체로 읽어 본다.

중재목표

05

초성 자음 낱글자, 종성 자음 낱글자, 모음 낱글자를 합성하고 읽을 수 있다 ③

읽기 수준

- 낱글자의 소리를 확인할 수 있는 아동
- 종성이 없는 글자를 읽을 수 있는 아동

읽기 목표

- 종성 자음 낱글자 'ㄹ, ㅇ'을 합성하여 의미 낱말(달, 말, 칼, 팔, 콩, 빵)을 읽을 수 있다.

사용 카드

- 낱말읽기(받침 있음): 달
- 조음어휘(종성 2): 말
- 낱말읽기(받침 있음): 팔
- 조음어휘(종성 ㅇ): 빵
- 조음어휘(어두초성 ㅋ): 칼
- 명사 9(채소): 콩

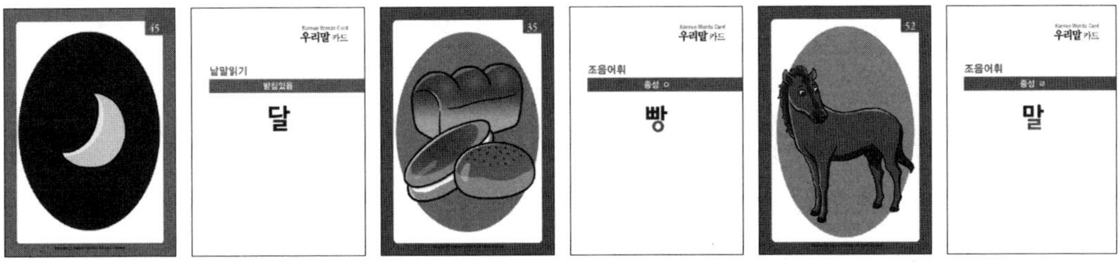

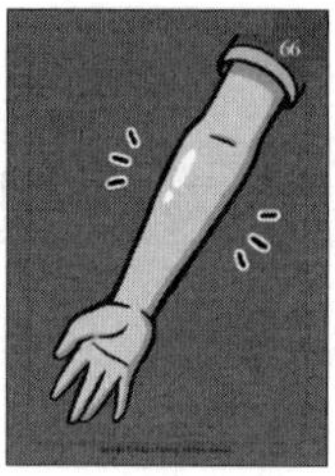

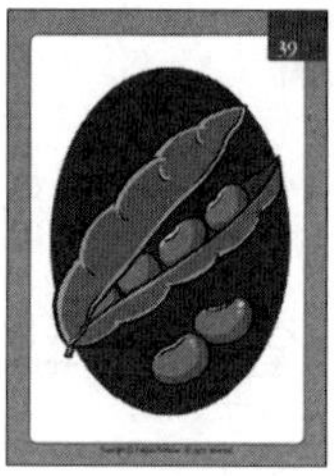

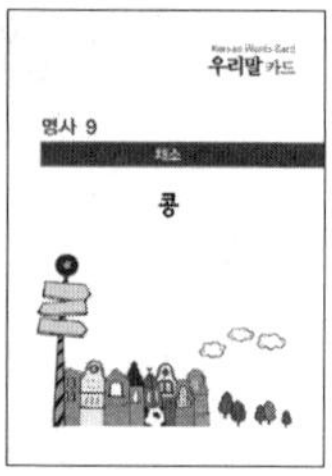

활동절차: 중재 전략 및 유의사항

(1) 음운인식 활동 중 음소 합성 활동을 떠올리기

- 음운인식 활동 중 아동과 함께 이전에 음소를 합성했던 활동을 복습한다.

  (아동을 선생님에게 집중시키고) "이전에 우리는 세 가지 소리를 더할 수 있다고 배웠어. 다시 한 번 기억해 보자."

  (소리만 들려주며) "/ㄷ/와 /ㅏ/, /ㄹ/을 더하면 무슨 소리가 되지?"

  (아동의 반응을 기다리고 그림카드를 제시하며) "'달'. 그래 '달'이야."

- 다른 목표 낱말도 앞과 같이 한다.

(2) 낱글자를 합성하기

- 낱글자카드 'ㄷ' 'ㅏ' 'ㄹ'을 함께 제시하고 낱글자 지식을 확인한다.

  (낱글자카드를 하나씩 가리키며) "이 글자는 어떤 소리가 나지?"

  (아동의 반응을 보며) "그래, /ㄷ/와 /ㅏ/, /ㄹ/ 이야."

- 자음과 모음을 더하여 소리 내도록 한다.

  (세 글자를 가까이 붙여 글자의 형태를 만들어 주며) "/ㄷ/와 /ㅏ/, /ㄹ/를 더해서 말해 볼까?"

  (아동의 반응을 보며) "그래. '달', '달'이야."

- 그림카드 '달'의 뒷면 글자를 제시한다.

  (아동을 집중시키며) "우리 읽어 볼까?"

- 다른 목표 낱말도 앞의 활동을 반복한다.

(3) 글자카드만 나열하여 읽기

• 그림카드의 뒷면 글자만 보여 주며 모두 읽어 본다. 만일 아동이 스스로 읽지 못하면 각 낱글자의 말소리를 들려준 후 낱말을 읽어 준다.

유의사항

• 아동이 종성 'ㄹ'과 'ㅇ'을 변별할 수 있는지 반드시 확인한다. 만일 변별이 어려우면 변별 가능한 다른 종성을 목표로 전환하여 활동하여도 좋다.
• 아동이 CVC(자음/모음/자음) 합성과 글자의 지식을 충분히 알고 있다고 생각되면 앞 (1), (2)의 활동을 3~4개의 글자나 낱말만 활동하여도 된다.

아동 반응 및 중재 효과

• 제시된 글자카드를 아동이 혼자서 읽도록 한다.
• 아동이 읽지 못하면 각각의 낱글자를 가리키며 "이건 어떤 소리가 날까?"라고 말하며 개별 낱글자의 소리를 확인하도록 하고, "그것을 더해 보자."라고 음소 합성 단서를 주며 글자를 보고 읽도록 한다.
• 아동이 개별 자소의 소리를 기억하지 못하면 /ㄷ/ /ㅏ/ /ㄹ/이라고 모르는 음소를 하나씩 들려주어 다시 확인하도록 한다.
• 아동이 읽은 단계는 '+' 표시를 하고 오반응은 기록한다.

	달	칼	말	팔	빵	콩	합계
혼자 읽기							/6
합성 단서							
음소 단서							
오반응							

유의사항

- 제시한 낱말 중 합성 단서 단계까지 80% 이상 아동 스스로 읽기가 가능하다면 합성과 종성 자음의 글자 지식을 이해하는 것으로 보고 다음 단계로 진행한다.

활용 사례-만 5세 3개월(남) 유치원생

- 아동은 낱글자에 대한 소리 지식이 있다.
- 낱말의 첫소리가 다름을 확인할 수 있다.
- 종성 /ㄹ/ /ㅇ/의 소리를 변별할 수 있다.
- 종성이 없는 글자 일부를 읽을 수 있으나 다양한 종성이 포함되면 오류를 보인다.
- '달, 말, 콩'을 혼자 읽을 수 있었고, '팔, 빵'은 합성을 유도하여 읽을 수 있었다. '칼'의 경우 '컴'으로 종성을 대치하여 종성 확인이 되지 않았다.

	달	칼	말	팔	빵	콩	합계
혼자 읽기	+	−	+	−	−	+	5/6
합성 단서				+	+		
음소 단서		+					1/1
오반응							

- 아동은 낱말 읽기 또는 스스로 끝소리를 합성하여 낱말을 읽을 수 있는 전략을 사용하고 있으므로 다음 단계를 진행할 예정이다. 혼자 읽기 단계에서 잘 읽지 못했던 낱말들은 가정에서 반복하여 읽을 수 있도록 지도하였다.

중재목표

06

초성 자음 낱글자, 종성 자음 낱글자, 모음 낱글자를 합성하고 읽을 수 있다 ④

읽기 수준

- 낱글자의 소리를 확인할 수 있는 아동
- 종성이 없는 글자를 읽을 수 있는 아동

읽기 목표

- 종성 자음 낱글자 'ㄹ, ㅇ'을 합성하여 무의미 낱말(골, 덜, 를, 질, 설, 콜, 텔, 깔 / 뱅, 굉, 증, 명, 컹, 창, 꽁, 평)을 읽을 수 있다.

사용 카드

ㄱ	ㄷ	ㄹ	ㅁ	ㅂ	ㅅ
ㅇ	ㅈ	ㅊ	ㅋ	ㅌ	ㅍ

ㄲ	ㅏ	ㅓ	ㅗ	ㅜ	ㅡ
ㅣ	ㅐ	ㅚ			

활동절차: 중재 전략 및 유의사항

(1) 음운인식 활동 중 음소 합성 활동을 떠올리기

• 음운인식 활동 중 아동과 함께 이전에 음소를 합성했던 활동을 복습한다.

(아동을 선생님에게 집중시키고) "이전에 우리는 3가지 소리를 더할 수 있다고 배웠어. 다시 한 번 기억해 보자."

(소리만 들려주며) "/ㄱ/와 /ㅗ/, /ㄹ/을 더하면 무슨 소리가 되지?"

(아동의 반응을 기다리고 그림카드를 제시하며) "'골'. 그래 '골'이야."

• 다른 목표 낱말도 앞과 같이 한다.

(2) 낱글자를 합성하기

• 워크북 2-12-1 을 아동에게 제시하여 낱글자의 소리를 확인시켜 준다.

(목표 음소를 들려주고 찾아보도록 하며) "'ㄱ'는 어디에 있어?"

(아동의 반응을 보고) "'ㅗ'는 어디에 있어?"

(아동의 반응을 보고) "'ㄹ'은 어디에 있지?"

(아동의 반응을 보며) "그래. /ㄱ/와 /ㅗ/, /ㄹ/ 이야."

• 찾은 음소를 선으로 그어 연결하도록 하여 합성한 글자의 합성을 유도한다.

(아동의 반응을 보고) "우리 'ㄱ'와 'ㅗ'과 'ㄹ'을 연결해 보도록 하자."

- 해당 낱글자를 빈칸에 글자의 형태에 맞게 써 보게 한다.
  (세 글자를 가까이 붙여 글자의 형태를 만들어 주며) "/ㄱ/와 /ㅗ/, /ㄹ/를 이렇게 더할 수 있어. 너도 빈칸에 찾은 글자를 써 보자."
- 아동이 쓴 글자를 읽어 보게 한다.
  (아동을 집중시키고) "자, 이제 뭐라고 썼는지 읽어 볼까?"
- 다른 목표 낱말도 앞과 같이 한다.

(3) 아동이 쓴 글자만 나열하여 읽기

- 아동이 쓴 글자를 순서대로 보며 모두 읽어 보게 한다. 만일 아동이 스스로 읽지 못하면 각 낱글자의 말소리를 들려준 후 낱말을 읽어 준다.

유의사항

- 아동이 종성 /ㄹ/와 /ㅇ/를 변별할 수 있는지 반드시 확인한다. 만일 변별이 어려우면 변별 가능한 다른 종성을 목표로 전환하여 활동하여도 좋다.
- 만일 아동이 2개의 종성 읽기를 함께 수행하는 것에 어려움을 보일 경우 종성 음소를 1개씩 선택하여 2회기로 나누어 진행할 수 있다.

아동 반응 및 중재 효과

- 워크북 2-12-1 에서 완성한 글자 '골, 덜, 를, 질, 설, 콜, 텔, 깔, 뱅, 증, 명, 컹, 창, 꽁, 펑'을 제시하여 읽어 보게 한다.
- 아동이 읽지 못하면 각각의 낱글자를 가리키며 "이건 어떤 소리가 날까?"라고 말하며 개별 낱글자의 소리를 확인시켜 주고, "그것을 더해 보자."라고 음소 합성 단서를 주며 글자를 보고 읽어 보게 한다.
- 아동이 개별 낱글자의 소리를 기억하지 못하면 /ㄱ/ /ㅗ/ /ㄹ/의 잘 모르는 음소를 하나씩 들려주어 다시 확인시켜 준다.
- 아동이 읽은 단계는 '+' 표시를 하고 오반응은 기록한다.

	골	덜	를	질	설	콜	텔	깔	뱅	굉	증	명	컹	창	꽁	평	합계
혼자 읽기																	/16
합성 단서																	
음소 단서																	
오반응																	

유의사항

- 제시한 낱말 중 합성 단서 단계까지 80% 이상 아동 스스로 읽기가 가능하다면 합성과 종성 자음의 글자 지식을 이해하는 것으로 보고 다음 단계로 진행한다.

활용사례- 만 5세 6개월(여) 유치원생

- 아동은 낱글자에 대한 소리 지식이 있다.
- 낱말의 첫음소가 다름을 확인할 수 있다.
- 종성 /ㄹ/ /ㅇ/를 변별할 수 있다.
- 종성이 없는 글자를 읽을 수 있으나 종성이 포함되면 오류를 보인다.
- 종성 /ㄹ/ /ㅇ/이 포함된 의미 낱말을 읽을 수 있으나 다양한 낱말로 적용하는 데에는 어려움을 보인다.
- '골, 질, 콜, 퐁, 뱅, 증'을 혼자 읽을 수 있었고, '덜, 를, 꽁'을 합성 전략을 사용하도록 하여 스스로 합성하여 읽을 수 있었다. '설, 텔, 굉, 명, 컹, 창, 평'은 초성이나 종성이 대치되어 읽었다.

	골	덜	를	질	설	콜	텔	깔	뱅	굉	증	명	컹	창	꽁	평	합계
혼자 읽기	+	−	−	+	−	+	−	+	+	−	+	−	−	−	−	−	9/16
합성 단서		+	+												+		
음소 단서					+		+			+		+	+	+		+	7/7
오반응																	

- 56%의 정확도를 보여서 무의미 낱말까지 종성 /ㄹ/ /ㅇ/을 적용하여 읽는 데 어려움을 보였다. CVC 합성 단계에서 경/격음/이중모음의 합성에서도 다소 어려워하였다.
- 아동은 CVC 합성 전략을 사용할 수 있고, 개별 자음과 모음의 글자 지식이 있으나 합성 단계에서 다소 미숙함을 보였다. 따라서 1회기 더 활동을 반복할 예정이며, 가정에서 해당 활동을 반복할 수 있도록 워크북을 부모에게 나누어 주고 안내하였다.

응용하기

- 종성을 손으로 가리고 CV(자음/모음) 형태를 먼저 읽은 후 종성을 합성하여 읽기
- 종성을 제외한 낱말을 노트에 써 놓고 종성을 붙이며 활동하기
- 다양한 무의미 낱말로 확장하여 읽기
- 워크북 2-10-2 의 빈칸 활용하기
  - 선생님이 직접 동그라미 칸을 채워 넣을 수도 있고 아동에게 낱자음과 낱모음을 불러주어서 직접 작성하게 할 수도 있다.
- 워크북 2-12-2 의 아이스크림 활동지 등 활용하기
  - 아이스크림 활동지의 아이스크림 부분, 중간 부분, 콘 부분을 잘라 하나의 아이스크림으로 완성하고, 완성된 글자를 읽어 본다.

중재목표

07

초성 자음 낱글자, 종성 자음 낱글자, 모음 낱글자를 합성하고 읽을 수 있다 ⑤

읽기 수준

- 초성 자음 낱글자, 종성 자음 낱글자와 모음 낱글자의 소리를 확인할 수 있는 아동
- 종성이 없는 글자를 읽을 수 있는 아동

읽기 목표

- 'ㄱ, ㅂ' 종성 자음을 합성하여 의미 낱말(집, 컵, 삽, 답 / 목, 턱, 국, 속)을 읽을 수 있다.

사용 카드

- 낱말읽기(받침 있음): 집, 컵
- 명사 5(연장): 삽
- 명사 8(신체부위): 턱
- 명사 9(음식): 국
- 조음어휘(종성 ㄱ): 목

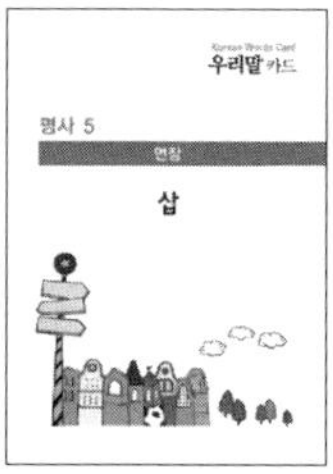

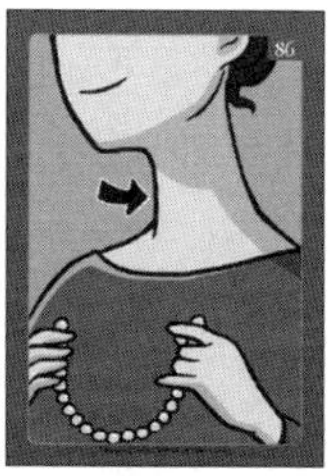

활동절차: 중재 전략 및 유의사항

(1) 음운인식 활동 중 음소 합성 활동을 떠올리기

- 음운인식 활동 중 아동과 함께 이전에 음소를 합성했던 활동을 복습한다.
  (아동을 선생님에게 집중시키고) "이전에 우리는 소리를 더할 수 있다고 배웠어. 다시 한 번 해 보자."
  (소리만 들려주며) "/ㅈ/와 /ㅣ/, /ㅂ/을 더하면 무슨 소리가 되지?"
  (아동의 반응을 기다리고 그림카드를 제시하며) "'집'. 그래 '집'이야."
- 다른 목표 낱말도 앞과 같이 한다.

(2) 낱글자를 합성하기

- 낱글자카드 'ㅈ' 'ㅣ' 'ㅂ'을 함께 제시하여 낱글자의 말소리를 확인한다.
  (낱글자카드를 하나씩 가리키며) "이 글자를 모두 말해 볼까?"
  (아동의 반응을 보며) "그래, /ㅈ/와 /ㅣ/, /ㅂ/ 이야."
- 자음과 모음을 더하여 소리내도록 한다.
  (세 글자를 가까이 붙여 글자의 형태를 만들어 주며) "/ㅈ/와 /ㅣ/, /ㅂ/를 더해서 말해 볼까?"
  (아동의 반응을 보며) "그래. '집', '집'이야."
- 낱말카드 '집'의 뒷면 글자를 제시한다.
  (아동을 집중시키며) "우리 읽어 볼까?"
- 다른 목표 낱말도 앞과 같이 한다.

(3) 글자카드만 나열하여 읽기

• 그림카드의 뒷면 글자만 보여 주며 모두 읽어 보게 한다. 만일 아동이 스스로 읽지 못하면 각 낱글자의 말소리를 들려준 후 낱말을 읽어 준다.

유의사항

• 아동이 종성 'ㄱ'와 'ㅂ'를 변별할 수 있는지 반드시 확인한다. 만일 변별이 어려우면 변별 가능한 다른 종성을 목표로 전환하여 활동하여도 좋다.
• 아동이 CVC(자음/모음/자음) 합성과 글자의 지식을 충분히 알고 있다고 생각되면 앞 (1), (2)의 활동을 3~4개의 글자나 낱말만 활동하여도 된다.

아동 반응 및 중재 효과

• 제시된 글자카드를 아동이 혼자서 읽어 보게 한다.
• 아동이 읽지 못하면 각각의 낱글자를 가리키며 "이건 어떤 소리가 나지?"라고 말하며 개별 낱글자의 소리를 확인시켜 주고, "그것을 더해 보자."라고 음소 합성 단서를 주며 글자를 보고 읽어 보게 한다.
• 아동이 개별 낱글자의 소리를 기억하지 못하면 /ㅈ/ /ㅣ/ /ㅂ/라고 모르는 음소를 들려주어 다시 확인시켜 준다.
• 아동이 읽은 단계는 '+' 표시를 하고 오반응은 기록한다.

	집	컵	삽	목	턱	국	합계
혼자 읽기							/6
합성 단서							
음소 단서							
오반응							

유의사항

- 제시한 낱말 중 합성 단서 단계까지 80% 이상 아동 스스로 읽기가 가능하다면 합성과 종성 낱글자의 글자 지식을 이해하는 것으로 보고 다음 단계로 진행한다.

활용 사례– 만 5세 3개월(남) 유치원생

- 아동이 낱글자에 대한 소리 지식이 있다.
- 낱말의 첫음소가 다름을 확인할 수 있다.
- 종성 /ㄱ/ /ㅂ/의 소리를 변별할 수 있다.
- 종성이 없는 글자 일부를 읽을 수 있으나 다양한 종성이 포함되면 오류를 보인다.
- '집, 컵, 목, 턱, 국'을 혼자 읽을 수 있었고, '삽'은 합성을 유도하여 읽을 수 있었다.

	집	컵	삽	목	턱	국	합계
혼자 읽기	+	+	−	+	+	+	6/6
합성 단서			+				
음소 단서							
오반응							

- 아동은 낱말 읽기 또는 스스로 종성 낱자음을 합성하여 읽는 전략을 사용하고 있고 제시한 낱말의 80% 이상을 읽었으므로 다음 단계를 진행할 예정이다.

낱글자 합하여 읽기 편 사용 낱말 목록

*'우리말카드'에서 제시된 번호이다.

	낱말	낱말 통 번호		낱말	낱말 통 번호
1	가다	서술어 2	31	돌다	서술어 4
2	가르다	서술어 3	32	두다	서술어 4
3	가르치다	서술어 2	33	뒤지다	서술어 4
4	가리키다	서술어 2	34	뒤집다	서술어 3
5	감	명사 9	35	떡	조음어휘 3
6	감다	서술어 3	36	말	소리놀이
7	걷다	서술어 2	37	목	명사 8
8	게	명사 7	38	문	낱말읽기
9	골다	서술어 3	39	바다	낱말읽기
10	곰	낱말읽기	40	바르다	서술어 3
11	공부하다	서술어 2	41	밤	명사 6
12	구경하다	서술어 4	42	밥	조음어휘 3
13	구하다	서술어 4	43	뱀	명사 7
14	국	명사 9	44	벗다	서술어 3
15	귀	명사 8	45	보다	서술어 4
16	그리다	서술어 2	46	봄	명사 6
17	기도하다	서술어 4	47	부딪히다	서술어 4
18	김	조음어휘 1	48	붓다	서술어 3
19	까다	서술어 3	49	비	명사 6
20	꾸다	서술어 3	50	빗다	서술어 3
21	끄다	서술어 2	51	빠르다	서술어 1
22	누다	서술어 3	52	빵	조음어휘 3
23	닦다	서술어 2	53	사다	서술어 5
24	달	낱말읽기	54	산	조음어휘 1
25	달다	서술어 4	55	삽	명사 5
26	담그다	서술어 3	56	서다	조음어휘 1
27	당기다	서술어 2	57	신다	서술어 5
28	던지다	서술어 2	58	쏘다	서술어 4
29	돈	조음어휘 3	59	쏟다	서술어 4
30	돌	명사 6	60	쓰다	조음어휘 1

61	자다	조음어휘 1	72	켜다	서술어 2
62	집	조음어휘 3	73	콩	명사 9
63	집	낱말읽기	74	타다	서술어 4
64	짜다	서술어 3	75	턱	명사 8
65	쪼다	서술어 4	76	톱	명사 5
66	차다	조음어휘 1	77	파	명사 9
67	추다	서술어 4	78	파다	서술어 4
68	치마	낱말읽기	79	팔	명사 8
69	치즈	낱말읽기	80	포크	명사 4
70	칼	조음어휘 1	81	푸다	서술어 3
71	컵	조음어휘 1			

교사 이름 ______________ 아동 이름 ______________ 중재 날짜 ______________

Ⅰ. 낱글자와 말소리 연결하기

① 낱글자와 말소리 연결하기

• 목표 낱글자

– ㄱ

– ㄴ

– ㄷ

– ㄹ

• 다음의 평가표에 아동의 반응에 대해 '+' 표시를 한다.

• 중재 전과 중재 후에 실시하여 비교한다.

중재 전 / 중재 후	ㄱ	ㄴ	ㄷ	ㄹ	합계
스스로 말하기					/4
오반응					

중재 전 / 중재 후	ㄱ	ㄴ	ㄷ	ㄹ	합계
스스로 말하기					/4
오반응					

교사 이름 ______________ 아동 이름 ______________ 중재 날짜 ______________

I. 낱글자와 말소리 연결하기

② 낱글자와 말소리 연결하기

- 목표 낱글자
  - ㅁ
  - ㅂ
  - ㅅ
  - ㅈ
  - ㅎ

- 다음의 평가표에 아동의 반응에 대해 '+' 표시를 한다.
- 중재 전과 중재 후에 실시하여 비교한다.

중재 전 / 중재 후	ㅁ	ㅂ	ㅅ	ㅈ	ㅎ	합계
스스로 말하기						/5
오반응						

중재 전 / 중재 후	ㅁ	ㅂ	ㅅ	ㅈ	ㅎ	합계
스스로 말하기						/5
오반응						

교사 이름 ______________	아동 이름 ______________	중재 날짜 ______________

Ⅰ. 낱글자와 말소리 연결하기

③ 낱글자와 말소리 연결하기

• 목표 낱글자
- ㅏ
- ㅓ
- ㅗ
- ㅜ
- ㅡ
- ㅣ

• 다음의 평가표에 아동의 단계에 '+' 표시를 한다.
• 중재 전과 중재 후에 실시하여 비교한다.

중재 전 / 중재 후	ㅏ	ㅓ	ㅗ	ㅜ	ㅡ	ㅣ	합계
스스로 말하기							/6
의미 단서							
그림 단서							
오반응							

중재 전 / 중재 후	ㅏ	ㅓ	ㅗ	ㅜ	ㅡ	ㅣ	합계
스스로 말하기							/6
의미 단서							
그림 단서							
오반응							

교사 이름 ______________ 아동 이름 ______________ 중재 날짜 ______________

Ⅰ. 낱글자와 말소리 연결하기

④ 낱글자와 말소리 연결하기

• 목표 낱글자
  - ㅁ
  - ㄹ
  - ㄴ
  - ㅇ

• 다음의 평가표에 아동의 단계에 '+' 표시를 한다.
• 중재 전과 중재 후에 실시하여 비교한다.

중재 전 / 중재 후	ㅁ	ㄹ	ㄴ	ㅇ	합계
스스로 말하기					/4
의미 단서					
그림 단서					
오반응					

중재 전 / 중재 후	ㅁ	ㄹ	ㄴ	ㅇ	합계
스스로 말하기					/4
의미 단서					
그림 단서					
오반응					

교사 이름 ______________ 아동 이름 ______________ 중재 날짜 ______________

Ⅰ. 낱글자와 말소리 연결하기

⑤ 낱글자와 말소리 연결하기

- 목표 낱글자
  - ㄱ
  - ㅂ
  - ㄷ

- 다음의 평가표에 아동의 반응에 대해 '+' 표시를 한다.
- 중재 전과 중재 후에 실시하여 비교한다.

중재 전 / 중재 후	ㄱ	ㄷ	ㅂ	합계
스스로 말하기				/3
오반응				

중재 전 / 중재 후	ㄱ	ㄷ	ㅂ	합계
스스로 말하기				/3
오반응				

교사 이름 ______________ 아동 이름 ______________ 중재 날짜 ______________

Ⅰ. 낱글자와 말소리 연결하기

⑥ 낱말을 구성하는 글자 알기

• 목표 낱말

- 게
- 곰
- 귀
- 등
- 돌
- 달
- 봄
- 밤
- 비

• 다음의 평가표에 아동의 단계에 '+' 표시를 한다.

• 중재 전과 중재 후에 실시하여 비교한다.

중재 전 / 중재 후	ㄱ			ㄷ			ㅂ			합계
	게	곰	귀	등	돌	달	봄	밤	비	
혼자 찾기										/9
강조 단서										
음소 단서										
글자 단서										
오반응										

중재 전 / 중재 후	ㄱ			ㄷ			ㅂ			합계
	게	곰	귀	등	돌	달	봄	밤	비	
혼자 찾기										/9
강조 단서										
음소 단서										
글자 단서										
오반응										

교사 이름 ______________ 아동 이름 ______________ 중재 날짜 ______________

II. 낱글자 합하여 읽기

① 자음 낱글자와 모음 낱글자를 합성하여 낱말 읽기

• 목표 낱말
 – 파
 – 타
 – 소
 – 코
 – 가
 – 게

• 다음의 평가표에 아동이 읽은 단계에 '+' 표시를 한다.
• 중재 전과 중재 후에 실시하여 비교한다.

중재 전 / 중재 후	파	타	소	코	가	게	합계
혼자 읽기							/6
합성 단서							
음소 단서							
오반응							

중재 전 / 중재 후	파	타	소	코	가	게	합계
혼자 읽기							/6
합성 단서							
음소 단서							
오반응							

교사 이름 ______________ 아동 이름 ______________ 중재 날짜 ______________

II. 낱글자 합하여 읽기

② 자음 낱글자와 모음 낱글자를 합성하여 낱말 읽기

• 목표 낱말
- 바다
- 가다
- 자다
- 파다
- 타다
- 차다
- 사다
- 까다
- 짜다

• 다음의 평가표에 아동이 읽은 단계에 '+' 표시를 한다.
• 중재 전과 중재 후에 실시하여 비교한다.

중재 전 / 중재 후	바다	가다	자다	파다	타다	차다	사다	까다	짜다	합계
혼자 읽기										/9
나누어 읽기										
음소 단서										
오반응										

중재 전 / 중재 후	바다	가다	자다	파다	타다	차다	사다	까다	짜다	합계
혼자 읽기										/9
나누어 읽기										
음소 단서										
오반응										

교사 이름 ______________ 아동 이름 ______________ 중재 날짜 ______________

II. 낱글자 합하여 읽기

③ 초성 자음 낱글자, 종성 자음 낱글자, 모음 낱글자를 합성하여 읽기

• 목표 낱말

– 감 – 산

– 김 – 손

– 밤 – 문

– 뱀 – 돈

• 다음의 평가표에 아동이 읽은 단계에 '+' 표시를 한다.

• 중재 전과 중재 후에 실시하여 비교한다.

중재 전 / 중재 후	감	김	밤	뱀	산	손	문	돈	합계
혼자 읽기									/8
합성 단서									
음소 단서									
오반응									

중재 전 / 중재 후	감	김	밤	뱀	산	손	문	돈	합계
혼자 읽기									/8
합성 단서									
음소 단서									
오반응									

교사 이름 ________________ 아동 이름 ________________ 중재 날짜 ________________

II. 낱글자 합하여 읽기

④ 초성 자음 낱글자, 종성 자음 낱글자, 모음 낱글자를 합성하여 읽기

• 목표 단어

– 돔
– 참
– 룸
– 펌
– 밈
– 점
– 꿈
– 샘
– 간
– 면
– 론
– 변
– 훈
– 컨
– 짠
– 뿐

• 다음의 평가표에 아동이 읽은 단계에 '+' 표시를 한다.
• 중재 전과 중재 후에 실시하여 비교한다.

중재 전 / 중재 후	돔	참	룸	펌	밈	점	꿈	샘	간	면	론	변	훈	컨	짠	뿐	합계
혼자 읽기																	/16
합성 단서																	
음소 단서																	
오반응																	

중재 전 / 중재 후	돔	참	룸	펌	밈	점	꿈	샘	간	면	론	변	훈	컨	짠	뿐	합계
혼자 읽기																	/16
합성 단서																	
음소 단서																	
오반응																	

교사 이름 ______________ 아동 이름 ______________ 중재 날짜 ______________

II. 낱글자 합하여 읽기

⑤ 초성 자음 낱글자, 종성 자음 낱글자, 모음 낱글자를 합성하여 읽기

- 목표 낱말
  - 달
  - 칼
  - 말
  - 팔
  - 빵
  - 콩

- 다음의 평가표에 아동이 읽은 단계에 '+' 표시를 한다.
- 중재 전과 중재 후에 실시하여 비교한다.

중재 전 / 중재 후	달	칼	말	팔	빵	콩	합계
혼자 읽기							/6
합성 단서							
음소 단서							
오반응							

중재 전 / 중재 후	달	칼	말	팔	빵	콩	합계
혼자 읽기							/6
합성 단서							
음소 단서							
오반응							

교사 이름 ________________ 아동 이름 ________________ 중재 날짜 ________________

II. 낱글자 합하여 읽기

⑥ 초성 자음 낱글자, 종성 자음 낱글자, 모음 낱글자를 합성하여 읽기

• 목표 낱말
- 골
- 덜
- 를
- 질
- 설
- 콜
- 텔
- 퐁
- 뱅
- 굉
- 증
- 명
- 컹
- 창
- 공
- 평

• 다음의 평가표에 아동이 읽은 단계에 '+' 표시를 한다.
• 중재 전과 중재 후에 실시하여 비교한다.

중재 전 / 중재 후	골	덜	를	질	설	콜	텔	깔	뱅	굉	증	명	컹	창	공	평	합계
혼자 읽기																	/16
합성 단서																	
음소 단서																	
오반응																	

중재 전 / 중재 후	골	덜	를	질	설	콜	텔	깔	뱅	굉	증	명	컹	창	공	평	합계
혼자 읽기																	/16
합성 단서																	
음소 단서																	
오반응																	

제3부

음절 글자/낱글자와 받침 읽기

음절 글자/낱글자와 받침 읽기 편 - 함께 말하고 읽어요!

‘음절 글자/낱글자와 받침 읽기’는

- 아동의 글자 읽기 능력을 향상시킬 수 있도록 개발하였다. 아동이 통글자로 읽을 수 있는 낱말에 포함된 각 음절을 읽을 수 있도록 하며, 더 나아가 새로운 낱말을 정확하게 읽을 수 있도록 하였다. 또한 문장 읽기에서 많은 실수를 보이는 문법형태소를 포함하여 정확하게 읽을 수 있도록 하였다.
- 친숙한 낱말에 포함된 음절 글자를 정확하게 읽는 단계부터 새로운 낱말을 정확하게 읽는 단계에 해당하는 아동을 대상으로 다음의 능력을 향상시킬 수 있도록 개발하였다.
  - 친숙한 낱말에 포함된 음절 글자 정확하게 읽기
  - 친숙한 음절 글자와 받침 알고 읽기
  - 글자의 모양을 알고 말소리 대응하기
  - 문법형태소를 활용하여 정확하게 읽기

대 상

- 이 지침서는 인쇄물에 노출되기 시작한 아동을 가르치는 선생님을 위해 제작하였다.
- 주로 학령전기 아동부터 초등 저학년 아동을 대상으로 한다.
- 새로운 낱말을 읽는 일반 아동을 비롯하여 언어발달지체, 난독증 등 다양한 유형의 어려움을 가진 아동에게 적용할 수 있다.

구성 및 목표

- 본 프로그램은 다음으로 구성되어 있다.
  - 중재목표: 아동이 달성해야 하는 읽기의 수준이다. 중재목표 아래 다양한 세부 목표가 포함되어 있다.
  - 읽기 수준: 목표를 적용할 수 있는 아동의 읽기 수준이다.
  - 읽기 목표: 중재목표를 달성하기 위한 세부 목표를 말한다. 하나의 읽기 목표를 아동 반응에 따라 한 회기 또는 여러 회기에 걸쳐 진행할 수 있다.
  - 사용 카드: 활동에서 사용되는 ‘우리말카드’의 카드통과 어휘가 제시되어 있다.
  - 활동절차: 목표를 달성하기 위한 구체적인 중재 전략과 중요한 유의사항이 제시되어 있다.
  - 아동 반응 및 중재 효과: 목표 달성 여부를 확인하기 위한 과제가 제시되어 있다.

−활용사례: 적용할 수 있는 아동의 수준과 아동 반응에 따른 이후 계획의 실제가 제시되어 있다.

−응용하기: 목표의 일반화 및 반복 학습을 위한 응용 활동이 제시되어 있다.

- 음운인식과 통글자로 읽기, 낱글자와 말소리 연결하기, 음운규칙 및 문법형태소를 활용하여 읽기의 다른 프로그램과 연결하여 아동의 수준에 따라 여러 영역을 함께 목표로 설정할 수 있다.

활용 방법

- 아동이 어려움을 보이는 영역을 확인하여 해당하는 활동을 선택한다. 아동의 강점과 약점에 따라 여러 영역이 목표가 될 수 있다.
- 읽기 수준을 확인하여 해당하는 중재목표 및 읽기 목표를 확인한다. 활용사례를 참고하여 중재목표 및 읽기 목표가 적절한지 확인한다.
- 활동에서 사용되는 '우리말카드'의 카드통과 어휘를 확인하여 준비한다.
- 활동절차에서 중재 전략과 유의사항을 확인하여 활동한다.
- 아동 반응 및 중재 효과 방법에 따라 목표 달성 여부를 확인한다.
- 필요한 경우 응용하기를 통해 일반화 및 반복학습 활동을 할 수 있다.

목표를 달성하기 위한 전략들

목표 및 활동절차는 다음을 기반으로 한다.

- 아동이 알고 있는 의미 지식 활용

  −아동은 모르는 낱말보다 의미를 알고 있는 낱말을 더 쉽게 읽는다.

- 말소리, 글자 지식을 바탕으로 한 낱말 읽기

  −아동이 통글자로 읽는 낱말이 쌓이면 낱말에 포함된 말소리를 인식하고 이후 글자와 대응하여 새로운 낱말 읽기로 나아갈 수 있도록 하였다. 또한 아동이 읽지 못할 경우 음운인식, 파닉스에서 배운 전략을 사용하여 읽을 수 있도록 절차를 구성하였다.

- 낱말 목록 제공

  −자소−음소 일치형 낱말의 경우 목록을 다양한 기준으로 제시하여 아동 특성에 따라 활용할 수 있도록 하였다. 선생님이 목록을 살펴보고 아동에게 적절한 목표를 설정하여 적용할 수 있다.

- 문법형태소 읽기 포함

  −초기 읽기를 목표로 하고 있으나 다음 단계로 나아가기 위해 문법형태소 읽기를 포함하여 읽기 유창성 및 읽기 이해를 준비할 수 있도록 하였다.

제5장

음절 글자

음절 글자를 읽을 수 있다 ①

읽기 수준

- 통글자로 읽을 수 있는 낱말이 약 50~100개인 아동

읽기 목표

- '가, 개, 나, 도'의 음절 글자를 정확하게 읽을 수 있다.

사용 카드

- 가
  - 낱말읽기(받침 없음): 가위
  - 낱말읽기(받침 있음): 가방
  - 명사 9(채소): 가지
  - 조음어휘 2(어중초성 ㅅ): 가수
- 개
  - 조음어휘 1(어두초성 ㄱ): 개미
  - 명사 7(곤충 외): 개구리
  - 명사 7(가축 외): 개
  - 서술어 3(옷입기): 개다
- 나
  - 낱말읽기(받침 없음): 나무, 나비
  - 낱말읽기(받침 있음): 나팔
  - 서술어 4(여가): 나오다

• 도

–명사 5(연장): 도끼

–명사 4(주방): 도마

–명사 9(과일 · 열매): 도토리

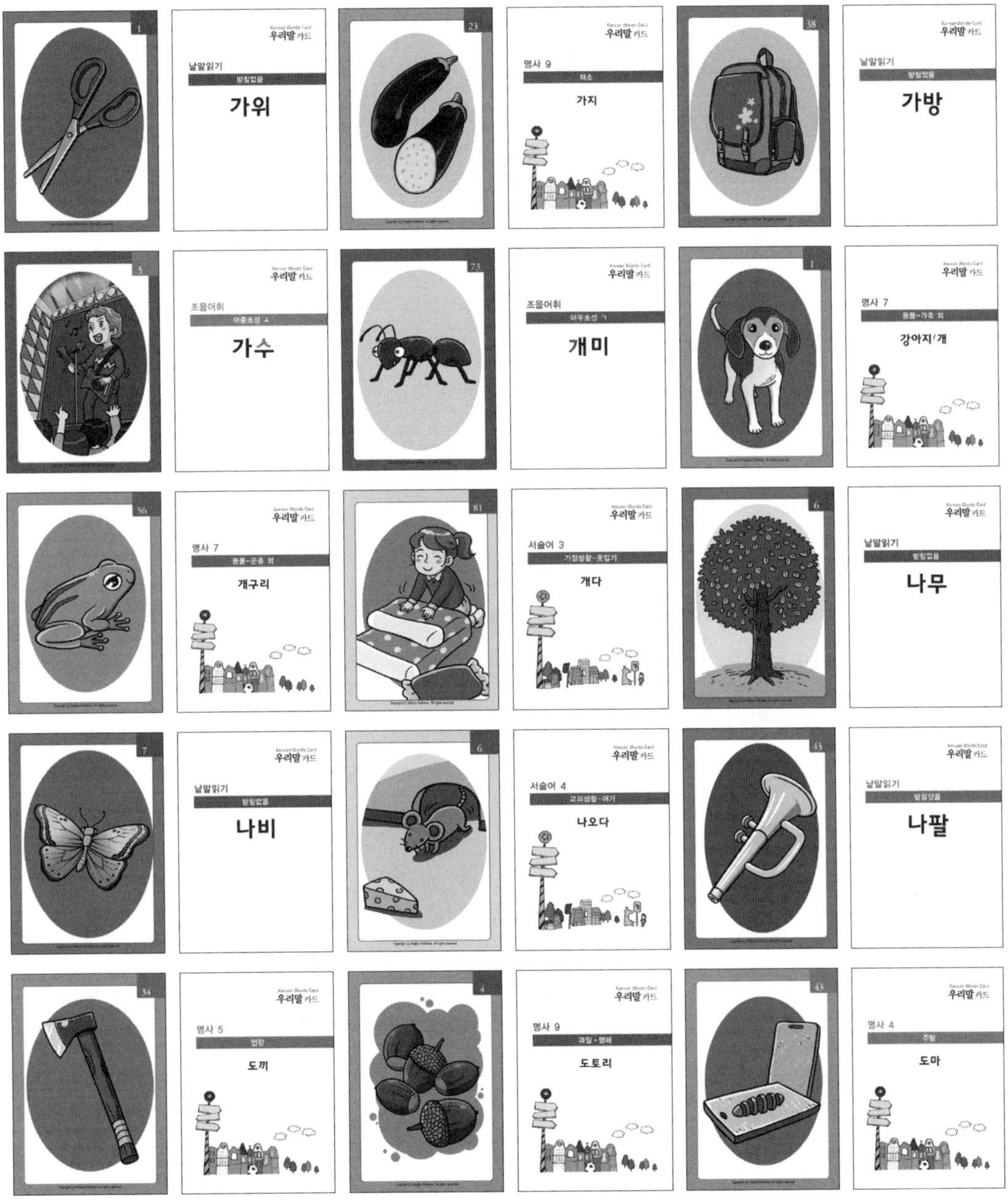

활동절차: 중재 전략 및 유의사항

(1) 목표 음절 글자가 포함된 각 낱말 읽기

- 아동에게 글자카드를 하나씩 보여 주고 글자를 읽어 보게 한다. 아동이 글자를 읽을 때 '가' 음절을 손가락으로 가리켜 아동이 읽는 글자의 철자를 눈으로 확인시켜 준다.

  ('가위' 글자카드를 보여 주고) "읽어 볼까?"

  (아동의 반응을 기다리고) "그래. 가위."
- 아동이 읽지 못하면 읽어 주고 다시 읽어 보게 한다.
- 다른 목표 낱말도 앞과 같이 한다.

(2) 같은 소리로 시작하는 낱말 분류하기

- '가, 개, 나, 도'가 각각 쓰여 있는 4개의 통을 준비한다. 아동에게 낱말을 하나씩 보여 주며 읽도록 하고 같은 소리로 시작하는 낱말을 해당하는 통에 넣게 한다.

  ('가위' 글자카드를 보여 주고) "읽어 볼까?"

  (아동의 반응을 기다리고) "그래. 가위야."
- 아동이 해당 통에 넣지 못하면 글자카드를 보여 주고 '가'를 손가락으로 가리키며 '가위'라고 '가'를 강조하여 들려준다.
- 다른 목표 낱말도 앞과 같이 한다.

(3) 분류된 낱말 읽기

- (2)의 활동에서 분류한 통에서 낱말카드를 하나씩 꺼내며 낱말을 읽어 보게 한다.

  (글자카드를 뽑으면 보여 주고) "읽어 볼까?"
- 아동이 정확하게 읽지 못하면 '가'를 손가락으로 가리키며 '가'의 소리를 강조하여 들려주고 다시 읽어 보게 한다.

  ('가위'의 '가'를 가리키며) "가위."
- '가' 통에 있는 카드를 모두 읽으면 아동이 읽은 카드가 '가'로 시작되는 낱말이라는 것을 다시 한 번 알려 준다.

('가' 통을 가리키며) "우리 뭐 읽었어? '가위, 가방'. /가/로 시작하는 거 읽었지."

(4) 음절 글자 넣어 읽기 워크북 3-1-1

- 아동에게 목표 음절 글자가 빠진 낱말을 제시하고 '가, 개, 나, 도' 음절 글자카드를 보여 준다.
- 아동에게 '○위'와 같이 목표 음절 글자가 빠진 낱말에 각 음절 글자를 채워 넣어 낱말을 완성하여 읽도록 한다.

  ('○위'를 보여 주고, ○에 '가'를 넣어 준 뒤) "'가'를 넣어 보자. '가, 가위'야."
- 아동이 목표 음절 글자를 넣지 못할 경우 다른 음절 글자를 넣고 낱말이 되지 않음을 알려 준다. 그리고 다시 목표 음절글자를 찾아 넣도록 한다.

  ('○위'를 보여 주고, ○에 '개'를 넣어 준 뒤) "'개'를 넣어 보면, '개, 개위'야. 이상하다."

유의사항: 아동이 뜻을 알고 있는 낱말만 사용한다. 아동이 목표 음절 이외에 다른 글자를 틀리게 읽을 경우 낱말을 정확하게 읽어 주고 다시 읽어 보게 한다.

아동 반응 및 중재 효과

- 아동에게 지금까지 배운 글자카드를 보여 주며 아동이 혼자 읽어 보게 한다.
- 아동이 읽지 못하면 목표 음절 글자 '가(또는 '개' '나' '도')'를 손가락으로 가리키고 다시 읽어 보게 한다.
- 그래도 틀리게 읽는 경우 "/가/로 시작해."라고 들려주고 다시 읽어 보게 한다.
- 그래도 틀리게 읽는 경우 글자를 손가락으로 가리키며 읽어 주고 다시 읽어 보게 한다.
- 아동이 읽은 단계에 '+' 표시를 한다.

	가위	가방	가지	가수	개미	개구리	개	개다
혼자 읽기								
손가락 단서								
말소리 단서								
오반응								
	나무	나비	나팔	나오다	도끼	도마	도토리	합계
혼자 읽기								/15
손가락 단서								
말소리 단서								
오반응								

유의사항: 아동이 80%(혼자 읽기)의 정확도를 보이면 다음 단계로 넘어간다. 아동이 80%의 정확도를 보이면 응용하기를 통해 학습하지 않은 새로운 낱말을 정확하게 읽는지 확인한다.

활용 사례-만 5세 10개월(여) 유치원생

- 아동은 약 100개 정도의 낱말을 통글자로 읽고 있으며 자신의 이름에 있는 음절 글자를 써 주었을 때 "내 이름에 있다."라고 하며 정확하게 읽을 수 있다.
- 통글자로 읽을 수 있는 낱말에 포함된 음절을 확인하여 읽도록 하기 위해 '가, 개, 나, 도'의 음절 글자를 정확하게 읽는 것을 목표로 진행하였다.
- 카드에 흥미를 보였다.
- 아동과 카드놀이를 하며 음절 글자의 소리를 확인하며 읽도록 한 결과 '도끼, 도토리'를 틀리게 읽었으나 목표 음절 글자는 모두 정확하게 읽었다. '끼' '토'에서 오류를 보여 읽어 준 뒤 다시 읽도록 하였을 때 정확하게 읽을 수 있었다.

	가위	가방	가지	가수	개미	개구리	개	개다
혼자 읽기	+	+	+	+	+	+	+	+
손가락 단서								
말소리 단서								
오반응								
	나무	나비	나팔	나오다	도끼	도마	도토리	합계
혼자 읽기	+	+	+	+	+	+	+	15/15
손가락 단서								
말소리 단서								
오반응								

- 낱말에 포함된 목표 음절글자 '가, 개, 나, 도'를 모두 정확하게 읽고 있어 학습하지 않은 낱말로 확인 후 다음 단계를 진행할 예정이다.

응용하기

- 새로운 낱말 읽기
  - 아동과 함께 목표 음절 글자로 시작하는 낱말 말하기를 한다.
  - 아동이 말하거나 선생님이 말한 낱말을 써서 보여 주고 어떤 음절 글자로 시작하는지 말해 보게 한다.
  - 아동에게 '가'로 시작하는 다른 낱말을 보여 주고 읽어 보게 한다.
  - 아동이 읽지 못할 경우 앞의 활동과 같이 목표 음절글자의 소리를 확인시켜 준 뒤 다시 읽어 보게 한다. 이때 앞 활동에서 읽은 목표 낱말의 글자카드를 보여 주며 '가, 개, 나, 도'의 소리를 확인해 본 다음 다시 새로운 낱말을 보여 주고 적용하여 읽어 보게 한다.
- 다른 음절 글자 읽기 워크북 3-1-2
  - 앞의 지침을 참고로 하여 다음의 음절 글자 읽기를 목표로 한다.

라

-조음어휘 1(어두초성 ㄹ): 라면
-명사 4(전자제품): 라디오
-조음어휘 2(어중초성 ㄹ): 노래하다(라라라)

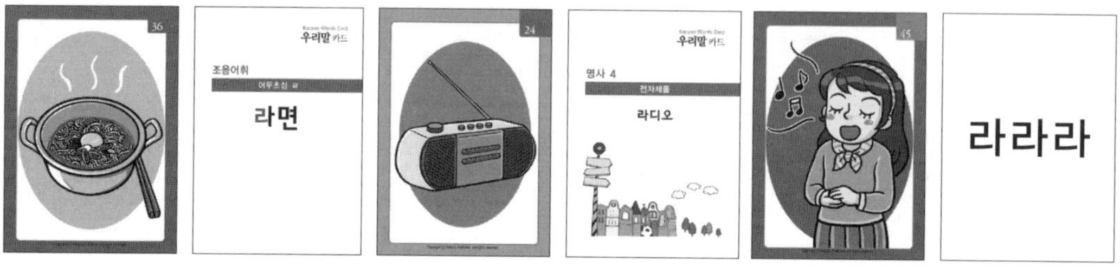

모

-낱말읽기(받침 없음): 모자
-명사 7(곤충 외): 모기
-조음어휘 2(어중초성 ㄹ): 모래

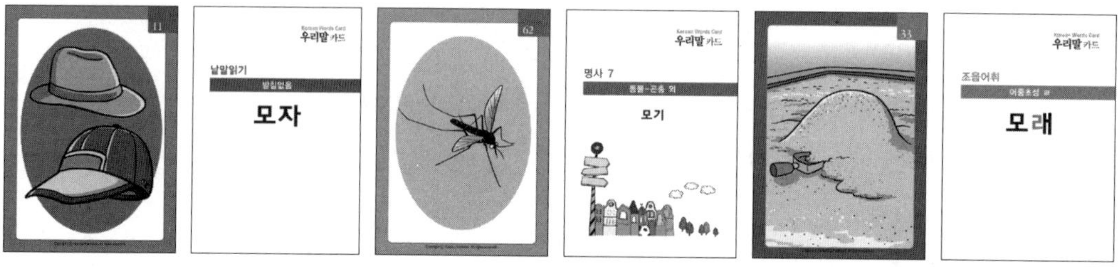

바

-낱말읽기(받침 없음): 바지, 바다, 바나나
-명사 6(때 · 날씨): 바람

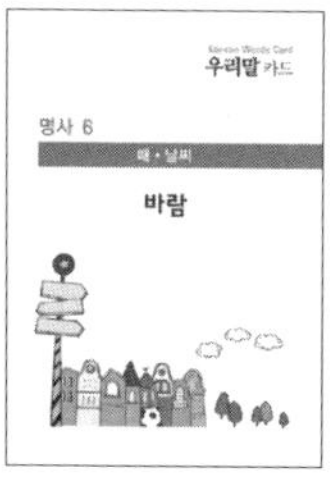

사

–조음어휘 1(어두초성 ㅅ): 사과, 사탕
–낱말읽기(받침 없음): 사자
–서술어 5(마트): 사다

자

–조음어휘 1(어두초성 ㅈ): 자, 자동차, 자다
–명사 9(과일 · 열매): 자두

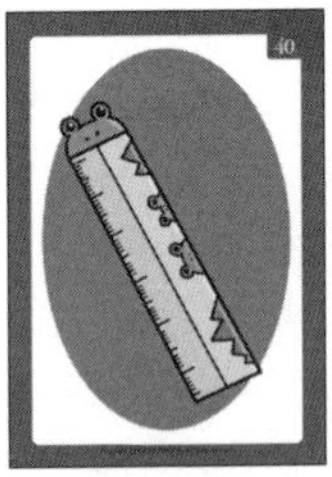

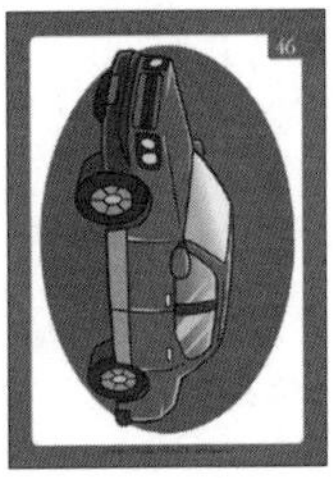

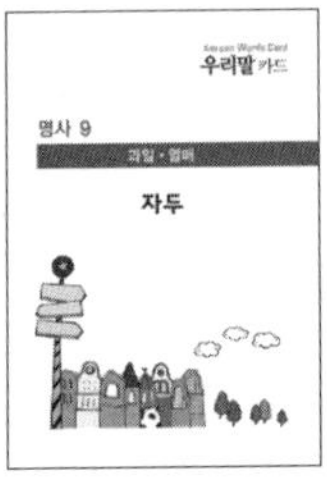

치

–낱말읽기(받침 없음): 치마, 치즈
–낱말읽기(받침 있음): 치약
–조음어휘 1(어두초성 ㅊ): 치과

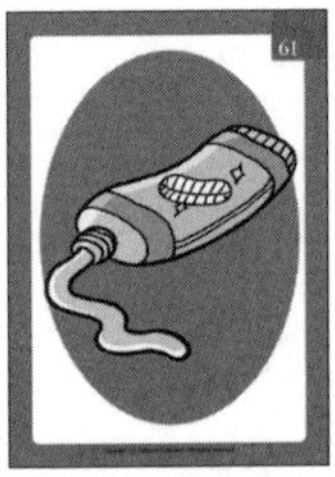

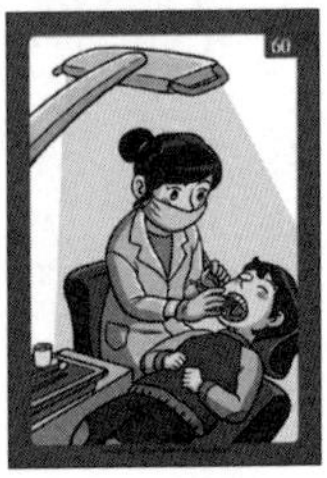

코

–낱말읽기(받침 없음): 코끼리, 코
–명사 7(육지동물): 코알라

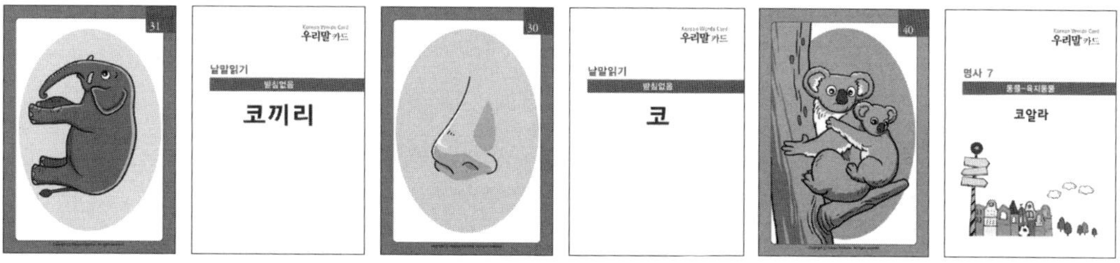

타

–조음어휘 2(어중초성 ㅈ): 타조
–서술어 4(거리): 타다
–명사 5(생활용품): 타이어

파

–명사 9(채소): 파
–명사 7(곤충 외): 파리
–낱말읽기(받침 없음): 파도

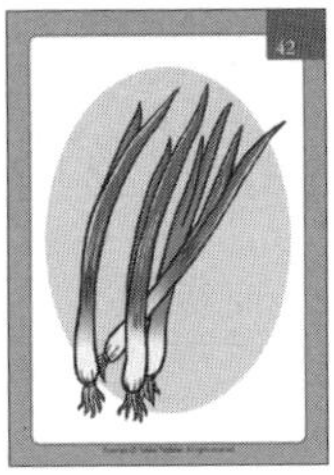
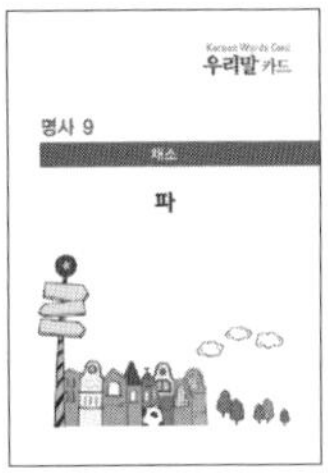

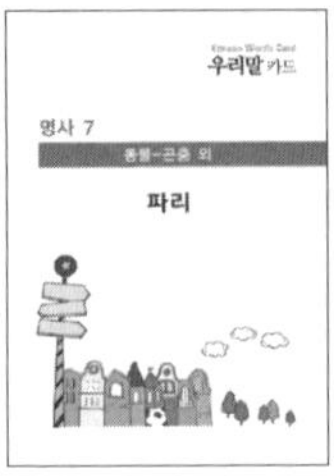

하

–낱말읽기(받침 없음): 하마
–명사 6(자연): 하늘
–조음어휘 3(종성 ㅁ): 하품하다

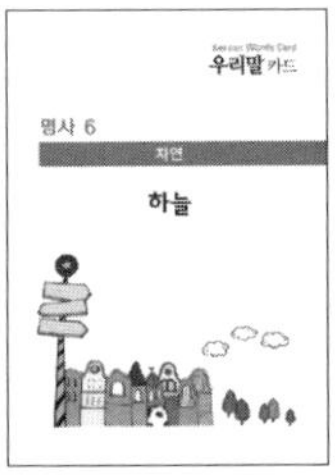

중재목표

02

음절 글자를 읽을 수 있다 ②

읽기 수준

- 통글자로 읽을 수 있는 낱말이 약 50~100개인 아동
- '사, 모, 자, 도, 파'를 음절 글자로 읽을 수 있는 아동

읽기 목표

- '나, 라, 사, 모, 자, 도, 파'의 음절 글자를 조합하여 새로운 낱말을 읽을 수 있다.

사용 카드

- 낱말읽기(받침 없음): 사자, 모자, 파도
- 나라

나라

활동절차: 중재 전략 및 유의사항

(1) 목표 음절 글자가 포함된 각 낱말 읽기 워크북 3-1-2

- 아동에게 '나, 라, 사, 모, 자, 도, 파'의 음절 글자가 포함된 글자카드를 보여 주고 읽어 보게 한다. '나비, 나무, 라면, 라디오, 사과, 사탕, 모래, 모기, 자두, 자동차, 도토리, 도끼, 파리, 파랑'의 글자카드를 읽을 때 첫음절글자를 손가락으로 가리켜 아동이 읽는 글자의 철자를 눈으로 확인시켜 준다.

  ('나비' 글자카드를 보여 주고) "읽어 볼까?"
- 아동이 읽지 못하면 읽어 주고 다시 읽어 보게 한다.
- 다른 목표 낱말도 앞과 같이 한다.

(2) 목표 음절 글자를 다른 낱말에 적용하여 읽기

- 아동에게 '사자'를 글자카드로 보여 주고 읽어 보게 한다.

  ('사자' 글자를 보여 주고) "읽어 볼까?"
- 아동이 정확하게 읽지 못한 음절글자가 있는 경우 (1)에서 제시한 낱말 중 목표 음절글자가 포함된 낱말을 보여 주고 읽도록 한다. 그리고 같은 음절글자가 있다는 것을 알려 준다.

  ('사과' 글자를 보여 주고) "읽어 볼까?"

  ('사과'의 '사'를 손가락으로 가리키며) "'사과'야."

  ('사자'에서 아동이 오반응한 '사'를 손가락으로 가리키고) "읽어 볼까?"
- 아동이 정확하게 읽은 경우 목표 음절 글자가 어떻게 적용되었는지 알려 준다.

  ('사과'의 '사'와 '사자'의 '사'를 손가락으로 가리키고) "'사과'에서 '사'가 있었지. 여기에도 '사'가 있네." ('사자'를 가리키며) "그러니까 '사자'야."

• 다른 목표 낱말도 앞과 같이 한다.

유의사항: 아동이 뜻을 알고 있는 낱말만 사용하며 아동이 읽을 수 있는 음절 글자를 활용하여 새로운 낱말을 읽을 수 있도록 한다.

아동 반응 및 중재 효과

• 아동에게 지금까지 배운 글자카드를 보여 주고 혼자 읽어 보게 한다.
• 아동이 읽지 못하면 목표 음절 글자를 손가락으로 가리키고 다시 읽어 보게 한다.
• 그래도 틀리게 읽는 경우 목표 음절 글자가 포함된 낱말을 들려주고 다시 낱말을 보여 주어 읽어 보게 한다.
• 그래도 틀리게 읽는 경우 글자를 손가락으로 가리키며 읽어 주고 다시 읽어 보게 한다.
• 아동이 읽은 단계에 '+' 표시를 한다.

	사자	모자	나라	파도	합계
혼자 읽기					/4
손가락 단서					
낱말 단서					
오반응					

유의사항: 아동이 80%(혼자 읽기)의 정확도를 보이면 다음 단계로 넘어간다. 응용하기를 통해 학습하지 않은 새로운 낱말을 정확하게 읽는지 확인한다.

활용 사례- 만 5세 8개월(남) 유치원생

- 아동은 음절글자 읽기를 진행하여 낱말을 보여 주었을 때 손가락으로 각 음절을 가리키며 읽을 수 있다.
- 아동이 읽을 수 있는 음절 글자를 조합하여 새로운 낱말을 읽을 수 있도록 하기 위해 '나, 라, 사, 모, 자, 도, 파'를 조합하여 낱말을 읽는 것을 목표로 진행하였다. 카드에 흥미를 보였다.
- 아동과 카드놀이를 하며 음절 글자를 조합하여 낱말을 읽도록 한 결과 '나라'를 제외하고 정확하게 읽을 수 있었다. '나라'에서 '라'를 정확하게 읽지 못해 손가락으로 '라'를 가리켰지만, 정확하게 읽을 수 없었다. 아동에게 '라면'을 보여 주고 읽도록 한 뒤 다시 '나라'를 제시하였을 때 정확하게 읽을 수 있었다.

	사자	모자	나라	파도	합계
혼자 읽기	+	+	−	+	3/4
손가락 단서			−		0/1
낱말 단서			+		1/1
오반응					

- 음절 글자를 조합하여 새로운 낱말을 75% 정확하게 읽었으며 '라'의 경우 목표 음절 글자가 포함된 낱말 읽기 후 정확하게 읽었으므로 '라' 음절 글자가 포함된 낱말읽기를 더 연습한 뒤 다른 음절 글자를 조합하여 새로운 낱말 읽기로 진행할 예정이다.

응용하기

• 새로운 낱말 읽기

–아동에게 '나, 라, 사, 모, 자, 도, 파'의 음절 글자를 제시한 뒤 두 개씩 조합하여 낱말을 읽어 보게 한다. 이때 무의미 글자가 되어도 각 음절 글자를 정확하게 읽는 것을 목표로 한다.

–아동에게 '나'와 '모'를 조합하여 보여 준 뒤 '나모'라고 읽어 주고 아동이 다른 음절 글자로 스스로 해 보게 한다.

–아동이 음절 글자 조합 후 정확하게 읽지 못할 경우 오류를 보인 음절 글자가 포함된 낱말을 보여 주어 읽어 준 다음 조합한 글자를 다시 읽어 보게 한다.

제6장

낱글자

중재목표

자소-음소 일치형 낱말을 읽을 수 있다

* 자소-음소 일치형 낱말: 글자 그대로 소리 내어 읽을 수 있는 낱말

읽기 수준

- 글자 지식이 있는 아동
- 통글자로 읽을 수 있는 낱말이 100개 이상인 아동

읽기 목표

- 초성에 'ㄱ, ㄴ, ㄷ'이 포함된 자소-음소 일치형 낱말을 읽을 수 있다.

사용 카드

- 초성 ㄱ
  - 조음어휘 1(어두초성 ㄱ): 가위
  - 낱말읽기(받침 있음): 가방
  - 조음어휘 3(종성 ㅁ): 감자
  - 낱말읽기(받침 없음): 고래
  - 명사 6(놀이터): 그네
  - 낱말읽기(받침 없음): 기차
- 초성 ㄴ
  - 낱말읽기(받침 없음): 나무
  - 조음어휘 2(어중초성 ㄹ): 노래하다(노래)
  - 명사 3(색): 노란색
  - 명사 7(육지동물): 낙타
- 초성 ㄷ
  - 낱말읽기(받침 없음): 다리
  - 명사 7(육지동물): 두더지
  - 낱말읽기(다음절): 당근

유의사항: 아동의 수준에 따라 종성이 없는 낱말/종성이 있는 낱말로 목표를 나눌 수 있다.

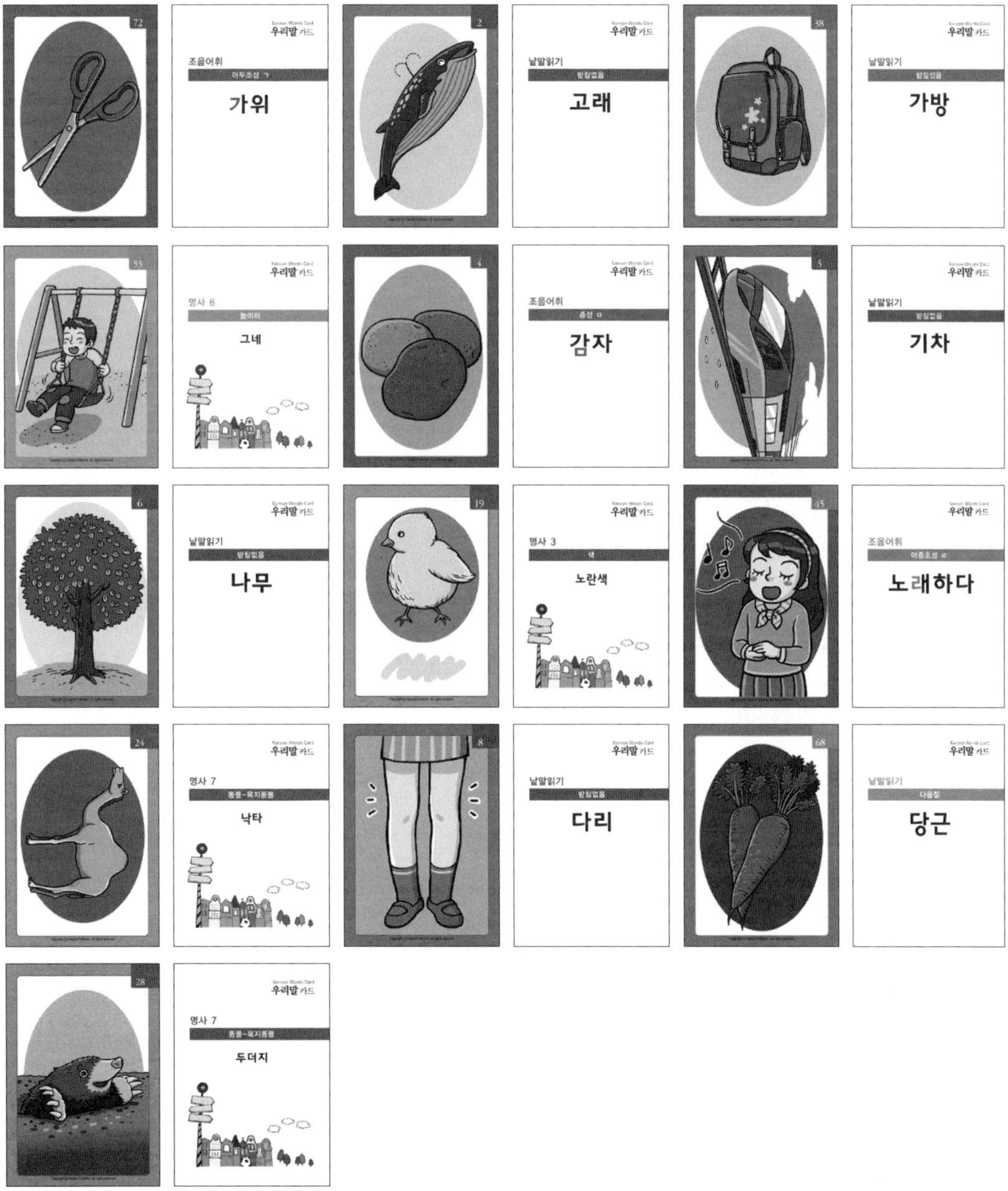

활동절차: 중재 전략 및 유의사항

(1) 'ㄱ, ㄴ, ㄷ'이 각각 포함된 낱말 읽기

- 아동에게 글자카드를 하나씩 보여 주고 글자를 읽어 보게 한다. 아동이 글자를 읽을 때 각 음절을 손가락으로 가리켜 아동이 읽는 글자의 철자를 눈으로 확인시켜 준다.

  ('가위' 글자카드를 보여 주고) "읽어 볼까?"

  (아동의 반응을 기다리고) "그래. 가위."
- 아동이 읽지 못하면 선생님이 읽어 주고 아동에게 다시 읽어 보게 한다.
- 다른 목표 낱말도 앞과 같이 한다.

(2) 같은 소리로 시작하는 낱말 분류하기

- 'ㄱ, ㄴ, ㄷ'이 각각 쓰여 있는 3개의 통을 준비한다. 아동에게 낱말을 하나씩 보여 주며 읽도록 하고 같은 소리로 시작하는 낱말을 해당하는 통에 넣도록 한다.

  ('가위' 글자카드를 보여 주고) "읽어 볼까?"

  (아동의 반응을 기다리고) "그래. 가위야."
- 아동이 해당 통에 넣지 못하면 글자카드를 보여 주고 'ㄱ'을 손가락으로 가리키며 /ㄱ/의 소리를 들려준다.

  ('가위'의 'ㄱ'을 가리키며) "'기역'은 /ㄱ/ 소리가 나지."

  ('ㄱ' 소리를 강조하여) "'가위'. /ㄱ/ 소리가 있네?"
- 다른 목표 낱말도 앞과 같이 한다.

(3) 분류된 낱말 읽기

- (2)의 활동에서 분류한 통에서 낱말카드를 하나씩 꺼내며 낱말을 읽어 보게 한다.

  (글자카드를 뽑으면 보여 주고) "읽어 볼까?"
- 아동이 정확하게 읽지 못하면 'ㄱ'을 손가락으로 가리키며 /ㄱ/의 소리를 강조하여 들려주고 다시 읽어 보게 한다.

  ('가위'의 'ㄱ'을 가리키며) "가위."

• 'ㄱ' 통에 있는 카드를 모두 읽으면 자신이 읽은 카드가 'ㄱ'으로 시작되는 낱말이라는 것을 다시 알려 준다.

('ㄱ'이 쓰여 있는 통을 가리키며) "우리 뭐 읽었어? /ㄱ/로 시작하는 거 읽었지."

유의사항: 아동이 뜻을 알고 있는 낱말만 사용한다. 아동이 목표 초성 이외에 다른 글자를 틀리게 읽을 경우 낱말을 정확하게 읽어 주고 다시 읽도록 할 수 있다. 또한 목표 음소가 어두 초성이 아닌 어중 초성에 포함된 경우(예: '당근'에서 '근'의 'ㄱ') 위와 같이 글자의 소리를 들려주고 다시 읽어 보게 한다.

아동 반응 및 중재 효과

- 지금까지 배운 글자카드로 보여 주어 아동이 혼자 읽어 보게 한다.
- 아동이 읽지 못하면 초성의 'ㄱ(또는 'ㄴ', 'ㄷ')'을 손가락으로 가리키고 다시 읽어 보게 한다.
- 그래도 틀리게 읽는 경우 "/ㄱ/로 시작해."라고 들려주고 다시 읽어 보게 한다.
- 그래도 틀리게 읽는 경우 글자를 손가락으로 가리키며 읽어 주고 다시 읽어 보게 한다.
- 아동이 읽은 단계에 '+' 표시를 한다.

	가위	가방	감자	고래	그네	기차	나무	노래
혼자 읽기								
손가락 단서								
말소리 단서								
오반응								
	노란색	낙타	다리	두부	두더지	당근	합계	
혼자 읽기							/14	
손가락 단서								
말소리 단서								
오반응								

유의사항: 아동이 80%(혼자 읽기)의 정확도를 보이면 다음 단계로 넘어간다. 아동이 80%의 정확도를 보이면 응용하기를 통해 학습하지 않은 새로운 낱말을 정확하게 읽는지 확인한다.

활용 사례 – 만 5세 10개월(여) 유치원생

- 아동은 약 100개 정도의 낱말을 통글자로 읽고 있으며 글자 지식을 가지고 있어 '자두'라는 글자의 '자'를 가리키며 '자전거' 할 때 '자'가 같은 글자라고 말할 수 있다.
- 통글자로 읽을 수 있는 낱말에 포함된 소리를 초성 위치에서 확인하여 읽도록 하기 위해 'ㄱ, ㄴ, ㄷ'이 초성에 위치한 낱말 읽기를 목표로 진행하였다. 카드에 흥미를 보였다.
- 아동과 카드놀이를 하며 초성의 소리를 확인하며 읽도록 한 결과 '낙타'를 틀리게 읽었으나 초성을 모두 정확하게 읽었으며 '나타'로 종성을 생략하여 읽었고 손가락 단서, 말소리 단서를 주어도 오류를 보였다. 낱말을 읽어 주고 다시 읽도록 하였을 때 정반응을 보였다.

	가위	가방	감자	고래	그네	기차	나무	노래
혼자 읽기	+	+	+	+	+	+	+	+
손가락 단서								
말소리 단서								
오반응								
	노란색	낙타	다리	두부	두더지	당근	합계	
혼자 읽기	+	−	+	+	+	+	13/14	
손가락 단서		−					0/1	
말소리 단서		−					0/1	
오반응								

- 아동이 낱말에 포함된 초성 'ㄱ, ㄴ, ㄷ'을 모두 정확하게 읽고 있어 학습하지 않은 낱말로 확인 후 오류를 보이는 종성을 포함한 낱말 읽기로 진행할 예정이다.

응용하기

• 새로운 낱말 읽기 워크북 3-3-1

–초성에 'ㄱ, ㄴ, ㄷ'이 포함된 다른 낱말을 보여 주고 아동이 읽어 보게 한다.

–아동이 읽지 못할 경우 앞의 활동과 같이 'ㄱ, ㄴ, ㄷ'의 소리를 확인하여 준 뒤 다시 읽어 보게 한다. 이때 앞의 활동에서 읽은 목표 낱말의 글자카드를 보여 주며 'ㄱ, ㄴ, ㄷ'의 소리를 확인한 뒤 다시 새로운 낱말을 보여 주고 적용하여 읽어 보게 한다.

–빨래통 동그라미에 'ㄱ, ㄴ, ㄷ' 등의 글자를 써 놓는다. 아동에게 낱말을 하나씩 보여 주며 읽도록 하고 티셔츠 그림에 붙여 빨랫줄에 널도록 한다. 그리고 각 빨래통 소리로 시작하는 낱말을 찾아 읽고 빨래통에 넣도록 한다.

–몸통이 긴 로켓 모양 그림을 4개 준비하고 각 로켓의 밑부분 네모칸에 'ㄱ, ㄴ, ㄷ' 등의 글자를 써 놓는다. 아동에게 낱말을 하나씩 보여 주며 읽도록 하고 해당 로켓의 몸통에 붙인다.

(글자카드를 보여 주고) "읽어 볼까?"

(아동의 반응을 기다리고) "그래. 고구마야."

초성 ㄱ

–명사 9(채소): 고추, 고구마
–명사 9(음식): 과자
–명사 6(때 · 날씨): 겨울, 가을
–명사 7(곤충 외): 거미
–명사 5(악기): 기타
–낱말읽기(받침 있음): 거울, 구름, 기린
–낱말읽기(다음절): 강아지, 고양이

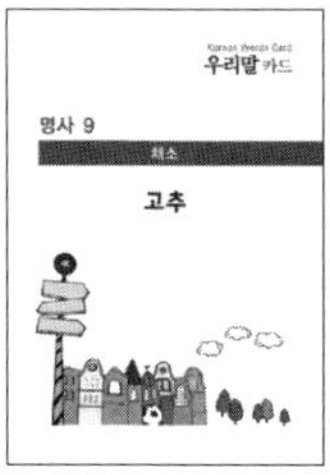

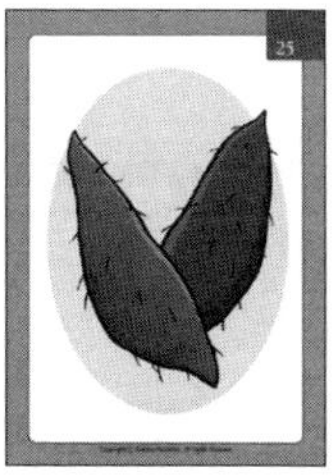

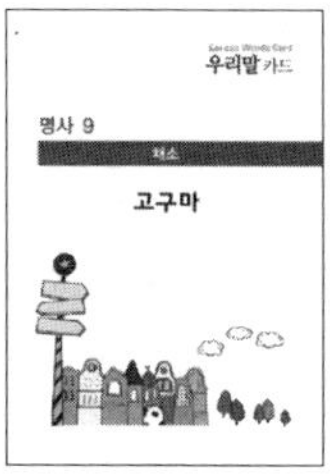

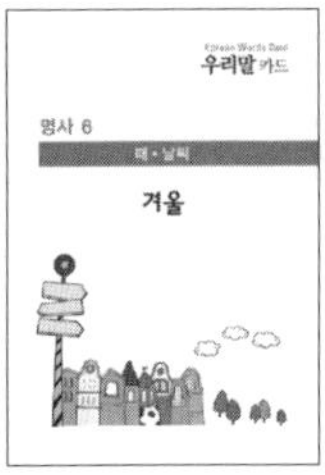

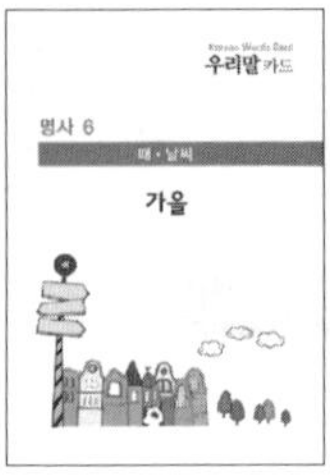

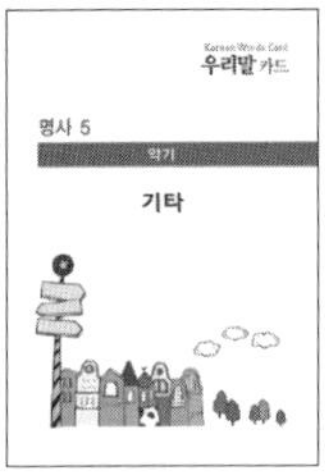

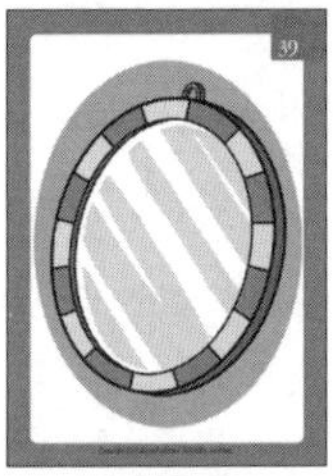

초성 ㄴ

–낱말읽기(받침 없음): 나비
–명사 2(사람): 누나
–명사 7(육지동물): 너구리
–낱말읽기(받침 있음): 나팔
–명사 4(주방): 냄비
–명사 8(액세서리): 넥타이
–낱말읽기(다음절): 냉장고

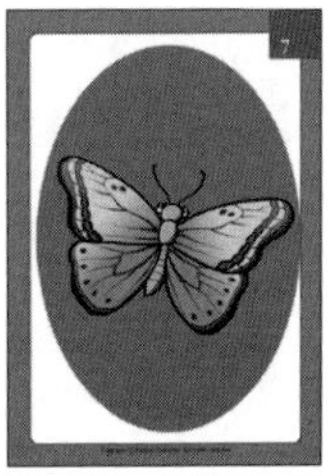

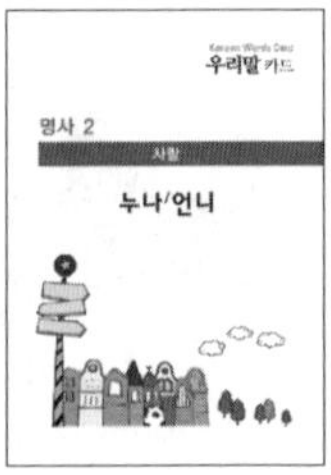

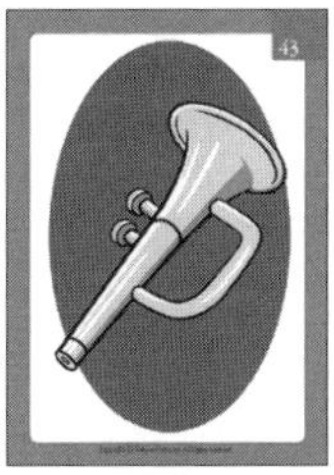

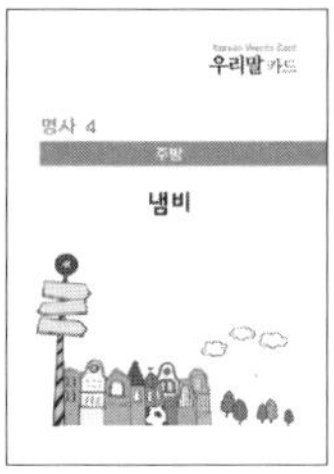

초성 ㄷ

–명사 7(가축 외): 돼지
–명사 5(연장): 도끼
–명사 4(전자제품): 다리미
–소리놀이(첫소리알기): 도둑
–명사 9(과일 · 열매): 도토리

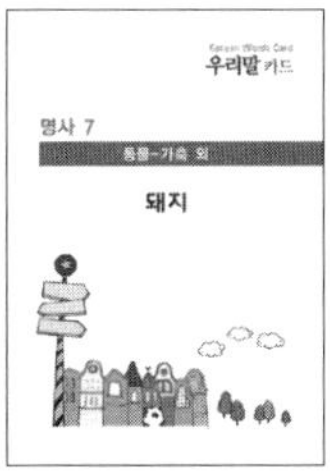

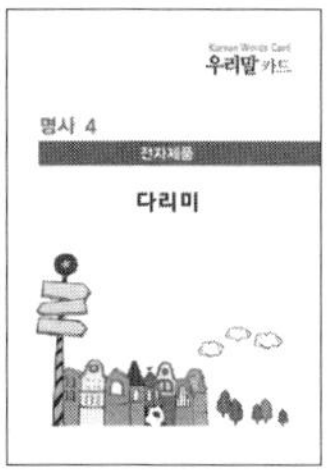

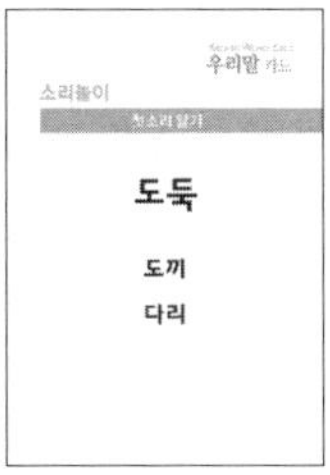

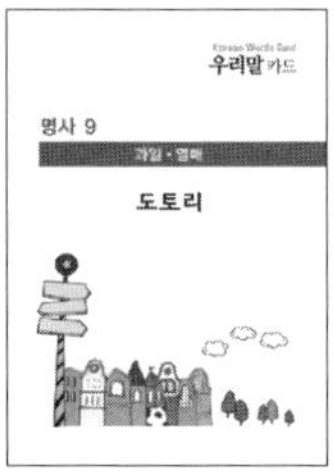

• 다른 낱글자가 포함된 자소–음소 일치형 낱말 읽기

–앞의 지침을 참고로 하여 다음의 낱글자가 포함된 자소–음소 일치형 낱말 읽기를 목표로 할 수 있다.

• 초성에 ‘ㄹ, ㅁ, ㅂ’이 포함된 자소–음소 일치형 낱말 읽기

초성 ㄹ

–명사 4(전자제품): 라디오
–낱말읽기(받침 있음): 리본
–조음어휘 1(어두초성 ㄹ): 라면

초성 ㅁ

–의문사(어디): 마트
–낱말읽기(받침 없음): 머리, 모자
–조음어휘 2(어중초성 ㄹ): 모래
–조음어휘 3(종성 ㄴ): 만두
–낱말읽기(받침 있음): 망치

초성 ㅂ

–낱말읽기(받침 없음): 바다, 바나나, 비누
–명사 9(채소): 배추
–조음어휘 3(종성 ㄴ): 병원
–낱말읽기(다음절): 비행기

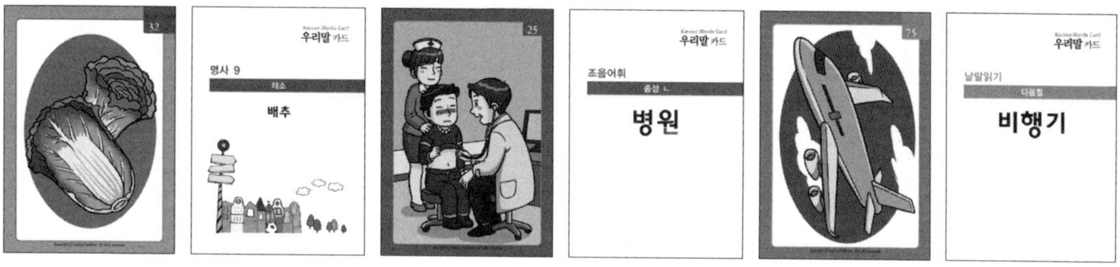

• 새로운 낱말 읽기
–초성에 'ㄹ, ㅁ, ㅂ'이 포함된 다른 낱말을 보여 주고 아동이 읽어 보게 한다.
–앞의 지침을 참고로 하여 다음의 낱글자가 포함된 자소–음소 일치형 낱말 읽기를 목표로 할 수 있다.

초성 ㄹ

–라이터
–명사 4(전자제품): 리모컨

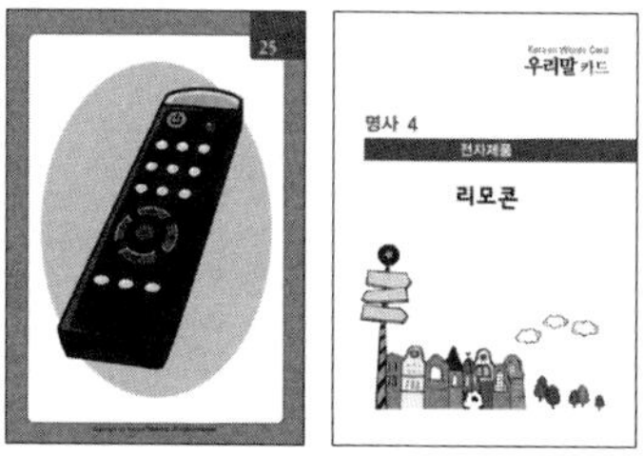

초성 ㅁ

–마이크
–명사 7(곤충 외): 모기
–명사 6(때 · 날씨): 무지개
–명사 9(채소): 마늘
–명사 6(놀이터): 미끄럼틀

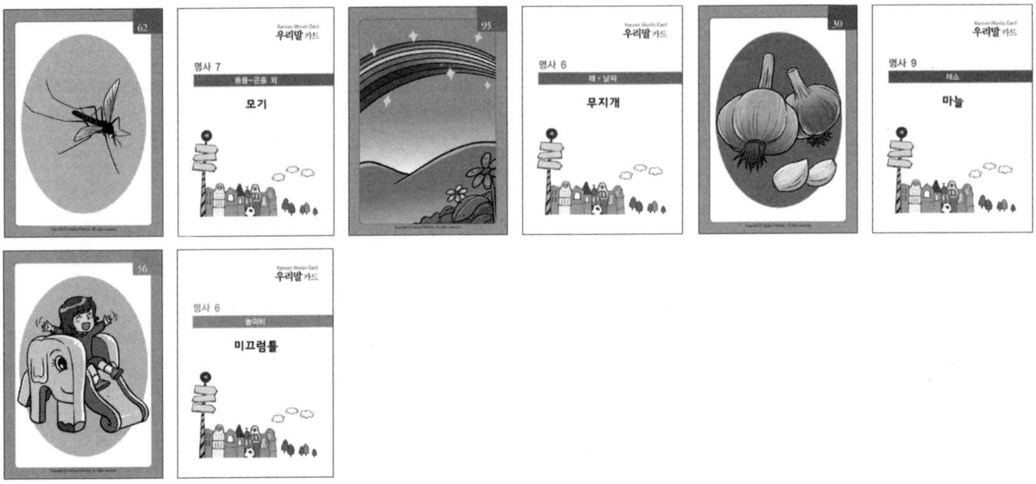

초성 ㅂ

–보물, 붕어
–명사 8(의복): 바지
–명사 5(생활용품): 블록
–명사 5(학용품): 볼펜
–명사 8(신체부위): 발목

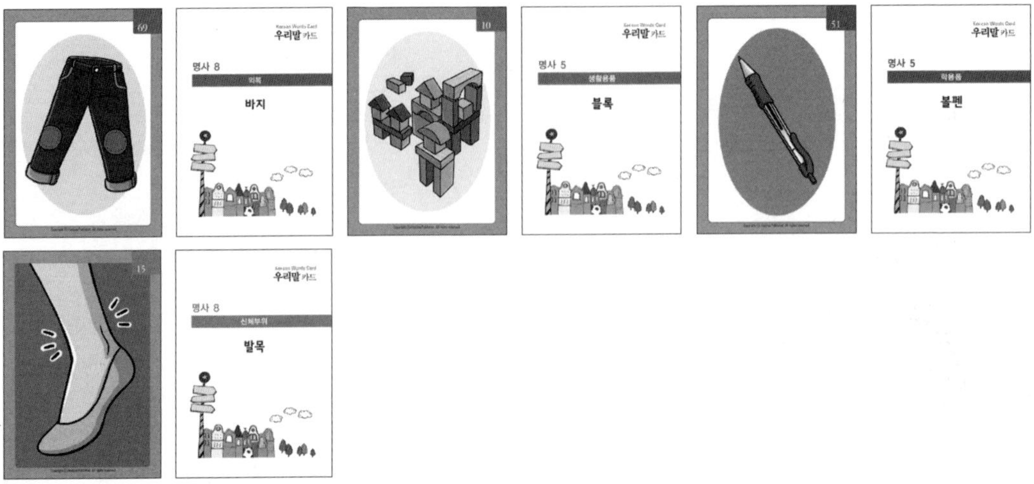

• 초성에 'ㅅ, ㅈ, ㅊ'이 포함된 자소-음소 일치형 낱말 읽기

초성 ㅅ

-소리놀이(수 세기): 사자
-낱말읽기(받침 없음): 시계
-낱말읽기(받침 있음): 수박
-조음어휘 1(어두초성 ㅅ): 소라
-명사 7(바다생물): 상어

초성 ㅈ

-낱말읽기(받침 없음): 주사
-조음어휘 1(어두초성 ㅈ): 조개, 자동차
-명사 7(식물): 장미

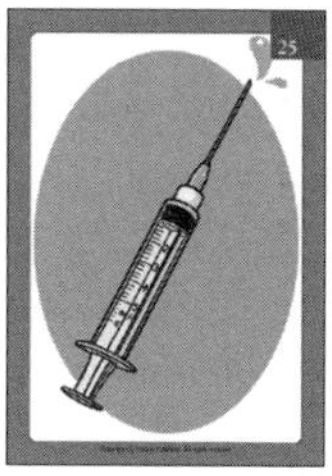

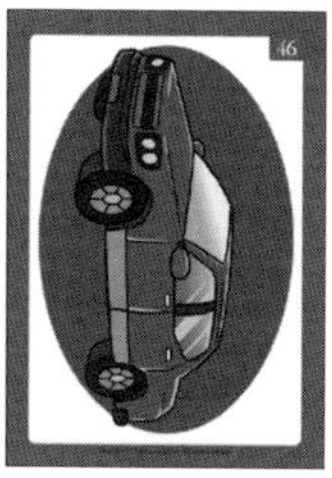

초성 ㅊ

-조음어휘 1(초성 ㅊ): 치마, 청소하다(청소)
-낱말읽기(받침 없음): 치즈
-낱말읽기(받침 있음): 치약, 침대

• 새로운 낱말 읽기

-초성에 'ㅅ, ㅈ, ㅊ'이 포함된 다른 낱말을 보여 주고 아동이 읽어 보게 한다.

-앞의 지침을 참고로 하여 다음의 낱글자가 포함된 자소-음소 일치형 낱말 읽기를 목표로 할 수 있다.

초성 ㅅ

–사진
–조음어휘 1(어두초성ㅅ): 사과, 사다리, 새우
–조음어휘(종성ㅇ): 수영
–명사 6(때 · 날씨): 시간
–명사 9(음식): 솜사탕
–명사 8(신체부위): 수염
–낱말읽기(다음절): 소방차
–조음어휘 3(종성ㄴ): 수건
–명사 5(생활용품): 상자

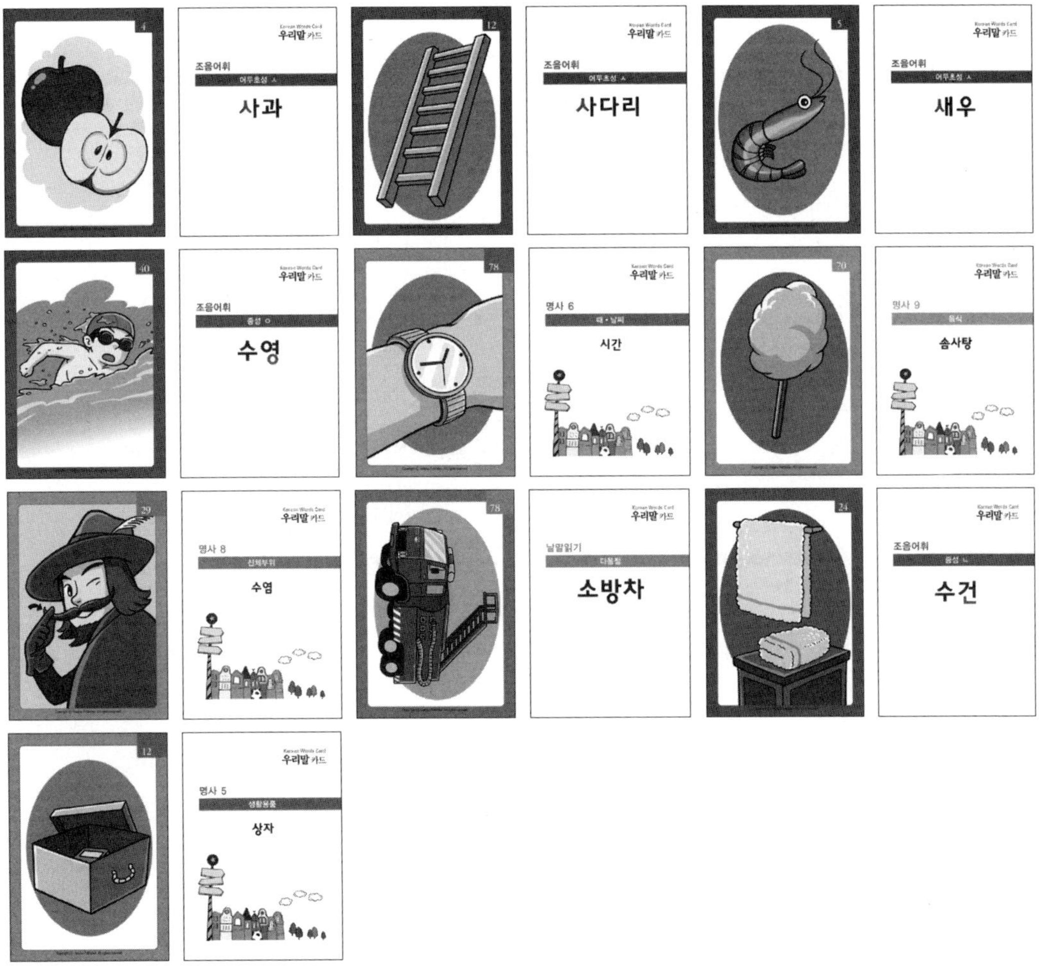

초성 ㅈ

-주머니, 지붕
-명사 9(과일 · 열매): 자두
-소리놀이(첫소리 알기): 지구
-낱말읽기(받침 없음): 지우개
-낱말읽기(다음절): 주전자
-명사 7(곤충 외): 지렁이
-명사 1(교통수단 외): 지하철
-명사 6(때 · 날씨): 점심
-조음어휘 1(어두초성ㅈ): 점퍼

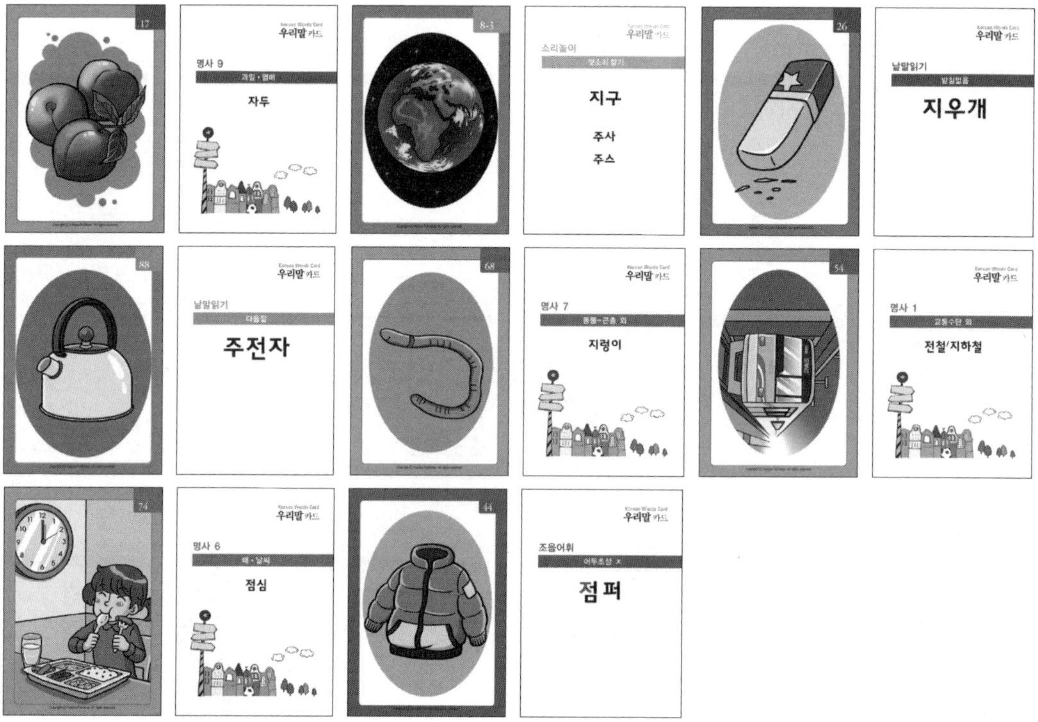

초성 ㅊ

-초코
-명사 9(음식): 치킨
-조음어휘 1(어두초성ㅊ): 창문

• 초성에 'ㅋ, ㅌ, ㅍ, ㅎ'이 포함된 자소-음소 일치형 낱말 읽기

초성 ㅋ

-소리놀이(수 세기): 코끼리
-명사 9(음식): 커피
-조음어휘 2(어중초성 ㄹ): 콜라

초성 ㅌ

-낱말읽기(받침 없음): 토끼, 토마토
-낱말읽기(받침 있음): 트럭
-명사 1(교통수단 외): 탱크

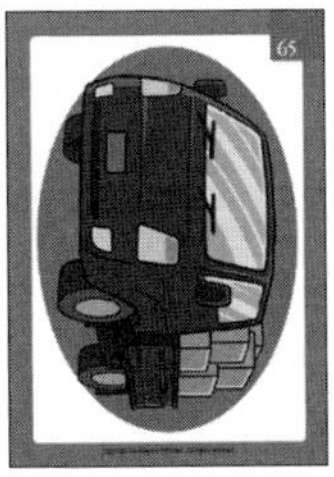

초성 ㅍ

-낱말읽기(받침 없음): 파도, 포도
-명사 7(곤충 외): 파리
-명사 9(채소): 피망

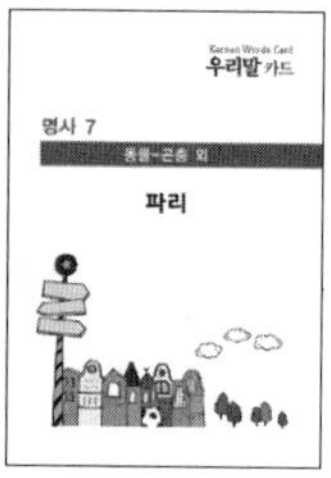

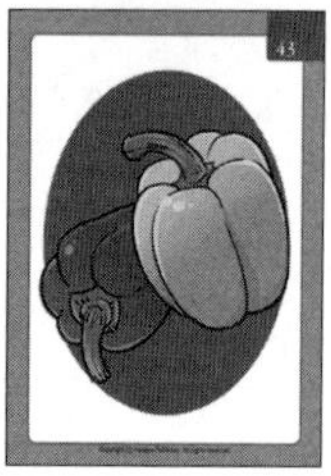

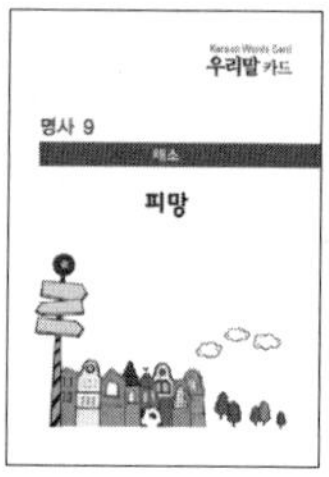

초성 ㅎ

-낱말읽기(받침 없음): 하마
-명사 9(과일 · 열매): 호두
-낱말읽기(받침 있음): 호박
-소리놀이(수 세기): 호랑이

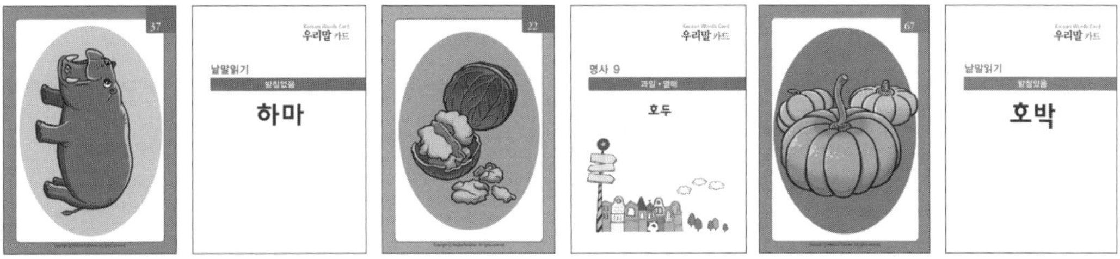

• 새로운 낱말 읽기

–초성에 'ㅋ, ㅌ, ㅍ, ㅎ'이 포함된 다른 낱말을 보여 주고 아동이 읽어 보게 한다.

–앞의 지침을 참고로 하여 다음의 낱글자가 포함된 자소–음소 일치형 낱말 읽기를 목표로 할 수 있다.

초성 ㅋ

–쿠키, 코피
–낱말읽기(받침 없음): 케이크
–소리놀이(첫소리 알기): 키위, 커튼
–명사 9(음식): 코코아
–의문사(무엇) 카메라
–명사 7(육지동물): 코알라
–낱말읽기(다음절): 컴퓨터

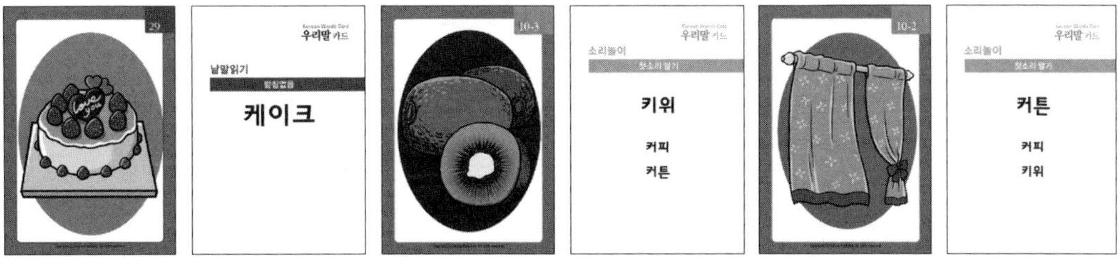

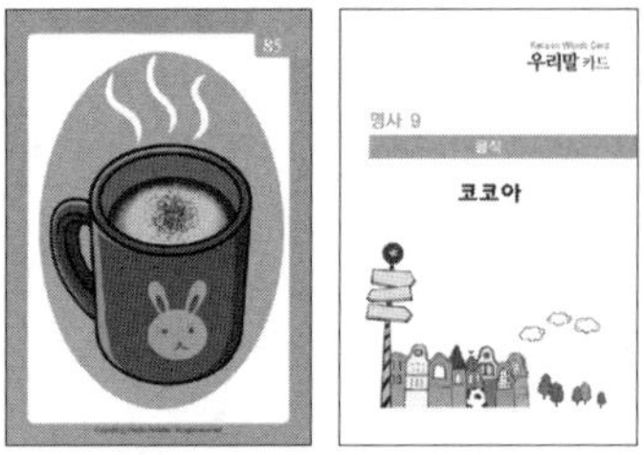

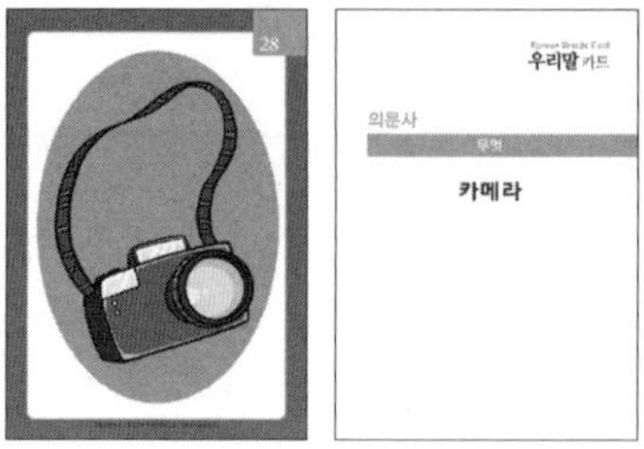

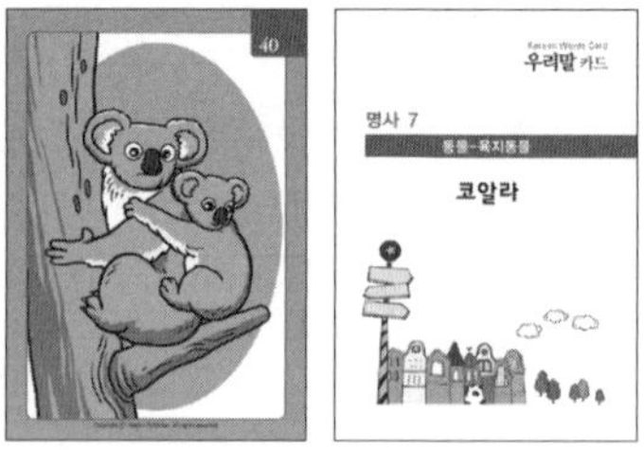

초성 ㅌ

–타이어
–조음어휘 2(어중초성ㅈ): 타조
–조음어휘 2(어중초성ㅅ): 티셔츠
–명사 5(학용품): 테이프
–명사 9(음식): 탕수육
–명사 5(악기): 탬버린

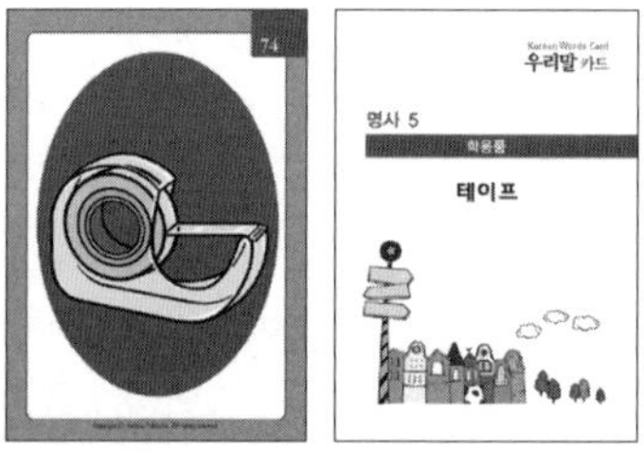

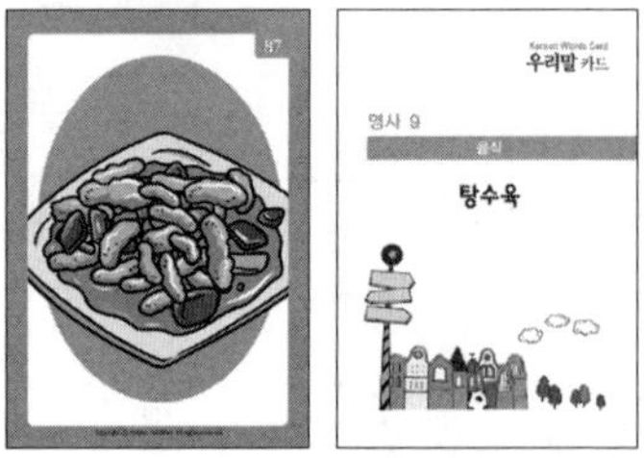

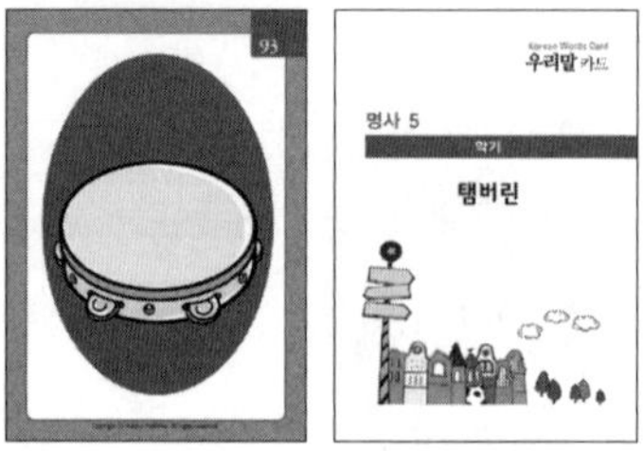

초성 ㅍ

-낱말읽기(받침 없음): 피아노
-명사 9(음식): 피자, 팝콘
-명사 4(주방): 포크
-명사 5(악기): 피리
-낱말읽기(다음절): 필통, 풍선

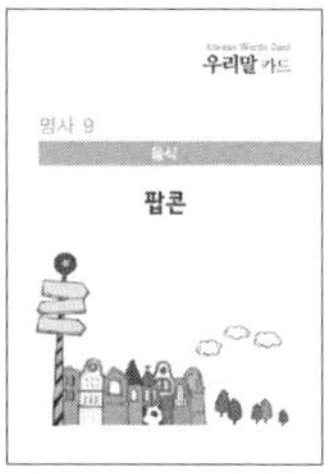

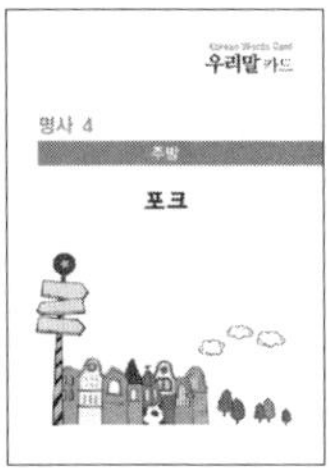

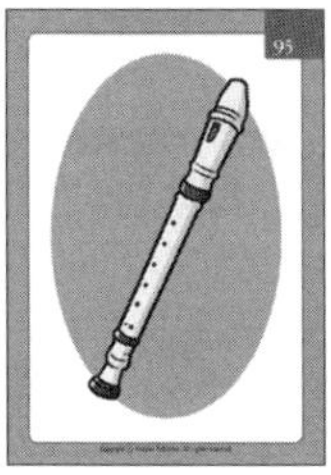
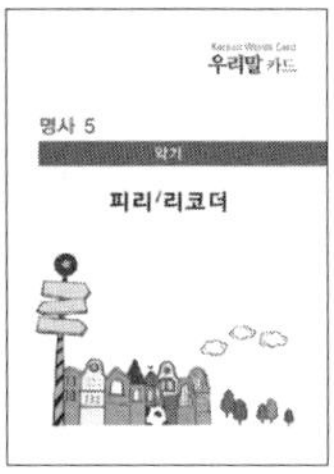

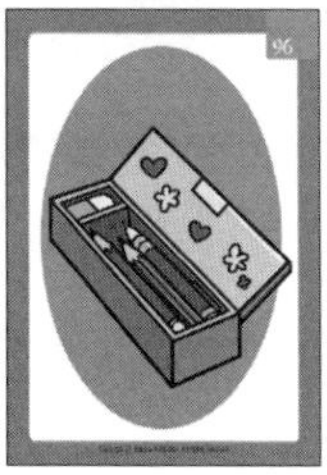

초성 ㅎ

-후추
-명사 8(신체부위): 허리
-명사 5(생활용품): 화장품, 휴지
-명사 6(공공장소): 회사
-소리놀이(첫소리 알기): 하늘
-명사 9(음식): 호떡
-조음어휘 3(종성ㅁ): 햄버거, 하품하다
-명사 4(전자제품): 휴대폰

우리말 카드
명사 8
허리
우리말 카드
명사 5
화장품
우리말 카드
명사 5
휴지
우리말 카드
명사 6
회사
우리말 카드
소리놀이
하늘
하마
호박
우리말 카드
명사 9
호떡
우리말 카드
조음어휘
햄버거
우리말 카드
조음어휘
하품하다
우리말 카드
명사 4
휴대폰

중재목표

02 종성이 포함된 자소-음소 일치형 낱말을 읽을 수 있다

읽기 수준

- 글자 지식이 있는 아동
- 종성 'ㅁ, ㄴ, ㄹ' 읽기에서 어려움을 보이는 아동

읽기 목표

- 종성에 'ㅁ, ㄴ, ㄹ'이 포함된 자소-음소 일치형 낱말을 읽을 수 있다.

사용 카드

- 종성 ㅁ
  - 명사 9(과일 · 열매): 감
  - 명사 9(과일 · 열매): 밤
  - 소리놀이(수 세기): 곰
  - 명사 7(육지동물): 뱀
- 종성 ㄴ
  - 낱말읽기(받침 있음): 눈
  - 조음어휘 1(어두초성 ㅅ): 산, 손
  - 조음어휘 3(종성 ㄴ): 돈
- 종성 ㄹ
  - 낱말읽기(받침 있음): 말, 팔, 달, 벌

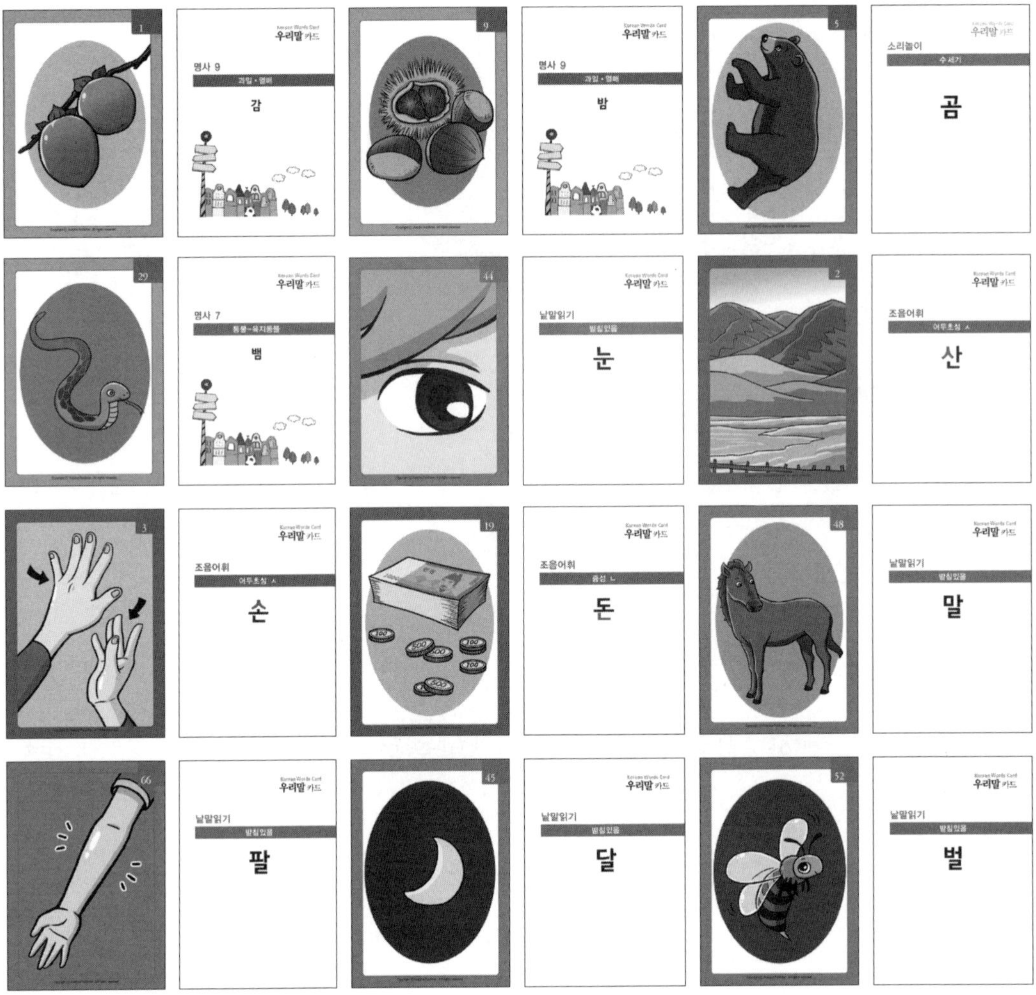

활동절차: 중재 전략 및 유의사항

(1) 종성 'ㅁ, ㄴ, ㄹ'의 소리 인식하기

- 아동에게 그림카드를 보여 주고 모양 등에 대해 대화를 나눈 뒤, 카드의 뒷면에 있는 글자를 보여 주면서 종성을 강조하여 들려준다.

  ('감' 그림카드를 보여 주고) "이거는 뭐지?"

  (아동의 반응을 기다리고) "그래 '감'이야. 가-ㅁ."

(2) 소리와 글자 연결하기

- 아동에게 글자의 종성을 강조하며 다시 소리를 들려주어 글자와 소리를 연결한다.

  (글자카드의 '감' 글자에서 종성 'ㅁ'을 손가락으로 가리키며) "감이야. 가-ㅁ."
- 다른 목표 낱말도 앞과 같이 한다.

(3) 글자와 그림을 연결하여 종성 확인하기

- (2)의 활동을 통해 낱말에서 종성 /ㅁ/의 소리를 확인하고 나면 같은 종성이 포함된 여러 낱말을 보며 종성 /ㅁ/을 확인하여 읽어 보게 한다.

  ('곰, 밤, 뱀' 글자카드를 보여 주고) "읽어 볼까?"
- 아동에게 4개 낱말의 글자를 모두 보여 준 뒤, 4개 낱말의 종성을 강조하여 들려주어 종성이 모두 소리가 같으며 'ㅁ' 글자라는 것을 확인시켜 준다.

  (글자카드를 가리키며) "가-ㅁ, 고-ㅁ, 바-ㅁ, 배-ㅁ. 모두 /ㅁ/소리가 나네."

  (각 낱말의 'ㅁ'을 가리키며) "감, 곰, 밤, 뱀."

(4) 목표 낱말 읽기

- 목표 낱말카드가 들어 있는 주머니를 준비하여 아동이 뽑게 한다(또는 낚시놀이를 통해 목표 낱말카드를 뽑게 한다).
- 아동이 뽑은 카드는 그림이 아닌 글자 부분을 보여 주고 아동이 읽어 보게 한다.
- 아동이 정확하게 읽었을 경우 종성을 손가락으로 가리키며 강조하여 다시 읽어 준다.

  (글자카드의 종성을 손가락으로 가리키며) "그래. 감. 가-ㅁ."
- 아동이 정확하게 읽지 못하였을 때 카드 뒷면에 그림을 보여 주어 아동이 목표 낱말을 말하게 하고 다시 글자를 보고 읽어 보게 한다.

(5) 목표 종성 확인하여 읽기

- 목표 낱말과 다른 종성이 포함된 낱말을 보여 주고 아동에게 /ㅁ/소리로 끝나는 낱말을 찾아 보게 한다.

  ('감, 산, 발' 글자를 보여 주고) "/ㅁ/소리 나는 게 뭐지?"

• 아동이 목표 낱말을 찾으면 목표 종성을 포함하여 정확하게 읽어 보게 한다. 그리고 목표 낱말의 종성이 다른 낱말의 종성과 다르다는 것을 글자로 확인시켜 주며 읽어 준다.

(각 낱말의 종성을 가리키며) "가-ㅁ, 사-ㄴ, 파-ㄹ"

• 아동이 찾지 못하거나 목표 낱말의 종성을 정확하게 읽지 못하면 다른 낱말의 종성 소리와의 차이를 들려준다.

"'가-ㅁ, 사-ㄴ, 바-ㄹ' 소리가 다르네. /ㅁ/은 가-ㅁ."

유의사항: 아동이 뜻을 알고 있는 낱말만 사용한다. 아동이 'ㅁ, ㄴ, ㄹ'의 목표 종성을 혼동할 경우 목표 종성과 함께 제시하는 종성을 'ㅁ-ㅂ'과 같이 대조되는 종성으로 조절할 수 있다.

아동 반응 및 중재 효과

• 지금까지 배운 낱말을 글자카드로 보여 주고 아동이 혼자 읽어 보게 한다.
• 아동이 종성을 정확하게 읽지 못하면 종성을 손가락으로 가리켜 다시 기회를 준다.
• 아동이 읽지 못하면 '가-'로 종성을 빼고 들려주어 아동이 완성하여 읽어 보게 한다.
• 아동이 전혀 읽지 못하면 '가-ㅁ'으로 들려주고 아동이 다시 읽어 보게 한다.
• 그래도 틀리게 읽는 경우 글자를 손가락으로 가리키며 읽어 주고 다시 읽어 보게 한다.
• 아동이 읽은 단계에 '+' 표시를 한다.

	감	곰	밤	뱀	눈	돈	산	손	말	팔	달	벌	합계
혼자 읽기													/12
손가락 단서													
완성하여 읽기													
오반응													

유의사항: 아동이 80%(혼자 읽기)의 정확도를 보이면 다음 단계로 넘어간다. 아동이 80%의 정확도를 보이면 응용하기를 통해 학습하지 않은 새로운 낱말을 정확하게 읽는지 확인한다.

활용 사례-만 6세 4개월(남) 유치원생

- 아동은 친숙한 낱말에 포함된 음소를 새로운 낱말에 적용하여 읽을 수 있으나 대부분의 종성을 생략하여 읽거나 대치하여 읽는다.
- 시각적으로 관찰하기가 용이하고 지속음으로 낼 수 있는 종성을 먼저 가르치기 위해 종성 'ㅁ, ㄴ, ㄹ'이 포함된 낱말 읽기를 목표로 진행하였다. 카드에 흥미를 보였다.
- 아동과 카드놀이를 하며 종성의 소리를 확인하며 읽어 보게 한 결과 모든 낱말을 정확하게 읽었다.

	감	곰	밤	뱀	눈	돈	산	손	말	팔	달	벌	합계
혼자 읽기	+	+	+	+	+	+	+	+	+	+	+	+	12/12
손가락 단서													
완성하여 읽기													
오반응													

- 아동이 낱말에 포함된 목표 종성을 모두 정확하게 읽고 있어 학습하지 않은 낱말로 확인한 후 눈으로 관찰이 어려운 종성, 비지속음인 종성을 목표로 진행할 예정이다.

응용하기

• 새로운 낱말 읽기

–종성에 'ㅁ, ㄴ, ㄹ'이 포함된 다른 낱말을 보여 주고 아동이 읽어 보게 한다.

–아동이 읽지 못할 경우 앞의 활동과 같이 'ㅁ, ㄴ, ㄹ'의 소리를 확인하여 준 뒤 다시 읽어 보게 한다. 이때 앞의 활동에서 읽은 목표 낱말의 글자카드를 보여 주며 'ㅁ, ㄴ, ㄹ'의 소리를 확인한 뒤 다시 새로운 낱말을 보여 주고 적용하여 읽어 보게 한다.

종성 ㅁ	–춤, 잠, 몸 –명사 6(때 · 날씨): 봄 –조음어휘 1(어두초성ㄱ): 김 –조음어휘 3(종성ㅁ): 껌, 햄

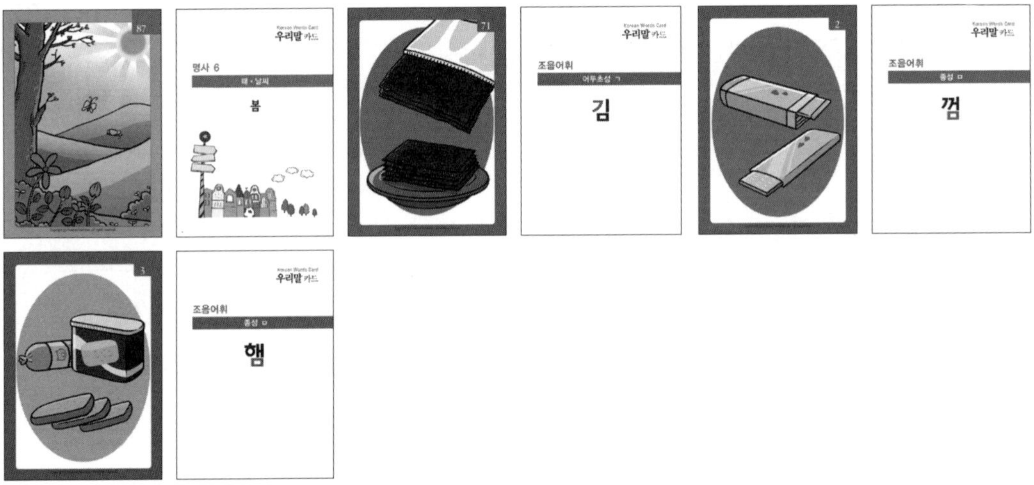

종성 ㄴ	–연, 반 –명사 3(위치): 안

종성 ㄹ

-불, 들
-조음어휘 3(종성ㄹ): 물
-낱말읽기(받침 있음): 칼
-명사 5(학용품): 풀
-조음어휘 1(어두초성ㅆ): 쌀
-명사 6(자연): 별
-명사 9(과일 · 열매): 귤

• 다른 낱글자가 포함된 자소-음소 일치형 낱말 읽기
 -종성에 'ㅇ, ㅂ, ㄱ'이 포함된 자소-음소 일치형 낱말을 읽을 수 있다.
 -앞의 지침을 참고로 하여 다음의 낱글자가 포함된 자소-음소 일치형 낱말 읽기를 목표로 할 수 있다.

종성 ㅇ

–낱말읽기(받침 있음): 빵
–명사 9(채소): 콩

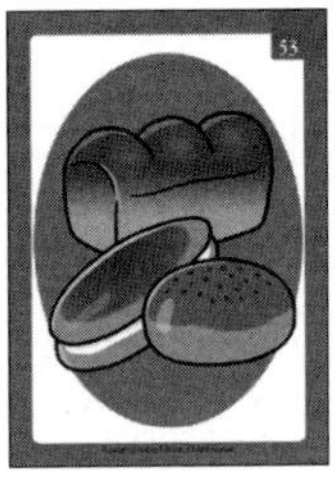

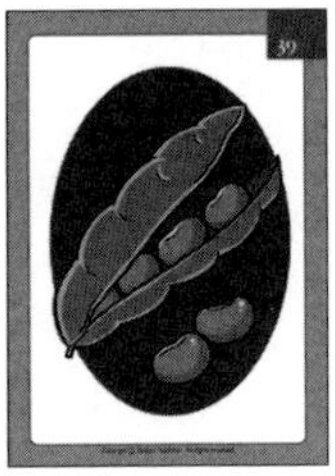
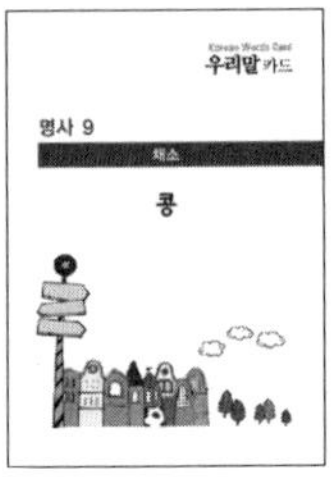

종성 ㅂ

–낱말읽기(받침 있음): 집, 입
–조음어휘 1(어두초성 ㅋ): 컵

종성 ㄱ

–명사 8(신체부위): 목, 턱
–명사 9(음식): 국

• 새로운 낱말 읽기

–종성에 'ㅇ, ㅂ, ㄱ'이 포함된 다른 낱말을 보여 주고 아동이 읽어 보게 한다.

–앞의 지침을 참고로 하여 다음의 낱글자가 포함된 자소–음소 일치형 낱말 읽기를 목표로 할 수 있다.

ㅇ	양	소리놀이(수 세기)	종	
	상		멍	
ㅂ	삽	명사 5(연장)	답	
ㄱ	북	명사 5(악기)	떡	명사 9(음식)

단모음이 포함된 자소–음소 일치형 낱말을 읽을 수 있다

읽기 수준

- 글자 지식이 있는 아동
- 모음 읽기에서 어려움을 보이는 아동

읽기 목표

- 단모음 낱글자 'ㅏ, ㅓ, ㅗ'가 포함된 자소–음소 일치형 낱말을 읽을 수 있다.

사용 카드

- ㅏ
  - –조음어휘 1(어두초성 ㄱ): 가다
  - –조음어휘 1(어두초성 ㅈ): 자다
  - –서술어 5(마트): 사다
  - –서술어 4(거리): 타다
- ㅓ
  - –조음어휘 1(어두초성 ㅅ): 서다
  - –서술어 3(요리): 푸다(퍼)
  - –조음어휘 1(어두초성 ㅆ): 쓰다(써)
  - –서술어 2(수업시간): 끄다(꺼)
- ㅗ
  - –명사 6(자연): 돌
  - –조음어휘 3(종성 ㄱ): 목
  - –공

활동절차: 중재 전략 및 유의사항

(1) 소리와 글자 연결하기

- 아동에게 목표 모음이 포함된 낱말을 보여 주고 읽어 준다. 이때 모음을 손가락으로 가리켜 글자와 소리를 연결하도록 한다.

  (글자카드의 '가다' 글자에서 모음 'ㅏ'를 손가락으로 가리키며) "가다."

- 다른 목표 낱말도 앞과 같이 한다.

(2) 같은 모음이 포함된 낱말 분류하기

- 'ㅏ, ㅓ, ㅗ'가 각각 쓰여 있는 3개의 통을 준비한다. 아동에게 낱말을 하나씩 보여 주며 읽어 보게 하고 같은 소리로 시작하는 낱말을 해당하는 통에 넣게 한다.

  ('가다' 글자카드를 보여 주고) "읽어 볼까?"

  (아동의 반응을 기다리고) "그래. '가다'야."

- 아동이 해당 통에 넣지 못하면 글자카드를 보여 주고 'ㅏ'를 손가락으로 가리키며 '가–다'라고 'ㅏ'를 강조하여 들려준다.
- 다른 목표 낱말도 앞과 같이 한다.

(3) 분류된 낱말 읽기

- (2)의 활동에서 분류한 통에서 낱말카드를 하나씩 꺼내며 낱말을 읽어 보게 한다.

  (글자카드를 뽑으면 보여 주고) "읽어 볼까?"

- 아동이 정확하게 읽지 못하면 'ㅏ'를 손가락으로 가리키며 'ㅏ'의 소리를 강조하여 들려주고 다시 읽어 보게 한다.

  ('가다' 의 'ㅏ'를 가리키며) "가-다."

- 'ㅏ' 통에 있는 카드를 모두 읽으면 아동이 읽은 카드가 'ㅏ'가 포함된 낱말이라는 것을 다시 알려 준다.

  ('ㅏ' 통을 가리키며) "우리 뭐 읽었어? '가다, 자다'. /ㅏ/가 있었지."

> **유의사항:** 아동이 뜻을 알고 있는 낱말만 사용한다. 아동이 목표 글자 이외에 다른 글자를 틀리게 읽을 경우 낱말을 정확하게 읽어 주고 다시 읽어 보게 한다.

아동 반응 및 중재 효과

- 지금까지 배운 낱말을 글자카드로 보여 주고 아동이 혼자 읽어 보게 한다.
- 아동이 모음을 정확하게 읽지 못하면 모음을 손가락으로 가리켜 다시 기회를 준다.

- 그래도 틀리게 읽는 경우 글자를 손가락으로 가리키며 읽어 주고 다시 읽어 보게 한다.
- 아동이 읽은 단계에 '+' 표시를 한다.

	가다	자다	사다	타다	서다	퍼	써	꺼	돌	목	공	합계
혼자 읽기												/11
손가락 단서												
오반응												

유의사항: 아동이 100%(혼자 읽기)의 정확도를 보이면 다음 단계로 넘어간다. 아동이 100%의 정확도를 보이면 응용하기를 통해 학습하지 않은 새로운 낱말을 정확하게 읽는지 확인한다.

활용 사례 - 만 6세 1개월(남) 유치원생

- 아동은 친숙한 낱말에 포함된 음소를 새로운 낱말에 적용하여 읽기 시작하였으나 다른 모음으로 대치해서 읽는 경우가 빈번하였다.
- 단모음인 'ㅏ, ㅓ, ㅗ'가 포함된 낱말 읽기를 목표로 진행하였다. 카드에 흥미를 보였다.
- 아동과 카드놀이를 하며 모음의 글자와 소리를 확인하며 읽도록 한 결과 모든 낱말을 정확하게 읽었다.

	가다	자다	사다	타다	서다	퍼	써	꺼	돌	목	공	합계
혼자 읽기	+	+	+	+	+	+	+	+	+	+	+	11/11
손가락 단서												
오반응												

- 아동이 낱말에 포함된 목표 모음을 모두 정확하게 읽었으므로 학습하지 않은 낱말로 확인한 후 다른 모음을 목표로 진행할 예정이다.

응용하기

• 새로운 낱말 읽기
 –목표 모음이 포함된 다른 낱말을 보여 주고 아동이 읽어 보게 한다.
 –아동이 읽지 못할 경우 앞의 활동과 같이 목표 모음의 소리를 확인하여 준 뒤 다시 읽어 보게 한다. 이때 앞의 활동에서 읽은 목표 낱말의 글자카드를 보여 주며 'ㅏ, ㅓ, ㅗ'의 소리를 확인하도록 한 뒤 다시 새로운 낱말을 보여 주고 적용하여 읽어 보게 한다.

• 다른 모음이 포함된 자소–음소 일치형 낱말 읽기
 –단모음 낱글자 'ㅡ, ㅣ'가 포함된 자소–음소 일치형 낱말을 읽을 수 있다.
 –앞의 지침을 참고로 하여 다음의 모음이 포함된 자소–음소 일치형 낱말 읽기를 목표로 할 수 있다.

ㅡ

서술어 1(반대말): 느리다
서술어 2(수업시간): 그리다
명사 6(놀이터): 그네

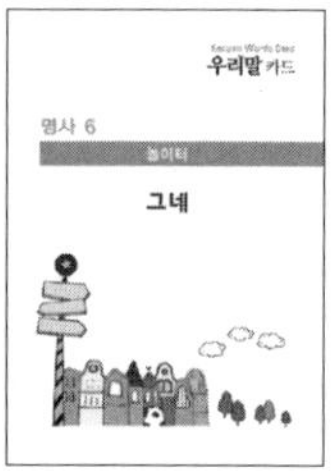

ㅣ

명사 4(욕실용품): 빗
조음어휘 1(어두초성 ㄱ): 김
조음어휘 3(종성 ㅂ): 집

중재목표

이중모음이 포함된 자소-음소 일치형 낱말을 읽을 수 있다

읽기 수준

- 글자 지식이 있는 아동
- 대부분의 낱말을 읽을 수 있으나 이중모음 읽기에서 어려움을 보이는 아동

읽기 목표

- 이중모음 낱글자가 포함된 자소-음소 일치형 낱말을 읽을 수 있다.

사용 카드

- 의문사(무엇): 요리하다
- 의문사(언제): 여름
- 명사 7(육지동물): 여우
- 명사 7(가축 외): 염소
- 명사 9(음식): 요쿠르트
- 낱말읽기(다음절): 원숭이
- 낱말읽기(받침 없음): 의자

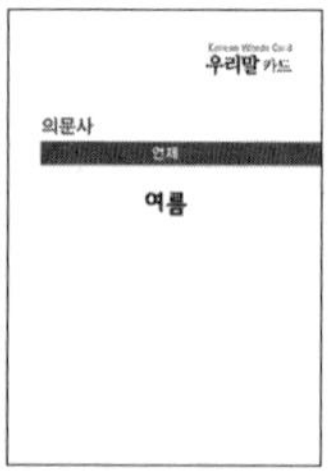

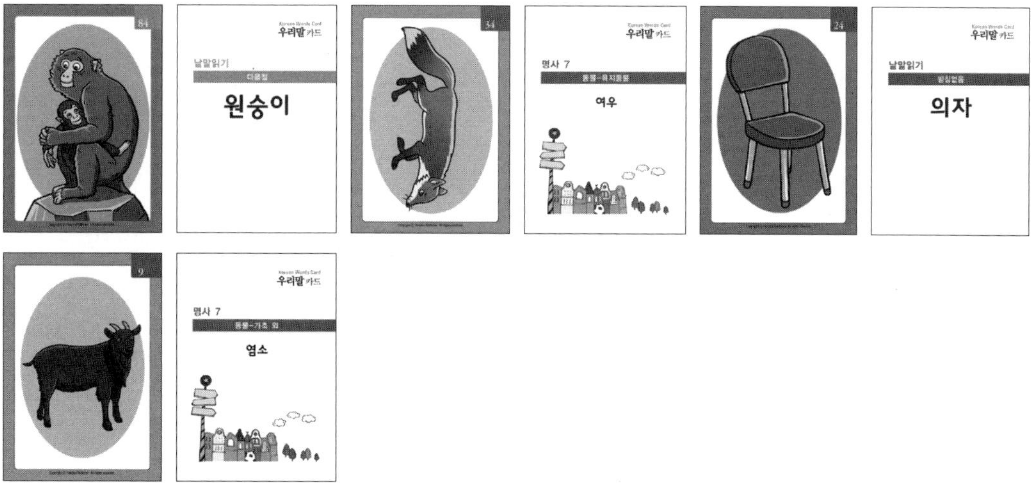

활동절차: 중재 전략 및 유의사항

(1) 이중모음 소리와 글자 연결하기

- 글자카드를 보여 주고 이중모음을 손가락으로 가리키며 소리를 들려준 뒤 글자를 확인시켜 준다.

  ('요리' 글자카드의 '요'를 손가락으로 가리키며) "'요'야."

- 아동에게 목표 낱말의 글자카드를 하나씩 보여 주고 함께 글자를 읽는다. 글자를 읽을 때 각 음절을 손가락으로 가리켜 아동이 읽는 글자의 철자를 눈으로 확인시켜 준다.

  ('요리' 글자카드를 보여 주고) "읽어 볼까?"

  (아동과 함께 읽으며) "요리."

- 다른 목표 낱말도 앞과 같이 한다.

(2) 이중모음이 포함된 낱말 읽기

- 글자카드를 하나씩 보여 주어 아동이 낱말을 읽어 보게 한다.

  (글자카드를 보여 주고) "읽어 볼까?"

- 아동이 정확하게 읽지 못하면 이중모음을 손가락으로 가리키며 다시 읽어 보게 한다.
- 그래도 아동이 정확하게 읽지 못하면 글자카드를 보여 주고, 이중모음을 손가락으로 가리키

며 단모음과 이중모음을 비교하여 들려주어 아동이 수정하여 읽어 보게 한다.

('요리' 글자카드를 보여 주고) "오리? 요리?"

• 다른 목표 낱말도 앞과 같이 한다.

유의사항: 아동이 뜻을 알고 있는 낱말만 사용한다.

아동 반응 및 중재 효과

• 지금까지 배운 글자카드로 보여 주며 아동이 혼자 읽어 보게 한다.

• 아동이 읽지 못하면 이중모음을 손가락으로 가리키고 다시 읽어 보게 한다.

• 그래도 틀리게 읽는 경우 글자를 손가락으로 가리키며 읽어 주고 다시 읽어 보게 한다.

• 아동이 읽은 단계에 '+' 표시를 한다.

	요리	여우	염소	요쿠르트	원숭이	여름	의자	합계
혼자 읽기								/7
손가락 단서								
오반응								

유의사항: 아동이 80%(혼자 읽기)의 정확도를 보이면 다음 단계로 넘어간다. 아동이 80%의 정확도를 보이면 응용하기를 통해 학습하지 않은 새로운 낱말을 정확하게 읽는지 확인한다.

활용 사례- 만 7세 1개월(남) 1학년

• 아동은 친숙한 낱말에 포함된 음소를 새로운 낱말에 적용하여 읽을 수 있으나 이중모음을 단모음으로 대치하여 읽는 경우가 있다.

• 이중모음의 글자와 소리를 연결하여 읽도록 하기 위해 이중모음이 포함된 낱말 읽기를 목표

로 진행하였다. 카드에 흥미를 보였다.

• 아동과 카드놀이를 하며 이중모음의 글자와 소리를 확인하며 읽도록 한 결과 '염소'를 '엄소'로 읽었다. 손가락으로 이중모음을 가리켜 주었을 때 정확하게 읽을 수 있었다.

	요리	여우	염소	요쿠르트	원숭이	여름	의자	합계
혼자 읽기	+	+	−	+	+	+	+	6/7
손가락 단서			+					1/1
오반응								

• 아동이 낱말에 포함된 이중모음을 손가락 단서를 포함하여 정확하게 읽고 있어 학습하지 않은 낱말로 확인할 예정이다.

응용하기

• 새로운 낱말 읽기

–이중모음이 포함된 다른 낱말을 보여 주고 아동이 읽어 보게 한다.

–아동이 읽지 못할 경우 앞의 활동과 같이 이중모음의 소리를 확인하여 준 뒤 다시 읽어 보게 한다. 이때 앞의 활동에서 읽은 목표 낱말의 글자카드를 보여 주며 이중모음의 소리를 확인한 뒤 다시 새로운 낱말을 보여 주고 적용하여 읽어 보게 한다.

우유	낱말읽기(받침 없음)	의사	조음어휘 2(어중초성 ㅅ)
양파	명사 9(채소)	귀	명사 8(신체부위)
돼지	소리놀이(수세기)	병원	조음어휘 3(종성 ㄴ)
휴지	명사 5(생활용품)	휴대폰	명사 4(전자제품)

문법형태소를 정확하게 읽을 수 있다

읽기 수준

- 대부분의 낱말을 읽을 수 있는 아동
- 문장 읽기를 시작하는 아동
- 문장에서 문법형태소 읽기에 어려움을 보이는 아동
- 말하기에서 문법형태소를 사용하는 아동

읽기 목표

- 문법형태소 '-가, -를, -만, -도'를 포함한 자소-음소 일치형의 짧은 문장을 읽을 수 있다.
- (   )가/만/도 가요/사요.
- (   )가/만/도 (   )를 사요.

사용 카드

- 낱말읽기(받침 있음): 엄마
- 의문사(누구): 아빠, 아기
- 낱말읽기(받침 없음): 우유
- 조음어휘 1(어두초성 ㄱ): 가다
- 서술어 5(마트): 사다
- 조음어휘 1(어두초성 ㅅ): 사과

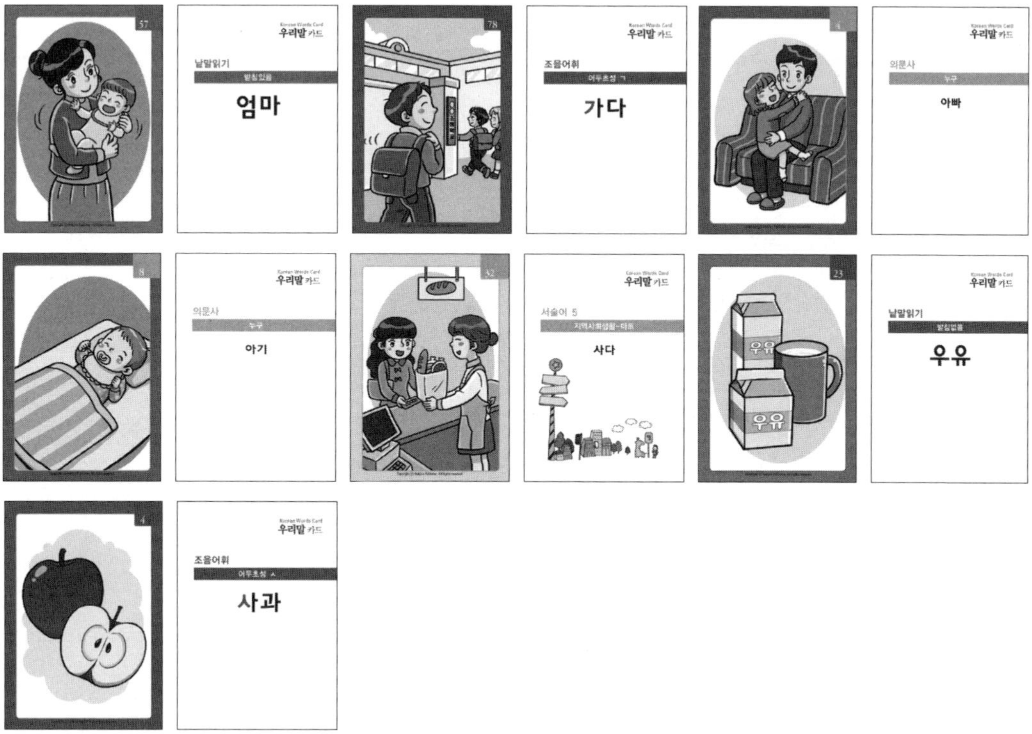

활동절차: 중재 전략 및 유의사항

(1) 문장의 의미 확인하기

- 아동과 함께 그림카드를 보며 이야기를 나눈다. 그림카드의 사람, 행동을 집중적으로 들려주며 해당 그림카드를 보여 준다. 아동에게 사람과 행동을 연결하여 문장으로 들려주며 문법형태소 활용을 들려준다.

  (그림을 보여 주고) "누가 있어?" (아동의 반응을 기다리고) "엄마, 아빠, 아기."

  (그림을 가리키고) "엄마가 뭐하니?" (아동의 반응을 기다리고) "엄마 가/사. 엄마가 가/사."

  (그림을 가리키고) "아빠가 뭐하니?" (아동의 반응을 기다리고) "아빠 가/사. 아빠도 먹어."

- 아동에게 다른 사람 그림카드를 주고 무엇을 하는지 물어보고 아동이 문장을 만들도록 한다.

  ('아기' 그림카드를 주고) "누구야?"

  (아동의 반응을 기다리고) "아기는 뭐해?"

  (아동의 반응을 기다리고) "아기도 가/사."

유의사항: 아동의 수준에 따라 '사람+행동'의 문장으로 제시하거나 '사람+대상+행동'의 문장으로 제시할 수 있다.

(2) 낱말 위주로 문장 읽기

- 아동과 함께 문장의 의미를 확인한 후 글자카드로 문장을 만든다. 아동에게 들려준 문장에 해당하는 글자카드를 문장의 의미 순서대로 놓아주며 다시 들려준다.

  ('엄마' 글자카드를 보여 주고) "누구야?"

  (아동의 반응을 기다리고 '가다/사다' 글자카드를 보여 주고) "엄마 뭐해?"

  (아동의 반응을 기다리고) "엄마 가."

- 사람과 행동 글자카드를 보여 주어 앞의 문장 형식을 바꾸며 읽어 보게 한다.

  ('아빠' 글자카드를 보여 주고 아동의 반응을 기다린 후) "아빠 가."

  ('사다' 글자카드를 보여 주고 아동의 반응을 기다린 후) "아빠 사."

- 다른 목표 문장도 앞과 같이 한다.

(3) 목표 문법형태소 읽기 워크북 3-7-1

- '가, 만, 도, 를'이 하나씩 쓰여 있는 글자카드를 보여 주고 아동이 읽어 보게 한다.
- '가, 만, 도, 를'이 무작위로 써 있는 5×5의 글자판을 주고 '가'는 빨간색, '만'은 노란색, '도'는 초록색, '를'은 파란색으로 색칠하게 한다.
- 색칠한 글자판 또는 색칠하지 않은 새 글자판을 주고 아동에게 순서대로 읽어 보게 한다.

(4) 문법형태소 활용하여 읽기 워크북 3-7-1

- 아동과 함께 만든 문장(엄마 가요/사요)을 글자로 다시 확인하고 사람(또는 대상)에 해당하는 글자 뒤에 문법형태소를 글자로 붙여 읽는다.

  ('엄마 사요'에서 '엄마' 뒤에 '가'를 붙여 주며) "엄마 사요. 엄마가 사요. 엄마가 사과를 사요."

유의사항

- 문법형태소 글자를 다른 색깔로 하여 집중을 유도할 수 있다.
- '대상'부분을 '밥'과 같은 낱말로 하여 문법형태소가 활용되면서 글자(밥을)와 소리(/바블/)가 달라지는 음운 규칙을 연습할 수 있다.

- 사람(또는 대상)에 해당하는 부분을 비워 둔 문장을 제시하여 아동이 사람(또는 대상)을 바꾸며 문장을 읽도록 한다.

  ('○○가 가요/사요' 또는 '○○가 ○○를 사요'를 제시하고 빈칸에 사람 또는 대상 글자카드를 넣도록 한 뒤) "읽어 볼까?"

유의사항

- 아동이 읽을 때 문법형태소 부분을 가리켜 준다.
- 아동이 뜻을 알고 있는 낱말만 사용한다.

아동 반응 및 중재 효과

- 아동에게 읽은 문장을 하나씩 제시하고 혼자 읽어 보게 한다.

  "엄마(아빠, 아기)가/만/도 가요. 엄마(아빠, 아기)가/만/도 (   )를 사요."
- 아동에게 제시한 문장에 포함된 목표에 따라 합계는 달라질 수 있다.
- 아동이 정확하게 읽지 못하면 '누가, 무엇을'의 의문사 질문을 하여 다시 읽도록 한다.
- 아동이 의문사 질문에도 정확하게 읽지 못하면 오류를 보인 낱말 또는 문법형태소를 손가락으로 가리키고 다시 읽어 보게 한다.
- 그래도 정확하게 읽지 못하면 읽어 주고 다시 읽어 보게 한다.
- 아동이 읽은 단계에 제시된 기회에서 정반응한 수를 기록한다.

	-가	-도	-를	-만	합계
혼자 읽기					
의문사 질문					
손가락 단서					
오반응					

유의사항: 아동이 90%(혼자 읽기)의 정확도를 보이면 다음 단계로 넘어간다.

활용 사례- 만 6세 5개월(남) 유치원생

- 아동은 대부분의 낱말을 읽을 수 있으며 짧은 문장을 제시하였을 때 문법형태소를 생략하거나 대치하여 읽었다.
- 조사 생략이 빈번하여 '-가, -를, -만, -도'를 목표로 진행하였다. 카드에 흥미를 보였다.
- 아동과 카드놀이를 하며 내용어 뒤에 문법형태소를 확인하여 읽도록 한 결과 대부분의 문법형태소를 정확하게 읽었으나 '-를'은 생략하는 경우가 있었다. '무엇을'의 의문사질문을 하였을 때 정확하게 읽을 수 있었다.

	-가	-도	-를	-만	합계
혼자 읽기	3/3	5/5	3/5	5/5	16/18
의문사 질문			2/2		2/2
손가락 단서					
오반응					

- 아동이 문법형태소에서 조사를 읽었으므로 다른 조사 읽기 확인 후 어미 읽기로 진행할 예정이다.

응용하기

- 새로운 어미 읽기

  –앞의 문장에서 서술어의 어미를 활용하여 아동에게 보여 주고 읽어 보게 한다.

  –어미: –다, –요, –네, –지

  –예: 엄마가 가다, 엄마가 가요, 엄마가 가네, 엄마가 가지

- 새로운 연결어미 읽기

  –연결어미: –고, –서, –는데, –니까, –지만 –면

  –예: 엄마가 가고 아빠만 자요, 엄마도 가고 아빠도 가요

초성이 'ㄱ~ㅎ'인 자소-음소 일치형 낱말 읽기 확인 워크북 3-3-2

- 3×3 또는 4×4 빙고판을 이용하여 글자카드를 무작위로 배치하고 정확하게 읽은 낱말카드를 뒤집어 빙고를 완성하는 게임을 한다. 또는 목표 낱말을 써 주고 정확하게 읽는 낱말에 동그라미 표시하는 빙고게임을 할 수 있다.
- 자소-음소 일치형 낱말을 아동의 목표에 따라 다음의 조건 낱말을 선택하여 아동이 정확하게 읽는지 확인한다.
- 한 음소뿐만 아니라 여러 음소를 섞어 아동이 정확하게 읽는지 확인할 수 있다.

①'ㄱ'

- 종성 없는 낱말

가위, 고래, 기차, 고추, 고구마, 과자, 고기, 거미, 개미, 그네, 기타

- 종성 있는 낱말

가방, 거울, 구름, 기린, 강아지, 고양이, 김치, 가을, 겨울, 감자

- 어두 초성 낱말

가위, 고래, 기차, 고추, 고구마, 과자, 고기, 거미, 개미, 그네, 기타, 가방, 거울, 구름, 기린, 강아지, 고양이, 김치, 가을, 겨울, 감자

- 어중 초성 낱말

고구마, 고기, 너구리, 드라이기, 당근, 동그라미, 딸기, 모기, 메뚜기, 무지개, 불가사리, 비행기, 사과, 시계, 사마귀, 수건, 소방관, 시간, 설거지, 야구, 아기, 지우개, 조개, 지구, 햄버거

- 서술어

가다, 기다, 가늘다, 가득차다, 가깝다, 고맙다

②'ㄴ'

- 종성 없는 낱말

나무, 나비, 노래, 누나, 너구리, 나사

- 종성 있는 낱말

나팔, 냄비, 낙타, 노랑, 넥타이, 냉장고

- 어두 초성 낱말

나무, 나비, 노래, 누나, 너구리, 나사, 나팔, 냄비, 낙타, 노랑, 넥타이, 냉장고

- 어중 초성 낱말

그네, 누나, 마늘, 바나나, 비누, 언니, 주머니, 피아노, 하모니카, 하늘

- 서술어

나가다, 나쁘다, 노래하다, 나오다, 나누다, 느리다

③ 'ㄷ'

- 종성 없는 낱말

다리, 돼지, 도끼, 두부, 다리미, 드라이기, 도깨비, 도토리, 두더지

- 종성 있는 낱말

당근, 도둑, 동그라미, 단추

- 어두 초성 낱말

다리, 돼지, 도끼, 두부, 다리미, 드라이기, 도깨비, 도토리, 두더지, 당근, 도둑, 동그라미, 단추

- 어중 초성 낱말

두더지, 도둑, 만두, 라디오, 바다, 사다리, 자두, 자동차, 침대, 파도, 포도, 호두, 휴대폰

- 서술어

다르다, 달리다, 두껍다, 다리다, 돌리다, 던지다, 당기다

④ 'ㄹ'

- 종성 없는 낱말

라디오, 라이터

- 종성 있는 낱말

리본, 라면, 리모컨

- 어두 초성 낱말

라디오, 라이터, 리본, 라면, 리모컨

- 어중 초성 낱말

고래, 구름, 노래, 너구리, 노랑, 다리, 다리미, 드라이기, 도토리, 동그라미, 머리, 미꾸라지, 모래, 미끄럼틀, 블록, 사다리, 소라, 오리, 아래, 우리, 요리, 아이스크림, 요구르트, 오렌지, 여름, 지렁이, 코끼리, 카메라, 콜라, 코알라, 트럭, 탬버린, 피리, 파리, 허리, 호랑이

⑤ 'ㅁ'

• 종성 없는 낱말

머리, 모자, 모기, 메뚜기, 미꾸라지, 모래, 마이크, 마트, 무지개

• 종성 있는 낱말

망치, 만두, 마늘, 마술, 미끄럼틀

• 어두 초성 낱말

머리, 모자, 모기, 메뚜기, 미꾸라지, 모래, 마이크, 마트, 무지개, 망치, 만두, 마늘, 마술, 미끄럼틀

• 어중 초성 낱말

고구마, 거미, 개미, 나무, 다리미, 동그라미, 라면, 리모컨, 보물, 발목, 사마귀, 이마, 이모, 엄마, 어묵, 주머니, 장미, 치마, 카메라, 토마토, 피망, 하마, 하모니카

• 서술어

모르다, 모이다, 마시다, 멈추다, 무겁다, 밉다, 만지다, 만나다

⑥ 'ㅂ'

• 종성 없는 낱말

바나나, 바다, 바지, 비누, 배추, 바퀴

• 종성 있는 낱말

보물, 발목, 블록, 붕어, 볼펜, 병원, 불가사리, 비행기

• 어두 초성 낱말

바나나, 바다, 바지, 비누, 배추, 바퀴, 보물, 발목, 블록, 붕어, 볼펜, 병원, 불가사리, 비행기

• 어중 초성 낱말

가방, 나비, 냄비, 두부, 도깨비, 리본, 소방차, 소방관, 어부, 오토바이, 지붕, 탬버린, 호박, 햄버거

• 서술어

버리다, 부르다, 배우다, 부서지다, 부러지다, 바르다

⑦ 'ㅅ'

• 종성 없는 낱말

사과, 사자, 시계, 사이다, 사다리, 사마귀, 새우, 소라, 스티커, 스케이트, 스키

- 종성 있는 낱말

사탕, 수박, 소방차, 수건, 생선, 상자, 소방관, 상어, 수영, 상추, 시간, 사진, 서점, 설거지, 솜사탕, 수염

- 어두 초성 낱말

사과, 사자, 시계, 사이다, 사다리, 사마귀, 새우, 소라, 스티커, 스케이트, 스키, 사탕, 수박, 소방차, 수건, 생선, 상자, 소방관, 상어, 수영, 상추, 시간, 사진, 서점, 설거지, 솜사탕, 수염

- 어중 초성 낱말

불가사리, 생선, 의사, 우산, 우주선, 염소, 원숭이, 주사, 점심, 청소, 탕수육, 풍선, 회사

- 서술어

사다, 서다, 새다, 소리치다, 사라지다, 시들다

⑧ 'ㅈ'

- 종성 없는 낱말

주사, 지우개, 주머니, 조개, 자두, 지구

- 종성 있는 낱말

지붕, 장미, 주전자, 자동차, 지렁이, 지하철, 점심, 점퍼, 종이

- 어두 초성 낱말

주사, 지우개, 주머니, 조개, 자두, 지구, 지붕, 장미, 주전자, 자동차, 지렁이, 지하철, 점심, 점퍼, 종이

- 어중 초성 낱말

과자, 강아지, 감자, 두더지, 모자, 미꾸라지, 무지개, 바지, 사자, 상자, 사진, 서점, 설거지, 의자, 우주선, 오렌지, 주전자, 치즈, 타조, 피자, 휴지, 화장품

- 서술어

자다, 재우다, 지우다, 자르다, 자라다, 지다

⑨ 'ㅊ'

- 종성 없는 낱말

치마, 치즈, 초코

• 종성 있는 낱말

치약, 침대, 치킨, 청소, 창문

• 어두 초성 낱말

치마, 치즈, 초코, 치약, 침대, 치킨, 청소, 창문

• 어중 초성 낱말

기차, 고추, 김치, 단추, 망치, 배추, 소방차, 상추, 자동차, 지하철, 티셔츠, 후추

• 서술어

춥다, 치우다, 차다, 차리다, (춤)추다

⑩ 'ㅋ'

• 종성 없는 낱말

케이크, 코끼리, 커피, 키위, 코코아, 카메라, 키보드, 쿠키, 코피

• 종성 있는 낱말

콜라, 코알라, 커튼, 컴퓨터

• 어두 초성 낱말

케이크, 코끼리, 커피, 키위, 코코아, 카메라, 키보드, 쿠키, 코피, 콜라, 코알라, 커튼, 컴퓨터

• 어중 초성 낱말

마이크, 리모컨, 바퀴, 스티커, 스케이트, 스키, 아이스크림, 치킨, 초코, 케이크, 코코아, 쿠키, 탱크, 포크, 팝콘, 하모니카

• 서술어

켜다, 크다, 키우다

⑪ 'ㅌ'

• 종성 없는 낱말

토끼, 토마토, 타조, 티셔츠, 테이프, 타이어

• 종성 있는 낱말

트럭, 탕수육, 탬버린, 탱크

• 어두 초성 낱말

토끼, 토마토, 타조, 티셔츠, 테이프, 타이어, 트럭, 탕수육, 탬버린, 탱크

• 어중 초성 낱말

기타, 낙타, 넥타이, 도토리, 라이터, 마트, 미끄럼틀, 스티커, 스케이트, 솜사탕, 아파트, 오토바이, 요구르트, 커튼, 컴퓨터, 필통

• 서술어

타다, 태우다, 튀기다

⑫ 'ㅍ'

• 종성 없는 낱말

파도, 포도, 피아노, 피자, 포크, 피리, 파리

• 종성 있는 낱말

피망, 팝콘, 필통, 풍선

• 어두 초성 낱말

파도, 포도, 피아노, 피자, 포크, 피리, 파리, 피망, 팝콘, 필통, 풍선

• 어중 초성 낱말

나팔, 볼펜, 양파, 점퍼, 코피, 컴퓨터, 테이프, 휴대폰

• 서술어

펴다, 파다

⑬ 'ㅎ'

• 종성 없는 낱말

하마, 하모니카, 호두, 허리, 후추, 휴지, 회사, 하늘

• 종성 있는 낱말

호박, 호떡, 햄버거, 화장품, 호랑이, 휴대폰, 하품

• 어두 초성 낱말

하마, 하모니카, 호두, 허리, 후추, 휴지, 회사, 하늘, 호박, 호떡, 햄버거, 화장품, 호랑이, 휴대폰, 하품

• 어중 초성 낱말

비행기, 지하철

• 서술어

하다, 흐르다, 헤어지다

종성이 'ㅁ, ㄴ, ㄹ, ㅇ, ㅂ, ㄱ'인 자소-음소 일치형 낱말 읽기 확인 워크북 3-4-1

- 3×3 또는 4×4 빙고판을 이용하여 글자카드를 무작위로 배치하고 정확하게 읽은 낱말카드를 뒤집어 빙고를 완성하는 게임을 한다. 또는 목표 낱말을 써 주고 정확하게 읽는 낱말에 동그라미 표시하는 빙고게임을 할 수 있다.
- 자소-음소 일치형 낱말을 아동의 목표에 따라 다음의 조건 낱말을 선택하여 아동이 정확하게 읽는지 확인한다.
- 한 음소뿐만 아니라 여러 음소를 섞어 아동이 정확하게 읽는지 확인할 수 있다.

① 'ㅁ'
- 1음절: 감, 봄, 춤, 김, 솜, 껌, 밤, 잠, 햄, 뱀
- 2음절: 여름, 구름, 하품, 수염, 바람, 사람, 이름

② 'ㄴ'
- 1음절: 눈, 산, 반, 돈, 안, 연
- 2음절: 기린, 우산, 치킨, 라면, 계란, 계단, 볼펜, 병원, 생선, 사진

③ 'ㄹ'
- 1음절: 말, 팔, 달, 벌, 불, 돌, 물, 칼, 풀, 쌀, 별, 귤
- 2음절: 가을, 거울, 겨울, 나팔, 마늘, 보물

④ 'ㅇ'
- 1음절: 빵, 양, 종, 콩, 강, 똥, 상, 멍
- 2음절: 가방, 사탕, 피망, 지붕, 노랑, 수영, 동생

⑤ 'ㅂ'
- 1음절: 집, 컵, 입, 삽, 답
- 2음절: 배꼽, 발톱, 손톱, 장갑

⑥ 'ㄱ'
- 1음절: 목, 턱, 북, 국, 떡
- 2음절: 수박, 호떡, 호박, 치약, 트럭, 도둑, 블록

음절 글자/낱글자와 받침 읽기 편 사용 낱말 목록

*'우리말카드'에서 제시된 번호이다.

	낱말	낱말 통 번호		낱말	낱말 통 번호
1	가까워(가깝다)	서술어 1	31	고추	조음어휘 2
2	가늘다	서술어 1	32	고추	명사 9
3	가다	서술어 2	33	곰	소리놀이
4	가다	조음어휘 1	34	과자	낱말읽기
5	가득차다	서술어 1	35	과자	명사 9
6	가방	소리놀이	36	구름	낱말읽기
7	가방	낱말읽기	37	국	명사 9
8	가수	조음어휘 2	38	귀	명사 8
9	가위	낱말읽기	39	귤	명사 9
10	가위	조음어휘 1	40	그네	명사 6
11	가을	명사 6	41	그리다	서술어 2
12	가지	명사 9	42	기린	소리놀이
13	감	명사 9	43	기린	낱말읽기
14	감자	조음어휘 3	44	기차	낱말읽기
15	강아지	소리놀이	45	기차	조음어휘 2
16	강아지	낱말읽기	46	기타	명사 5
17	개	명사 7	47	김	조음어휘 1
18	개구리	명사 7	48	김	조음어휘 2
19	개다	서술어 3	49	껌	조음어휘 3
20	개미	조음어휘 1	50	끄다	서술어 2
21	거미	명사 7	51	나누다	서술어 4
22	거울	낱말읽기	52	나무	소리놀이
23	겨울	명사 6	53	나무	낱말읽기
24	계란	명사 9	54	나비	소리놀이
25	고구마	조음어휘 1	55	나비	낱말읽기
26	고구마	명사 9	56	나쁘다	서술어 1
27	고래	낱말읽기	57	나사	조음어휘 2
28	고마워(고맙다)	서술어 1	58	나오다	서술어 4
29	고양이	소리놀이	59	나팔	조음어휘 3
30	고양이	낱말읽기	60	나팔	낱말읽기

61	낙타	명사 7	95	동생	명사 2
62	냄비	명사 4	96	돼지	소리놀이
63	냉장고	낱말읽기	97	돼지	명사 7
64	너구리	명사 7	98	두꺼워(두껍다)	서술어 1
65	넥타이	명사 8	99	두더지	명사 7
66	노란	명사 3	100	두부	소리놀이
67	노랑(노란색)	명사 2	101	드라이기	명사 4
68	노래	소리놀이	102	딸기	낱말읽기
69	노래하다	서술어 2	103	떡	조음어휘 3
70	노래하다	조음어휘 2	104	떡	명사 9
71	누나	의문사카드	105	라디오	명사 4
72	누나	명사 2	106	라면	소리놀이
73	눈	낱말읽기	107	라면	조음어휘 1
74	느리다	서술어 1	108	리모컨	명사 4
75	다르다	서술어 1	109	리본	낱말읽기
76	다리	소리놀이	110	마늘	명사 9
77	다리	낱말읽기	111	마시다	서술어 3
78	다리다	서술어 4	112	마트	의문사
79	다리미	명사 4	113	마트(대형마트)	명사 6
80	단어	단어범주	114	만나다	서술어 2
81	달	낱말읽기	115	만두	명사 9
82	달리다	서술어 2	116	만두	조음어휘 3
83	당근	낱말읽기	117	만지다	서술어 2
84	당기다	서술어 2	118	말	낱말읽기
85	던지다	서술어 2	119	망치	명사 5
86	도끼	소리놀이	120	망치	조음어휘 2
87	도끼	명사 5	121	망치	낱말읽기
88	도둑	소리놀이	122	머리	명사 8
89	도마	명사 4	123	머리	낱말읽기
90	도토리	명사 9	124	멈추다	서술어 4
91	돈	명사 5	125	메뚜기	명사 7
92	돈	조음어휘 3	126	모기	소리놀이
93	돌	명사 6	127	모기	명사 7
94	돌리다	서술어 4	128	모래	조음어휘 2

129	모르다	서술어 2	163	별	명사 6
130	모이다	서술어 2	164	병원	명사 6
131	모자	명사 8	165	병원	낱말읽기
132	모자	낱말읽기	166	병원	조음어휘 3
133	목	조음어휘 3	167	볼펜	명사 5
134	목	명사 8	168	봄	명사 6
135	무거워	서술어 1	169	부러지다	서술어 2
136	무지개	명사 6	170	부르다	서술어 2
137	물	명사 9	171	부서지다	서술어 2
138	물	조음어휘 3	172	북	명사 5
139	미끄럼틀	조음어휘 2	173	불가사리	명사 7
140	미끄럼틀	낱말읽기	174	붕어	명사 9
141	미끄럼틀	명사 6	175	블록	명사 5
142	미워	서술어 1	176	비누	낱말읽기
143	바나나	낱말읽기	177	비누	명사 5
144	바나나	명사 9	178	비행기	낱말읽기
145	바다	소리놀이	179	비행기	명사 1
146	바다	낱말읽기	180	빗	명사 4
147	바람	명사 6	181	빵	낱말읽기
148	바르다	서술어 3	182	사과	소리놀이
149	바지	명사 8	183	사과	낱말읽기
150	바지	낱말읽기	184	사과	조음어휘 1
151	바지	소리놀이	185	사다	서술어 5
152	바퀴	명사 5	186	사다리	조음어휘 1
153	발목	명사 8	187	사라지다	서술어 4
154	발톱	낱말읽기	188	사마귀	명사 7
155	밤	조음어휘 3	189	사이다	명사 9
156	밤	명사 9	190	사자	낱말읽기
157	배꼽	조음어휘 2	191	사자	소리놀이
158	배우다	서술어 2	192	사탕	조음어휘 1
159	배추	명사 9	193	사탕	낱말읽기
160	뱀	명사 7	194	산	명사 6
161	버리다	서술어 2	195	산	조음어휘 1
162	벌	낱말읽기	196	삽	명사 5

197	상어	명사 7	231	아기	의문사
198	상자	명사 5	232	아래	명사 3
199	상추	명사 9	233	아빠	의문사
200	새다	서술어 2	234	아이스크림	낱말읽기
201	새우	명사 7	235	아파트	낱말읽기
202	새우	조음어휘 1	236	안	명사 3
203	생선	조음어휘 1	237	야구	명사 1
204	생선	낱말읽기	238	양	소리놀이
205	서다	서술어 2	239	양	소리놀이
206	서다	조음어휘 1	240	양파	명사 9
207	서점	조음어휘 3	241	어묵	조음어휘 3
208	설거지(설거지하다)	조음어휘 1	242	어부	명사 2
209	소라	조음어휘 1	243	언니	의문사
210	소리치다	서술어 4	244	엄마	의문사
211	소방관	명사 2	245	엄마	낱말읽기
212	소방차	낱말읽기	246	여름	의문사
213	손	조음어휘 1	247	여름	명사 6
214	손톱	명사 8	248	여름	의문사
215	솜사탕	명사 9	249	여우	명사 7
216	수건	조음어휘 3	250	염소	조음어휘 3
217	수박	명사 9	251	염소	명사 7
218	수박	낱말읽기	252	오렌지	명사 9
219	수염	명사 8	253	오리	낱말읽기
220	수영	조음어휘 3	254	오토바이	낱말읽기
221	수영	명사 1	255	요구르트	명사 9
222	스케이트	명사 1	256	요리	의문사
223	스키	조음어휘 2	257	요리(요리하다)	서술어 3
224	스티커	명사 5	258	요쿠르트	명사 9
225	시간	명사 6	259	우산	조음어휘 2
226	시계	소리놀이	260	우산	낱말읽기
227	시계	낱말읽기	261	우유	낱말읽기
228	시들다	서술어 4	262	우주선	명사 1
229	쌀	조음어휘 1	263	원숭이	조음어휘 2
230	쓰다	조음어휘 1	264	원숭이	낱말읽기

265	의사	조음어휘 2	299	청소(청소하다)	서술어 2
266	의자	낱말읽기	300	초코	명사 9
267	이마	명사 8	301	초코(초콜릿)	명사 9
268	이모	명사 2	302	추워(춥다)	서술어 1
269	입	낱말읽기	303	치과	조음어휘 1
270	자	조음어휘 1	304	치마	명사 8
271	자다	서술어 3	305	치마	낱말읽기
272	자다	조음어휘 1	306	치마	조음어휘 1
273	자동차	낱말읽기	307	치약	낱말읽기
274	자동차	조음어휘 1	308	치즈	명사 9
275	자두	명사 9	309	치즈	낱말읽기
276	자라다	서술어 4	310	치킨	명사 9
277	자르다	서술어 2	311	침대	낱말읽기
278	장갑	낱말읽기	312	카메라	명사 5
279	장미	명사 7	313	카메라	의문사
280	재우다	서술어 3	314	칼	낱말읽기
281	점심	명사 6	315	커튼	소리놀이
282	점퍼	명사 8	316	커튼	명사 5
283	점퍼	조음어휘 1	317	커피	소리놀이
284	조개	조음어휘 1	318	커피	명사 9
285	주사	낱말읽기	319	컴퓨터	낱말읽기
286	주전자	낱말읽기	320	컵	조음어휘 1
287	지구	소리놀이	321	케이크	낱말읽기
288	지다	서술어 4	322	켜다	서술어 2
289	지렁이	명사 7	323	코	낱말읽기
290	지우개	낱말읽기	324	코끼리	낱말읽기
291	지우다	서술어 2	325	코끼리	조음어휘 2
292	지하철	명사 1	326	코끼리	소리놀이
293	집	조음어휘 3	327	코알라	명사 7
294	집	낱말읽기	328	코코아	명사 9
295	차리다	서술어 3	329	콜라	조음어휘 2
296	창문	조음어휘 1	330	콩	명사 9
297	창문	소리놀이	331	크다	서술어 1
298	청소	조음어휘 1	332	키보드	명사 5

333	키우다	서술어 4	367	피아노	낱말읽기
334	키위	조음어휘 1	368	피자	명사 9
335	키위	소리놀이	369	필통	낱말읽기
336	타다	서술어 4	370	필통	명사 5
337	타조	명사 7	371	하늘	소리놀이
338	타조	조음어휘 2	372	하늘	명사 6
339	탕수육	명사 9	373	하마	명사 7
340	태우다	서술어 4	374	하마	낱말읽기
341	탬버린	명사 5	375	하모니카	명사 5
342	탱크	명사 1	376	하품	낱말읽기
343	턱	명사 8	377	하품	조음어휘 3
344	테이프	명사 5	378	하품하다	서술어 3
345	토끼	소리놀이	379	햄	조음어휘 3
346	토끼	낱말읽기	380	햄버거	명사 9
347	토마토	명사 9	381	햄버거	조음어휘 3
348	토마토	소리놀이	382	허리	명사 8
349	토마토	낱말읽기	383	헤어지다	서술어 2
350	튀기다	서술어 3	384	호두	명사 9
351	트럭	낱말읽기	385	호떡	명사 9
352	트럭	소리놀이	386	호랑이	명사 7
353	티셔츠	조음어휘 2	387	호랑이	낱말읽기
354	파	명사 9	388	호랑이	소리놀이
355	파도	낱말읽기	389	호박	명사 9
356	파리	명사 7	390	호박	낱말읽기
357	팔	낱말읽기	391	화장품	명사 5
358	팝콘	명사 9	392	회사	명사 6
359	포도	낱말읽기	393	휴대폰	명사 4
360	포크	명사 4	394	휴지	명사 5
361	푸다	서술어 3	395	흐르다	서술어 2
362	풀	명사 5			
363	풍선	명사 5			
364	풍선	낱말읽기			
365	피리	명사 5			
366	피망	명사 9			

교사 이름 ______________ 아동 이름 ______________ 중재 날짜 ______________

I. 음절 글자 읽기

① '가, 개, 나, 도'의 음절글자 읽기

• 목표 단어
–가위, 가방, 가지, 가수
–개미, 개구리, 개, 개다
–나무, 나비, 나팔, 나오다
–도끼, 도마, 도토리

• 다음의 평가표에 아동이 읽은 단계에 '+' 표시를 한다.
• 중재 전과 중재 후에 실시하여 비교한다.

중재 전 / 중재 후	가위	가방	가지	가수	개미	개구리	개	개다	나무	나비	나팔	나오다	도끼	도마	도토리	합계
혼자 읽기																/15
손가락 단서																
말소리 단서																
오반응																

중재 전 / 중재 후	가위	가방	가지	가수	개미	개구리	개	개다	나무	나비	나팔	나오다	도끼	도마	도토리	합계
혼자 읽기																/15
손가락 단서																
말소리 단서																
오반응																

교사 이름 ______________ 아동 이름 ______________ 중재 날짜 ______________

Ⅰ. 음절 글자 읽기

② '나, 라, 사, 모, 자, 도, 파'의 음절글자 읽기

• 목표 단어
 –사자
 –모자
 –파도
 –나라

• 다음의 평가표에 아동이 읽은 단계에 '+' 표시를 한다.
• 중재 전과 중재 후에 실시하여 비교한다.

중재 전 / 중재 후	사자	모자	나라	파도	합계
혼자 읽기					/4
손가락 단서					
낱말 단서					
오반응					

중재 전 / 중재 후	사자	모자	나라	파도	합계
혼자 읽기					/4
손가락 단서					
낱말 단서					
오반응					

교사 이름 ________________ 아동 이름 ________________ 중재 날짜 ________________

II. 자소-음소 일치형 낱말을 읽기

① 초성에 'ㄱ, ㄴ, ㄷ'이 포함된 자소-음소 일치형 낱말을 읽기

- 목표 단어
  - 가위, 가방, 감자, 고래, 그네, 기차
  - 나무, 노래, 노란색, 낙타
  - 다리, 두부, 두더지, 당근

- 다음의 평가표에 아동이 읽은 단계에 '+' 표시를 한다.
- 중재 전과 중재 후에 실시하여 비교한다.

중재 전 / 중재 후	가위	가방	감자	고래	그네	기차	나무	노래	노란색	낙타	다리	두부	두더지	당근	합계
혼자 읽기															/14
손가락 단서															
말소리 단서															
오반응															

중재 전 / 중재 후	가위	가방	감자	고래	그네	기차	나무	노래	노란색	낙타	다리	두부	두더지	당근	합계
혼자 읽기															/14
손가락 단서															
말소리 단서															
오반응															

교사 이름 ______________ 아동 이름 ______________ 중재 날짜 ______________

II. 자소-음소 일치형 낱말을 읽기

② 종성에 'ㅁ, ㄴ, ㄹ'이 포함된 자소-음소 일치형 낱말을 읽기

• 목표 단어
  -감, 곰, 밤, 뱀
  -눈, 돈, 산, 손
  -말, 팔, 달, 벌

• 다음의 평가표에 아동이 읽은 단계에 '+' 표시를 한다.
• 중재 전과 중재 후에 실시하여 비교한다.

중재 전 / 중재 후	감	곰	밤	뱀	눈	돈	산	손	말	팔	달	벌	합계
혼자 읽기													/12
손가락 단서													
완성하여 읽기													
오반응													

중재 전 / 중재 후	감	곰	밤	뱀	눈	돈	산	손	말	팔	달	벌	합계
혼자 읽기													/12
손가락 단서													
완성하여 읽기													
오반응													

교사 이름 ________________ 아동 이름 ________________ 중재 날짜 ________________

III. 단모음이 포함된 자소-음소 일치형 낱말을 읽기

① 단모음 낱글자 'ㅏ, ㅓ, ㅗ'가 포함된 자소-음소 일치형 낱말 읽기

• 목표 단어
  -가다, 자다, 사다, 타다
  -서다, 퍼, 써, 꺼
  -돌, 목, 공

• 다음의 평가표에 아동이 읽은 단계에 '+' 표시를 한다.
• 중재 전과 중재 후에 실시하여 비교한다.

중재 전 / 중재 후	가다	자다	사다	타다	서다	퍼	써	꺼	돌	목	공	합계
혼자 읽기												/11
손가락 단서												
오반응												

중재 전 / 중재 후	가다	자다	사다	타다	서다	퍼	써	꺼	돌	목	공	합계
혼자 읽기												/11
손가락 단서												
오반응												

교사 이름 ________________ 아동 이름 ________________ 중재 날짜 ________________

Ⅳ. 이중모음이 포함된 자소–음소 일치형 낱말을 읽기

① 이중모음 낱글자가 포함된 자소–음소 일치형 낱말 읽기

• 목표 단어

–요리
–여우
–염소
–요쿠르트
–원숭이
–여름
–의자

• 다음의 평가표에 아동이 읽은 단계에 '+' 표시를 한다.
• 중재 전과 중재 후에 실시하여 비교한다.

중재 전 / 중재 후	요리	여우	염소	요쿠르트	원숭이	여름	의자	합계
혼자 읽기								/7
손가락 단서								
오반응								

중재 전 / 중재 후	요리	여우	염소	요쿠르트	원숭이	여름	의자	합계
혼자 읽기								/7
손가락 단서								
오반응								

교사 이름 ________________ 아동 이름 ________________ 중재 날짜 ________________

V. 문법형태소를 정확하게 읽기

① 문법형태소 '–가, –를, –만, –도'를 포함한 자소–음소 일치형의 짧은 문장 읽기

• 목표 단어

–엄마 –우유

–아빠 –아기

–사과 –가다

–사다 –( )가/만/도 가요/사요

–( )가/만/도 ( )를 사요

• 다음의 평가표에 아동이 읽은 단계에 '+' 표시를 한다.

• 중재 전과 중재 후에 실시하여 비교한다.

중재 전 / 중재 후	–가	–도	–를	–만	합계
혼자 읽기					
의문사 질문					
손가락 단서					
오반응					

중재 전 / 중재 후	–가	–도	–를	–만	합계
혼자 읽기					
의문사 질문					
손가락 단서					
오반응					

제4부

음운 규칙과 문법형태소 활용하여 읽기

음운 규칙과 문법형태소 활용하여 읽기 편 - 함께 말하고 읽어요!

‘음운 규칙과 문법형태소 활용하여 읽기’는

- 아동의 글자 읽기 능력을 향상시킬 수 있도록 개발하였다. 음운 규칙을 적용하여 단어 읽기뿐만 아니라 문장 읽기, 문단글 읽기까지 정확하게 읽을 수 있도록 하였다. 뿐만 아니라 문법형태소를 포함하여 정확하게 읽을 수 있도록 하였다.
- 읽기 시작 단계부터 글자를 정확하게 읽는 단계에 해당하는 아동을 대상으로 다음의 능력을 향상시킬 수 있도록 개발하였다.
  - 낱말 수준에서 음운규칙을 활용하여 정확하게 읽기
  - 문법형태소를 활용하여 낱말 수준 및 문장 수준, 문단글 수준에서 정확하게 읽기

대 상

- 이 지침서는 인쇄물에 노출되기 시작한 아동을 가르치는 선생님을 위해 제작하였다.
- 주로 학령전기 아동부터 초등 저학년 아동을 대상으로 한다.
- 새로운 낱말을 읽는 일반 아동을 비롯하여 언어발달지체, 난독증 등 다양한 유형의 어려움을 가진 아동에게 적용할 수 있다.

구성 및 목표

- 본 프로그램은 다음으로 구성되어 있다.
  - 중재목표: 아동이 달성해야 하는 읽기의 수준이다. 중재목표 아래 다양한 세부 목표가 포함되어 있다.
  - 읽기 수준: 목표를 적용할 수 있는 아동의 읽기 수준이다.
  - 읽기 목표: 중재목표를 달성하기 위한 세부 목표를 말한다. 하나의 읽기 목표를 아동 반응에 따라 한 회기 또는 여러 회기에 걸쳐 진행할 수 있다.
  - 사용 카드: 활동에서 사용되는 ‘우리말카드’의 카드통과 어휘가 제시되어 있다.
  - 활동절차: 목표를 달성하기 위한 구체적인 중재 전략과 중요한 유의사항이 제시되어 있다.
  - 아동 반응 및 중재 효과: 목표 달성 여부를 확인하기 위한 과제가 제시되어 있다.
  - 활용사례: 적용할 수 있는 아동의 수준과 아동 반응에 따른 이후 계획의 실제가 제시되어

있다.

−응용하기: 목표의 일반화 및 반복 학습을 위한 응용 활동이 제시되어 있다.

• 음운인식과 통글자로 읽기, 낱글자와 말소리 연결하기, 음운규칙 및 문법형태소를 활용하여 읽기의 다른 프로그램과 연결하여 아동의 수준에 따라 여러 영역을 함께 목표로 설정할 수 있다.

» 활용 방법

• 아동이 어려움을 보이는 영역을 확인하여 해당하는 활동을 선택한다. 아동의 강점과 약점에 따라 여러 영역이 목표가 될 수 있다.
• 읽기 수준을 확인하여 해당하는 중재목표 및 읽기 목표를 확인한다. 활용사례를 참고하여 중재목표 및 읽기 목표가 적절한지 확인한다.
• 활동에서 사용되는 '우리말카드'의 카드통과 어휘를 확인하여 준비한다.
• 활동절차에서 중재 전략과 유의사항을 확인하여 활동한다.
• 아동 반응 및 중재 효과 방법에 따라 목표 달성 여부를 확인한다.
• 필요한 경우 응용하기를 통해 일반화 및 반복학습 활동을 할 수 있다.

» 목표를 달성하기 위한 전략들

목표 및 활동절차는 다음을 기반으로 한다.

• 문법형태소 읽기 포함
  −단어 수준에서 문법형태소를 포함한 반복 읽기를 통해 음운 규칙 이해를 돕도록 하였다.
  −문장 수준 및 문단글 수준에서 문법형태소 읽기를 포함하여 읽기 유창성 및 읽기 이해를 준비할 수 있도록 하였다.
• 수준별 문단글 제공
  −배운 음운 규칙을 활용한 수준별 문단글을 제공하여 일반화할 수 있도록 하였다.

제7장

음운 규칙

중재목표

연음화 규칙을 적용하여 읽을 수 있다 ①

읽기 수준

- 글자와 소리가 일치하는 낱말을 읽을 수 있는 아동
  ※ 목표 문장을 모두 읽을 수 있는 아동은 다른 목표의 활동을 진행한다.

읽기 목표

- 연음화 규칙을 적용하여 'ㄹ' 받침이 포함된 1음절 낱말과 문법형태소(-이/-에/-을)를 결합하여 문장 수준에서 읽을 수 있다.
- 목표 문장
  - 달리는 말을 봐요.
  - 형은 팔이 길다.
  - 노란 달이 보여요.
  - 친구랑 물을 마셔요.
  - 친구에게 풀을 빌려요.
  - 반짝반짝 노란 별이 떠요.
  - 벌이 꿀을 줘요.
  - 친구가 돌을 던져요.

사용 카드

- 명사 8(신체부위): 팔
- 명사 9(음식): 물
- 명사 7(가축 외): 말
- 명사 7(곤충 외): 벌
- 명사 6(자연): 돌, 별
- 명사 7(식물): 풀
- 낱말읽기(받침 있음): 달
- 글자카드 '이, 만, 에, 을'

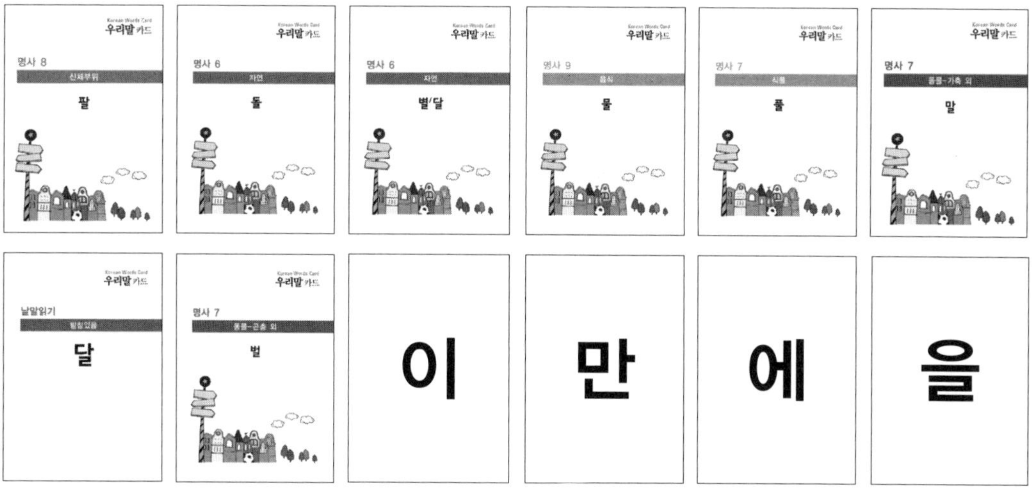

활동절차: 중재 전략 및 유의사항

(1) 어절 수준에서 읽기

- 1음절 글자카드를 보여 주고 낱말의 의미를 아는지 확인한 뒤, 아동이 글자를 읽어 보게 한다.

  (글자카드를 보여 주고) "이거는 뭐라고 읽지?"

  (아동의 반응을 기다리고) "팔."

  (글자카드를 손으로 가리키며) "맞아, '팔'이야."

- 아동이 글자를 읽으면 팔 그림카드와 문법형태소 '만' 글자카드를 붙여 함께 말해 보게 한다.

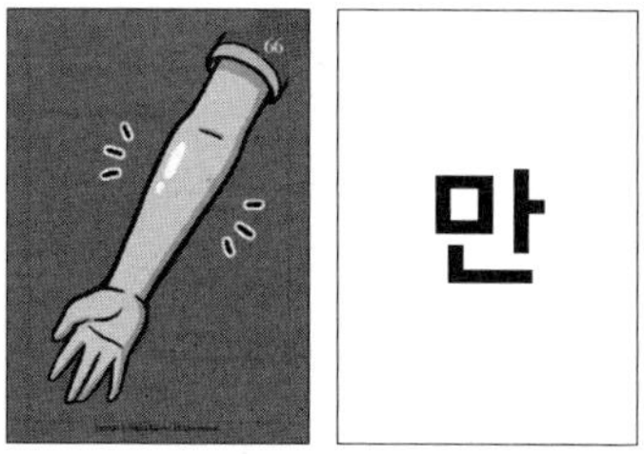

('팔' 그림카드와 옆에 문법형태소 '만' 글자카드를 붙이며) "이 그림카드랑 이 글자카드를 더해서 읽어 볼까?"

(아동의 반응을 기다리고) "팔만(팔만)."

(손으로 글자를 가리키며) "맞아. '팔만이지. 이번에는 우리 글자끼리 더해서 다시 읽어 보자."

(글자카드 '팔'과 문법형태소 '만' 글자카드를 붙이며) "이 글자랑 이 글자랑 더해서 읽어 볼까?"

팔	만	팔만

(아동의 반응을 기다리고) "팔만(팔만)."

(손으로 글자를 가리키며) "맞아, '팔만' 이지."

"그런데 글자와 소리가 다를 수도 있대. (글자카드 '팔' 옆에 '이' 글자카드를 붙이며) 여기 카드에 이 글자를 더해서 읽어 볼까?"

(아동의 반응을 기다리고) "팔이(팔이)."

(글자를 손으로 가리키며) "ㅇ이 있을 때는 ㄹ 받침이 위로 올라가서 소리 난대. 그래서 '팔이(파리)' 라고 읽는 거래, 같이 읽어 볼까?"

팔　　　이　　　/파리/

- 선생님과 같이 읽는다.
- 다른 문법형태소(−에, −을)도 앞과 같이 반복한다. 아동이 연음화 규칙을 적용하지 못하면 규칙 설명을 한 뒤 다시 읽어 보게 유도한다.

  (글자카드 '팔' 옆에 '에' 글자카드를 붙이며) "이번에는 여기 카드에 이 글자를 더해서 읽어 볼까?"

  (아동의 반응을 기다리고) "팔에(팔에)."

  (손으로 'ㅇ'을 가리키며) "ㅇ이 있을 때는 ㄹ이 위로 올라간다고 했지? 그럼 어떻게 읽어야 할까?"라고 도움을 준다.

  (아동의 반응을 기다리고) "팔에(파레)."

  (선생님이 글자를 손으로 가리키며) "그렇지, '팔에(파레)' 라고 읽지. 잘했어."

  아동이 이 단계에서도 오반응을 할 경우, 선생님이 들려주고 같이 읽어 본다.
- 다른 목표 낱말도 앞과 같이 한다.

유의사항

- 아동의 주의집중과 동기부여를 위해 태블릿 PC 또는 컴퓨터를 활용하여 규칙을 설명할 수 있다.
- 이 과정은 아동 수준에 따라 생략할 수도 있다.

(2) 문장 수준에서 읽기 워크북 4-1-1

- (1)에서 배운 낱말과 문법형태소를 결합하여 문장을 만들고, 문장 단위에서 아동이 스스로 읽어 보게 한다.
- 아동의 수준에 따라 연음화 규칙 적용 빈도를 조절하여 문장을 제공한다(수준 1: 연음화 규칙 1번 적용, 수준 2: 연음화 규칙 2번 적용).
- 아동이 정확하게 읽지 못하였을 때에는 소리나는 대로 쓰인 글자를 제시하여 확인시켜 준 뒤, 아동이 다시 문장을 보고 읽어 보게 한다.

수준 1	수준 2
벌이 윙윙 가요.	팔에 벌이 침 쏴요.
물을 마셔요.	말이 물을 마셔요.
달이 떠요.	물에 돌을 던져요.
팔이 길다.	달이랑 별이 떠요.
반짝반짝 별이 보여요.	달이랑 별을 그려요.

유의사항: 연음화 규칙이 적용되는 부분을 색칠하여 제시함으로써 읽기 단서를 제공할 수 있다.

(3) 반복하여 읽기 워크북 4-1-2

- 아동이 (1)에서 배운 단어와 문법형태소가 결합한 어절을 활용하여 읽기 활동을 반복한다.
- 아동의 수준에 따라 수준 1, 2, 3 중 선택하여 읽도록 한다. 처음에는 문법형태소에만 색칠하여 연음화 규칙을 적용할 수 있도록 단서를 제공하고 점차 아동이 단서 없이도 규칙을 적용

하여 읽을 수 있게 한다. 아동이 정확하게 읽지 못한 부분에는 동그라미 표시를 해 주어 반복 읽기 시 틀린 부분을 주의하여 읽을 수 있게 한다.

–수준 1(3×3 형태, 문법형태소 '–도/–에' 활용)

팔도	물에	달에
돌에	돌도	별에
벌도	벌에	풀도

–수준 2(4×4 형태, 문법형태소 '–도/–에/–을' 활용)

칼도	달에	벌을	말도
팔을	말을	벌에	풀에
돌에	벌도	돌을	물에
별을	달도	벌을	달도

–수준 3(5×5 형태, 문법형태소 '–에/–을/–이' 활용)

팔에	물을	돌에	팔을	별이
말을	물에	달을	달에	말이
팔이	풀을	풀이	별이	벌에
별을	팔에	벌이	풀에	돌이
별에	벌을	말에	달이	팔이

- 아동과 선생님이 함께 읽거나 아동과 번갈아 읽기를 하면서 아동이 흥미를 유지할 수 있도록 한다.
- 수준 3으로 갈수록 아동이 혼자 읽을 수 있게 유도한다.

유의사항: 속도를 빠르게 하면 자동적으로 연음처럼 들릴 수 있다.

아동 반응 및 중재 효과

- 아동에게 낱말과 문법형태소가 결합된 문장을 읽어 보게 한다.
- 아동이 읽지 못하면 연음화 규칙을 설명해 준 뒤 다시 읽어 보게 한다.
- 아동이 읽지 못하면 선생님의 시범을 듣고 따라 읽어 보게 한다.
- 목표 문장
  - 달리는 말을 봐요.
  - 형은 팔이 길다.
  - 노란 달이 보여요.
  - 친구랑 물을 마셔요.
  - 친구에게 풀을 빌려요.
  - 반짝반짝 노란 별이 떠요.
  - 벌이 꿀을 줘요.
  - 친구가 돌을 던져요.
- 다음의 평가표에 아동이 읽은 단계에 '+' 표시를 한다.

	말을	팔이	달이	물을	풀을	별이	벌이	돌을	합계
혼자 읽기									/8
도움 읽기									
오반응									

활용 사례- 만 7세 3개월(남) 초등1학년

- 아동은 받침이 있는 자소-음소 일치형 낱말을 읽기 시작하였다.
- 아동은 카드에 흥미를 보였다. 읽기 중재 전, 음절 단위로 끊어 읽어 문법형태소 앞에 쉼이 길어 연음화 규칙이 적용되지 않았다. '말을'을 제외하고는 모두 읽기 어려워하였다. 따라서 연음화 규칙 적용을 목표로 진행하고 아동에게 문법형태소를 결합한 어절을 반복해서 제시

하였다.

	말을	팔이	달이	물을	풀을	별이	벌이	돌을	합계
혼자 읽기	+	–	–	–	–	–	–	–	1/8
도움 읽기		–	–	–	–	–	–	–	0/7
오반응									

• 중재 후, 연음화 규칙을 이해하여 혼자 읽기가 가능하였다. '별이' '돌을'은 도움 읽기를 통해 읽기가 가능하였다.

	말을	팔이	달이	물을	풀을	별이	벌이	돌을	합계
혼자 읽기	+	+	+	+	+	–	+	–	6/8
도움 읽기						+		+	2/2
오반응									

• 아동이 연음화 규칙 이해가 가능한 것으로 확인되어 보다 다양한 받침(ㄴ, ㅁ) 낱말과 문법형태소를 활용한 연음화 규칙을 다음 수업에 적용할 예정이다.

응용하기

• 문단글 읽기

–아동에게 연음화 규칙 낱말을 이용한 문단글을 보여 주고 규칙이 적용되는 부분을 주의하여 읽어 보게 한다. 아동의 수준에 따라 연음화 규칙 적용 빈도를 조절하여 문단글 수준 1, 2 중 선택하여 실시할 수 있다.

–첫 시도에서는 연음화 규칙이 적용되는 부분을 색칠한 후 제시하여 도움을 준다.

–문단글 예시 워크북 4-1-3

중재목표

02 연음화 규칙을 적용하여 읽을 수 있다 ②

읽기 수준

- 글자와 소리가 일치하는 낱말을 읽을 수 있는 아동
  ※ 목표 문장을 모두 읽을 수 있는 아동은 다른 목표의 활동을 진행한다.

읽기 목표

- 연음화 규칙을 적용하여 'ㄴ, ㅁ, ㄹ' 받침이 포함된 낱말과 문법형태소(-이/-에/-에서/-을)를 결합하여 문장 수준에서 읽을 수 있다.
- 목표 문장
  - 풍선이 감나무에 걸려요.
  - 문구점에서 지우개를 사요.
  - 배가 고파서 감을 따요.
  - 하늘에 무지개가 떠요.
  - 거실이 넓어서 추워요.
  - 배가 아파서 화장실에 가요.
  - 파란색 볼펜을 사요.
  - 공책 한 권을 사요.
  - 밤을 따서 까요.
  - 친구에게 연필을 빌려요.

사용 카드

- 명사 5(학용품): 연필, 볼펜, 풍선
- 명사 3(단위명사): 권
- 명사 6(자연): 하늘
- 명사 4(주거공간): 거실, 화장실

- 명사 9(과일 · 열매): 밤, 감
- 명사 6(상점 및 편의시설): 문구점
- 글자카드 '만, 에, 이, 을'

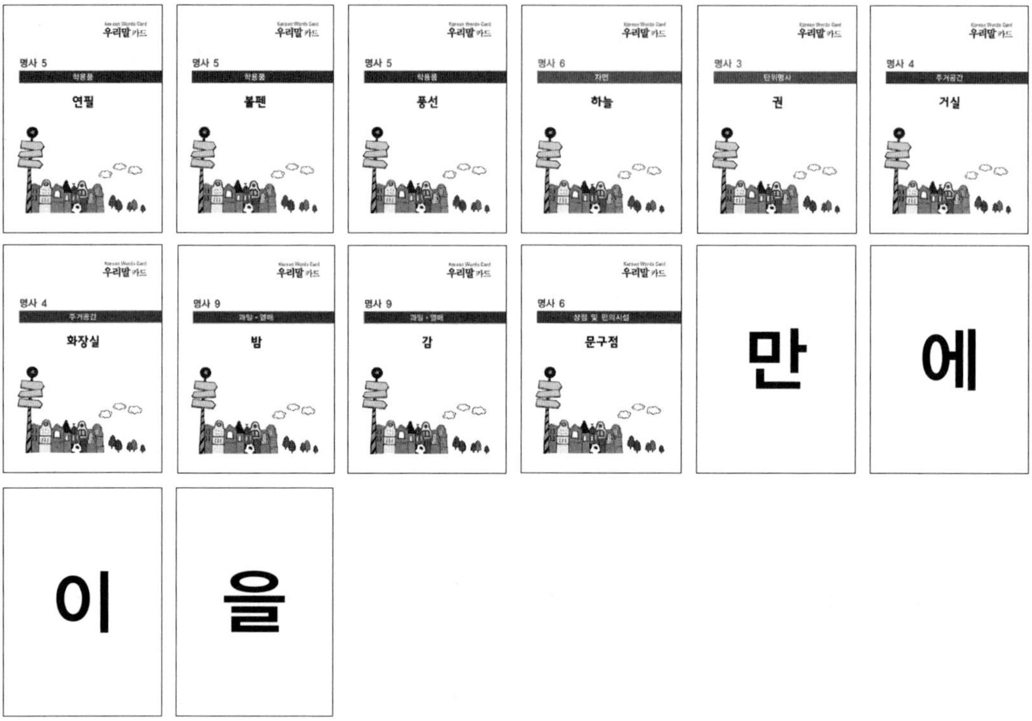

활동절차: 중재 전략 및 유의사항

(1) 어절 수준에서 읽기

- 글자카드를 보여 주고 낱말의 의미를 아는지 확인한 뒤, 아동이 글자를 읽어 보게 한다.

  (글자카드를 보여 주고) "이거는 뭐라고 읽지?"

  (아동의 반응을 기다리고) "연필."

  (글자카드를 손으로 가리키며) "맞아, '연필'이야."

- 아동이 글자를 읽으면 연필 그림과 문법형태소 '만' 글자카드를 붙여 함께 말해 보게 한다.

만

(연필 그림과 옆에 문법형태소 '만' 카드를 붙이며) "이 그림카드랑 이 글자를 더해서 읽어 볼까?"

(아동의 반응을 기다리고) "연필만(연필만)."

(손으로 가리키며) "맞아. '연필만'이지. 이번에는 우리 글자끼리 더해서 다시 읽어 보자."

(글자카드 '연필'과 문법형태소 '만' 카드를 붙이며) "이 글자랑 이 글자랑 더해서 읽어 볼까?"

연필 만 연필만

(아동의 반응을 기다리고) "연필만(연필만)."

(손으로 글자를 가리키며) "맞아, '연필만' 이지."

"그런데 글자와 소리가 다를 수도 있대. (글자카드 '연필' 옆에 글자카드 '이'를 붙이며) 여기 카드에 이 글자를 더해서 읽어 볼까?"

(아동의 반응을 기다리고) "연필이(연필이)."

(글자를 손으로 가리키며) "ㅇ이 있을 때는 ㄹ 받침이 위로 올라가서 소리 난대. 그래서 '연필이(연피리)' 라고 읽는 거래, 같이 읽어 볼까?"

연필

이

/연피리/

- 선생님과 같이 읽는다.
- 다른 문법형태소(−에, −을)도 앞과 같이 반복을 한다. 아동이 연음화 규칙을 적용하지 못하면 규칙 설명을 한 뒤 다시 읽어 보게 유도한다.

(글자카드 '연필' 옆에 글자카드 '에'를 붙이며) "이번에는 여기 카드에 이 글자를 더해서 읽어 볼까?"

(아동의 반응을 기다리고) "연필에(연필에)."

(손으로 '에' 글자의 'ㅇ' 가리키며) "ㅇ이 있을 때는 ㄹ이 위로 올라간다고 했지? 그럼 어떻게 읽어야 할까?"라고 도움을 준다.

(아동의 반응을 기다리고) "연필에(연피레)."

(선생님이 글자를 손으로 가리키며) "그렇지, '연필에(연피레)'라고 읽지. 잘했어."

아동이 이 단계에서도 오반응을 할 경우, 선생님이 들려주고 같이 읽어 본다.

- 다른 목표 낱말도 앞과 같이 한다.

유의사항

- 아동의 주의집중과 동기부여를 위해 태블릿 PC 또는 컴퓨터를 활용하여 규칙을 설명할 수 있다.
- 이 과정은 아동 수준에 따라 생략할 수도 있다.

(2) 문장 수준에서 읽기 워크북 4-2-1

- (1)에서 배운 낱말과 문법형태소를 결합하여 문장을 만들고, 문장 단위에서 아동이 스스로 읽어 보게 한다.
- 아동의 수준에 따라 연음화 규칙 적용 빈도를 조절하여 문장을 제공한다(수준 1: 연음화 규칙 1번 적용, 수준 2: 연음화 규칙 2번 적용).
- 아동이 정확하게 읽지 못하였을 때에는 소리나는 대로 쓰인 글자를 제시하여 확인시켜 준 뒤, 아동이 다시 문장을 보고 읽어 보게 한다.

수준 1	수준 2
신발이 커요.	풍선을 사러 문구점에 가요.
감을 사요.	신발이 커서 신발을 바꿔요.
문구점에 가요.	거실에서 밤을 까요.
거실이 추워요.	문구점에서 연필과 공책 두 권을 사요.
공책 한 권을 사요.	풍선을 불고 하늘에 날려요.

유의사항: 연음화 규칙이 적용되는 부분을 색칠하여 제시함으로써 읽기 단서를 제공할 수 있다.

(3) 반복하여 읽기 워크북 4-2-2

- 아동이 (1)에서 배운 단어와 문법형태소가 결합한 어절을 활용하여 읽기 활동을 반복한다.
- 아동의 수준에 따라 수준 1, 2, 3 중 선택하여 읽도록 한다. 처음에는 문법형태소에만 색칠하여 연음화 규칙을 적용할 수 있도록 단서를 제공하고 점차 아동이 단서 없이도 규칙을 적용하여 읽을 수 있게 한다. 아동이 정확하게 읽지 못한 부분에는 동그라미 표시를 해 주어 반복 읽기 시 틀린 부분을 주의하여 읽을 수 있게 한다.

–수준 1(3×3 형태, 문법형태소 '–도/–에' 활용)

연필도	문구점에	신발에
볼펜에	풍선도	화장실에
밤에	하늘에	감도

–수준 2(4×4 형태, 문법형태소 '–도/–에/–을' 활용)

화장실도	거실에	문구점을	하늘을
권을	거실도	풍선을	화장실에
연필을	풍선에	감도	하늘도
볼펜을	밤도	감을	거실에

–수준 3(5×5 형태, 문법형태소 '–에/–을/–이' 활용)

연필에	풍선에	밤을	하늘이	화장실이
풍선이	볼펜을	거실을	감에	거실에
밤이	볼펜을	풍선이	하늘을	거실에
거실이	문구점에	화장실이	감이	화장실에
감이	하늘에	밤이	하늘이	문구점을

- 아동과 선생님이 함께 읽거나 아동과 번갈아 읽기를 하면서 아동이 흥미를 유지할 수 있도록 한다.
- 수준 3으로 갈수록 아동이 혼자 읽을 수 있게 유도한다.

유의사항: 속도를 빠르게 하면 자동적으로 연음처럼 들릴 수 있다.

아동 반응 및 중재 효과

- 아동에게 낱말과 문법형태소가 결합된 문장을 읽어 보게 한다.
- 아동이 읽지 못하면 연음화 규칙을 설명해 준 뒤 다시 읽어 보게 한다.
- 아동이 읽지 못하면 선생님의 시범을 듣고 따라 읽어 보게 한다.
- 목표 문장
  - 풍선이 감나무에 걸려요.
  - 문구점에서 지우개를 사요.
  - 배가 고파서 감을 따요.
  - 하늘에 무지개가 떠요.
  - 거실이 커서 추워요.
  - 배가 아파서 화장실에 가요.
  - 파란색 볼펜을 사요.
  - 공책 한 권을 사요.
  - 밤을 따서 까요.
  - 친구에게 연필을 빌려요.
- 다음의 평가표에 아동이 읽은 단계에 '+' 표시를 한다.
- 중재 전과 중재 후 중 사용한 때에 표시를 한다.
- 중재 전과 중재 후에 모두 사용할 수 있다.

	풍선이	문구점 에서	감을	하늘에	거실이	화장실에	볼펜을	권을	밤을	연필을	합계
혼자 읽기											/10
도움 읽기											
오반응											

활용 사례- 만 7세 3개월(남) 초등1학년

- 아동은 받침이 있는 자소-음소 일치형 낱말과 일부 단어에 연음화 규칙을 사용하기 시작하였다.
- 연음화 규칙에 대해서 알고는 있으나 아직 규칙을 적용하여 읽는 것을 어려워하였다. 카드에 흥미를 보였다.

	풍선이	문구점 에서	감을	하늘에	거실이	화장실에	볼펜을	권을	밤을	연필을	합계
혼자 읽기	+	−	+	−	−	−	−	−	+	−	3/10
도움 읽기		−		−	−	−	−	−		−	0/7
오반응											

- 아동과 자석 글자 놀이를 하면서 문법형태소를 결합한 어절을 반복 제시한 결과, 아동은 연음화 규칙을 이해하여 혼자 읽기가 가능하였다. '권을' '문구점에서' '연필을'은 도움 읽기를 통해 읽기가 가능하였다.

	풍선이	문구점 에서	감을	하늘에	거실이	화장실에	볼펜을	권을	밤을	연필을	합계
혼자 읽기	+	−	+	+	+	+	+	−	+	−	7/10
도움 읽기		+						+		+	3/3
오반응											

• 아동이 연음화 규칙 이해가 가능한 것으로 확인되어 서술어와 새로운 문법형태소를 결합한 연음화 규칙을 다음 수업에 적용할 예정이다.

응용하기

• 문단글 읽기

–아동에게 연음화 규칙 낱말을 이용한 문단글을 보여 주고 규칙이 적용되는 부분을 주의하여 읽어 보게 한다. 아동의 수준에 따라 연음화 규칙 적용 빈도를 조절하여 문단글 수준 1, 2 중 선택하여 실시할 수 있다.

–첫 시도에서는 연음화 규칙이 적용되는 부분을 색칠하여 제시하여 도움을 준다.

–문단글 예시 워크북 4-2-3

중재목표

03

연음화 규칙을 적용하여 읽을 수 있다 ③

읽기 수준

- 글자와 소리가 일치하는 낱말을 읽을 수 있는 아동

※ 목표 문장을 모두 읽을 수 있는 아동은 다른 목표의 활동을 진행한다.

읽기 목표

- 연음화 규칙을 서술어에 적용하여 문장 수준에서 읽을 수 있다.
- 목표 문장
  - 땀을 흘려서 씻어요.
  - 밥을 먹은 후 이를 닦아요.
  - 연을 만들어서 날려요.
  - 날씨가 더워서 부채를 접어요.
  - 예쁜 나무를 심어요.
  - 아빠는 아침에 일어나서 신문을 봐요.
  - 하늘에 있는 구름이 예뻐서 사진을 찍어요.

사용 카드

- 서술어 3(요리): 먹다
- 서술어 4(교외생활–여가): 심다
- 서술어 3(씻기 외): 씻다
- 서술어 2(수업시간): 닦다, 만들다, 접다

- 서술어 3(쉬기 외): 일어나다
- 서술어 4(놀이): 찍다

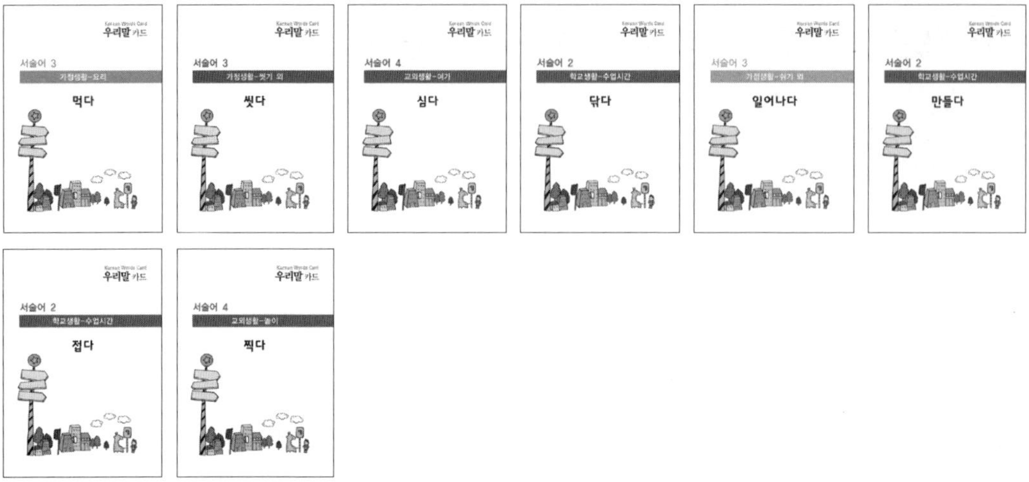

활동절차: 중재 전략 및 유의사항

(1) 어절 수준에서 읽기

- 글자카드를 보여 주고 낱말의 의미를 아는지 확인한 뒤, 아동이 글자를 읽어 보게 한다.

(글자카드를 보여 주고) "이거는 뭐라고 읽지?"

(아동의 반응을 기다리고) "먹어(/먹어/)."

먹어　　　/머거/

"글자와 소리가 다를 때도 있다고 했었지?

(글자를 손으로 가리키며) 이렇게 ㅇ이 있을 때는 받침이 위로 올라가야 한대. 그래서 여기 'ㄱ받침'이 올라가서 '먹어(/머거/)'라고 읽으면 된대. 같이 읽어 볼까?"

- 아동과 함께 읽은 후, 아동 스스로 읽을 수 있는 기회를 준다.
- 다른 목표 낱말도 앞과 같이 한다.

유의사항

• 아동의 주의집중과 동기부여를 위해 아이패드 또는 컴퓨터를 활용하여 규칙을 설명할 수 있다.

• 이 과정은 아동 수준에 따라 생략할 수도 있다.

(2) 문장 수준에서 읽기 워크북 4-3-1

• (1)에서 배운 서술어를 활용하여 문장을 만들고, 문장 단위에서 아동이 스스로 읽어 보게 한다.

• 아동의 수준에 따라 연음화 규칙 적용 빈도를 조절하여 문장을 제공한다(수준 1: 연음화 규칙 1-2번 적용, 수준 2: 연음화 규칙 2-4번 적용).

• 아동이 정확하게 읽지 못하였을 때에는 소리나는 대로 쓰인 글자를 제시하여 확인시켜 준 뒤, 아동이 다시 문장을 보고 읽어 보게 한다.

수준 1	수준 2
사탕을 먹어요.	집에서 밥을 먹어요.
손을 씻어요.	화장실에서 손을 씻어요.
이를 닦아요.	밥을 먹은 다음에 이를 닦아요.
나무를 심어요.	땅을 파고 나무를 심어요.
비행기를 접어요.	비행기를 접어서 하늘에 날려요.
쿠키를 만들어요.	친구랑 노래를 들으며 과자집을 만들어요.
아침에 일어나요.	아침에 일어나서 놀이터에 가요.
도장을 찍어요.	친구랑 공원에서 사진을 찍어요.

유의사항: 연음화 규칙이 적용되는 부분에 대해 색칠함으로써 읽기 단서를 제공할 수 있다.

(3) 반복하여 읽기 워크북 4-3-2

- 아동이 (1)에서 배운 서술어를 활용하여 다양하게 반복하여 읽기 활동을 한다.
- 아동의 수준에 따라 수준 1, 2, 3 중 선택하여 읽도록 한다. 처음에는 문법형태소에 색칠하여 연음화 규칙에 대한 단서를 제공하고 점차 아동이 단서 없이도 규칙을 적용하여 읽을 수 있게 한다. 아동이 정확하게 읽지 못한 부분에는 동그라미 표시를 해 주어 반복 읽기 시 틀린 부분을 주의하여 읽을 수 있게 한다.

–수준 1(3×3 형태, 문법형태소 '–어/–아' 활용)

먹어	씻어	닦아
심어	만들어	찍어
먹어	일어나	닦아

–수준 2(4×4 형태, 문법형태소 '–은/–어/–아' 활용)

먹어	닦은	씻은	심어
심은	먹은	심어	찍은
찍은	닦은	심어	접은
심어	접은	일어나	접어

–수준 3(5×5 형태, 문법형태소 '–은/–어/–을' 활용)

먹어	일어나	씻은	먹은	심어
씻어	찍을	닦은	있을	닦아
일어나	닦아	먹을	찍을	씻어
접은	씻은	씻을	먹은	만들어
닦은	심어	닦을	닦은	찍을

- 아동과 선생님이 함께 읽거나 아동과 번갈아 읽기를 하면서 아동이 흥미를 유지할 수 있도록 한다.
- 수준 3으로 갈수록 아동이 혼자 읽을 수 있게 유도한다.

유의사항: 속도를 빠르게 하면 자동적으로 연음처럼 들릴 수 있다.

아동 반응 및 중재 효과

- 아동에게 서술어가 포함된 문장을 읽어 보게 한다.
- 아동이 읽지 못하면 연음화 규칙을 설명해 준 뒤 다시 읽어 보게 한다.
- 아동이 읽지 못하면 선생님의 시범을 듣고 따라 읽어 보게 한다.
- 목표 문장
  - 땀을 흘려서 <u>씻어요</u>.
  - 밥을 <u>먹은</u> 후 이를 <u>닦아요</u>.
  - 연을 <u>만들어서</u> 날려요.
  - 날씨가 더워서 부채를 <u>접어요</u>.
  - 예쁜 나무를 <u>심어요</u>.
  - 아빠는 아침에 <u>일어나서</u> 신문을 봐요.
  - 하늘에 있는 구름이 예뻐서 사진을 <u>찍어요</u>.
- 다음의 평가표에 아동이 읽은 단계에 '+' 표시를 한다.

	씻어요	먹은	닦아요	만들어서	접어요	심어요	일어나서	찍어요	합계
혼자 읽기									/8
도움 읽기									
오반응									

활용 사례- 만 7세 8개월(여) 초등1학년

- 아동은 받침이 있는 자소-음소 일치형 낱말과 일부 단어에 연음화 규칙을 사용하기 시작하였다. 카드에 흥미를 보였다.

	씻어요	먹은	닦아요	만들 어서	접어요	심어요	일어 나서	찍어요	합계
혼자 읽기	+	+	–	–	–	–	–	–	2/8
도움 읽기			–	–	–	–	–	–	0/6
오반응									

• 아동은 연음화 규칙을 이해하여 혼자 읽기가 가능하였다. '만들어서' '접어요' 는 도움 읽기를 통해 읽기가 가능하였다.

	씻어요	먹은	닦아요	만들 어서	접어요	심어요	일어 나서	찍어요	합계
혼자 읽기	+	+	+	–	–	+	+	+	6/8
도움 읽기				+	+				2/2
오반응									

• 연음화 규칙 이해가 가능한 것으로 확인되어 다른 음운규칙을 다음 수업에 적용할 예정이다.

응용하기

• 문단글 읽기

–아동에게 연음화 규칙 낱말을 이용한 문단글을 보여 주고 규칙이 적용되는 부분을 주의하여 읽어 보게 한다. 아동의 수준에 따라 연음화 규칙 적용 빈도를 조절하여 문단글 수준 1, 2 중 선택하여 실시할 수 있다.

–첫 시도에서는 연음화 규칙이 적용되는 부분을 색칠하여 제시하여 도움을 준다.

–문단글 예시 워크북 4-3-3

경음화 규칙을 적용하여 읽을 수 있다 ①

읽기 수준

- 글자와 소리가 일치하는 낱말을 읽을 수 있는 아동

  ※ 목표 문장을 모두 읽을 수 있는 아동은 다른 목표의 활동을 진행한다.

읽기 목표

- 경음화 규칙을 적용하여 'ㄱ, ㅂ' 받침이 포함된 낱말과 문법형태소(-고/-게/-지)를 결합하여 문장 수준에서 읽을 수 있다.
- 목표 문장
  - 내 필통은 가볍지
  - 이번 여름 너무 덥지
  - 머리를 박고 울지
  - 내 밥 적게 주세요
  - 아기가 먹게 주자
  - 오늘 날씨는 춥지
  - 오빠 저금통은 무겁지
  - 떡 작게 만들자
  - 이 문제는 쉽게 풀자
  - 공부는 너무 어렵지

사용 카드

- 서술어 5(병원): 먹다
- 서술어 5(기타): 박다

• 서술어 1(반대말): 작다, 춥다, 덥다, 무겁다, 가볍다, 적다, 쉽다, 어렵다

• 글자카드 '고, 게, 지'

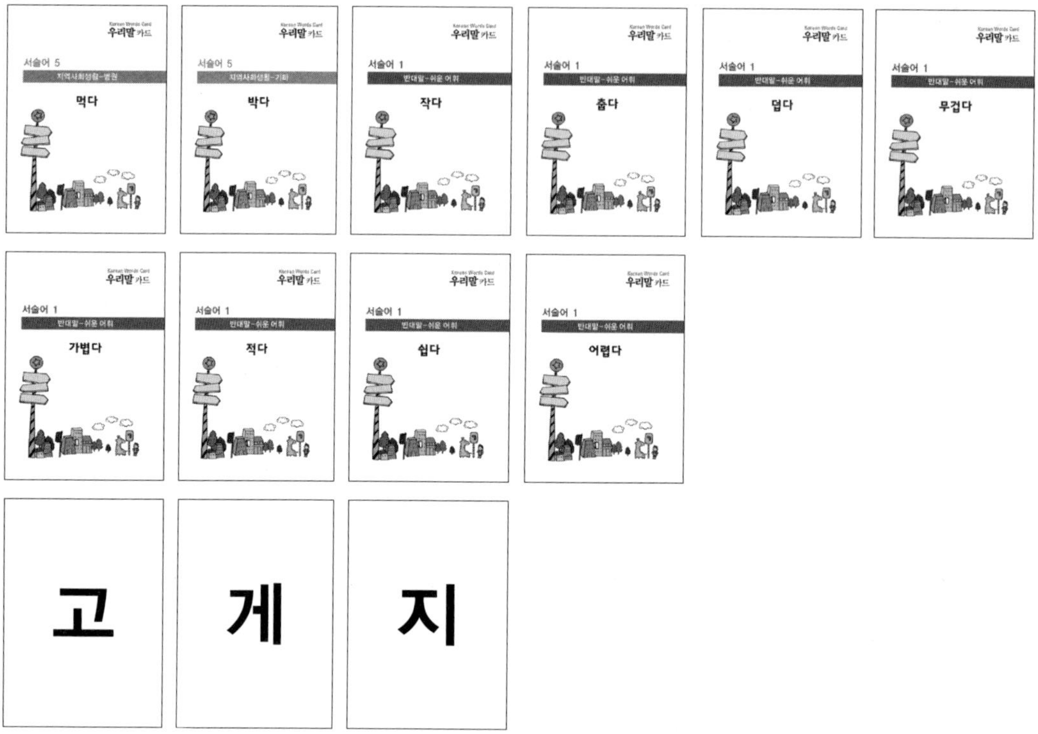

활동절차: 중재 전략 및 유의사항

(1) 어절 수준에서 읽기

• 낱말카드를 보여 주고 낱말의 의미를 아는지 확인한 뒤, 글자카드를 보여 준다. 글자카드에 문법형태소를 결합해 준 뒤, 소리 내어 읽어 보고 글자와 소리가 다름을 확인시켜 준다.

(그림카드를 보여 주고) "친구가 뭐하고 있어?"

(아동의 반응을 기다리고) "먹어."

(그림카드 뒷면의 '먹다' 글자를 보여 주며) "맞아, 먹어. '먹다'라고 써 있네."

고

(문법형태소 '-고' 카드를 옆에 붙여 주며) "자 이제 뒤에 글자를 바꾸어 보자. '-고'로 바꾸어 볼 거야. 한 글자씩 읽어 볼까?"

(한 글자씩 손으로 가리키면서) "먹-고. 이번엔 같이 읽어 볼까?"

(아동의 반응을 기다리고) "먹고(/먹꼬/)."

(손으로 낱말을 훑으면서) "맞아, 먹고(/먹꼬/). 글자하고 소리가 다르지."

• 그런 다음 소리나는 대로 만든 글자카드를 대조시켜 보여 준다.

먹고

/먹꼬/

(글자카드 '먹고'와 '먹꼬'를 함께 확인하면서) "먹고(/먹꼬/), 글자를 읽으면 /먹꼬/ 소리가 나네."

• 아동이 정확하게 읽지 못하였을 때에는 선생님이 들려주고 같이 읽어 본다.
• 앞과 동일한 방법으로 문법형태소 '-게, -지'를 활용하여 연습한다.

유의사항

• 규칙을 처음 소개할 때, 'ㄱ' 받침 낱말과 'ㅂ' 받침 낱말을 각각 나누어 보여 주어 아동이 혼란스럽지 않도록 한다.
• 소리나는 대로 만든 글자카드는 선생님이 직접 종이에 써서 제시할 수 있다.
• 이 과정은 아동 수준에 따라 생략할 수도 있다.

(2) 문장 수준에서 읽기 워크북 4-4-1

- (1)에서 배운 낱말과 문법형태소를 이용하여 문장을 만들고, 문장 단위에서 아동이 스스로 읽어 본다.
- 아동의 수준에 따라 경음화 규칙 적용 빈도를 조절하여 문장을 제공한다(수준 1: 경음화 규칙 1번 적용, 수준 2: 경음화 규칙 2번 적용).
- 아동이 정확하게 읽지 못하였을 때에는 소리나는 대로 쓰인 글자를 제시하여 확인하도록 한 뒤, 아동이 다시 문장을 보고 읽어 보게 한다.

수준 1	수준 2
필통이 작고	필통이 작고 가볍지
겨울 춥지	여름 덥고 겨울 춥지
밥도 먹고	밥도 먹고 빵도 먹지
망치로 박지	망치로 박고 또 박지
작게 만든 떡	작게 만든 떡 먹지
공부는 어렵지	공부는 어렵고 놀기는 쉽지

유의사항: 아동의 수준에 따라 문장 내 경음화 규칙이 적용되는 부분에 대해 색칠함으로써 읽기 단서를 제공할 수 있다.

(3) 반복하여 읽기 워크북 4-4-2

- 아동이 (1)에서 배운 낱말과 문법형태소가 결합한 어절을 활용하여 반복하여 읽기 활동을 한다.
- 이때 동일한 낱말에 문법형태소를 다양하게 결합하여 읽어 보게 한다. 아동의 수준에 따라 수준 1, 2, 3 중 선택하여 사용할 수 있다. 처음에는 문법형태소에 색칠하여 경음화 규칙을 적용할 수 있도록 단서를 제공하고 점차 아동이 단서 없이도 규칙을 적용하여 읽을 수 있게 한다.
- 아동이 정확하게 읽지 못한 부분에는 동그라미 표시를 해 주어 반복 읽기 시 틀린 부분을 주

의하여 읽을 수 있게 한다.

–수준 1(3×3 형태, 문법형태소 '–지' 활용)

먹지	무겁지	적지
작지	춥지	덥지
가볍지	박지	작지

–수준 2(3×3 형태, 문법형태소 '–지/–고/–게' 활용)

무겁고	적고	작고
덥고	박지	가볍게
춥지	먹지	덥지

–수준 3(5×5 형태, 문법형태소 '–지/–고/–게' 활용)

무겁고	적고	작고	가볍지	춥게
작지	박고	무겁게	덥게	적지
작게	가볍고	덥지	적게	춥고
덥고	박지	가볍게	먹게	무겁지
춥지	먹지	덥지	박게	먹고

- 아동과 선생님이 함께 읽거나 아동과 번갈아 읽기를 하면서 아동이 흥미를 유지할 수 있도록 한다.
- 수준 3으로 갈수록 아동이 혼자 읽을 수 있게 유도한다.

아동 반응 및 중재 효과

- 아동에게 낱말과 문법형태소가 결합된 문장을 읽어 보게 한다.
- 아동이 읽지 못하면 경음화 규칙을 설명해 준 뒤 다시 읽어 보게 한다.
- 아동이 읽지 못하면 선생님의 시범을 듣고 따라 읽어 보게 한다.
- 목표 문장

– 내 필통은 가볍지

– 이번 여름 너무 덥지

– 머리를 박고 울지

– 내 밥 적게 주세요

– 아기가 먹게 주자

– 오늘 날씨는 춥지

– 오빠 저금통은 무겁지

– 떡 작게 만들자

– 이 문제는 쉽게 풀자

– 공부는 너무 어렵지

• 다음의 평가표에 아동이 읽은 단계에 '+' 표시를 한다.

	가볍지	덥지	박고	적게	먹게	춥지	무겁지	작게	쉽게	어렵지	합계
혼자 읽기											/10
도움 읽기											
오반응											

활용 사례- 만 7세 3개월(남) 초등1학년

• 아동은 받침이 있는 자소-음소 일치형 낱말은 읽기 가능하였다.

• 문장 수준의 읽기를 시작하는 단계이며, 문법형태소가 결합되는 부분에서 쉼을 자주 보이며 문법형태소를 생략하고 읽기도 하였다. 카드에 흥미를 보였다.

• 읽기 중재 전, 제시하는 글자와 문법형태소를 글자 그대로 읽어 내려고 하여 음운 규칙 적용을 어려워하였다. '가볍지'를 제외하고는 모두 읽기 어려워하였다. 따라서 아동과 받침 'ㄱ, ㅂ'이 포함된 낱말에 문법형태소를 결합하여 반복 읽기하였다.

	가볍지	덥지	박고	적게	먹게	춥지	무겁지	작게	쉽게	어렵지	합계
혼자 읽기	+	−	−	−	−	−	−	−	−	−	1/10
도움 읽기		−	−	−	−	−	−	−	−	−	0/9
오반응											

• 중재 후, 경음화 규칙을 이해하여 문장 읽기에 적용할 수 있었다. '적게'의 경우에는 정확히 읽지 못하여 도움 읽기가 필요하였다.

	가볍지	덥지	박고	적게	먹게	춥지	무겁지	작게	쉽게	어렵지	합계
혼자 읽기	+	+	+	−	+	+	+	+	+	+	9/10
도움 읽기				+							1/1
오반응											

• 아동이 경음화 규칙 이해가 가능한 것으로 확인되어, 자소−음소 불일치형의 새로운 받침(ㅅ, ㅈ)이 있는 낱말을 이용한 경음화 적용 수업으로 진행할 예정이다.

응용하기

• 문단글 읽기

−아동에게 경음화 규칙 낱말을 이용한 문단글을 보여 주고 규칙이 적용되는 부분을 주의하여 읽어 보게 한다. 아동의 수준에 따라 문단글 수준 1, 2 중 선택하여 실시할 수 있다.

−첫 시도에서는 경음화 규칙이 적용되는 부분을 색칠하여 제시하여 도움을 준다.

−문단글 예시 워크북 4-4-3

중재목표

경음화 규칙을 적용하여 읽을 수 있다 ②

읽기 수준

- 글자와 소리가 일치하는 낱말을 읽을 수 있는 아동

  ※ 목표 문장을 모두 읽을 수 있는 아동은 다른 목표의 활동을 진행한다.

읽기 목표

- 경음화 규칙을 적용하여 'ㅅ, ㅈ' 받침이 포함된 낱말과 문법형태소(-고/-게/-지)를 결합하여 문장 수준에서 읽을 수 있다.
- 목표 문장
  - 지붕이 낮다
  - 신나게 웃다
  - 열쇠를 꽂고 돌려
  - 머리 빗게 빗 가져와
  - 종이를 찢고 버리자
  - 신발 벗고 정리해
  - 물 붓게 그릇 가져와
  - 만두 빚고 먹어
  - 강아지 멍멍 짖다
  - 손 씻고 놀자

사용 카드

- 서술어 1(반대말): 낮다
- 서술어 2(수업시간): 찢다
- 서술어 3(씻기 외): 씻다
- 서술어 3(쉬기 외): 웃다

- 서술어 3(요리): 빚다, 붓다
- 서술어 4(거리): 짖다
- 글자카드 '고, 게, 지'
- 서술어 3(옷입기): 빗다, 벗다
- 서술어 4(놀이): 꽂다

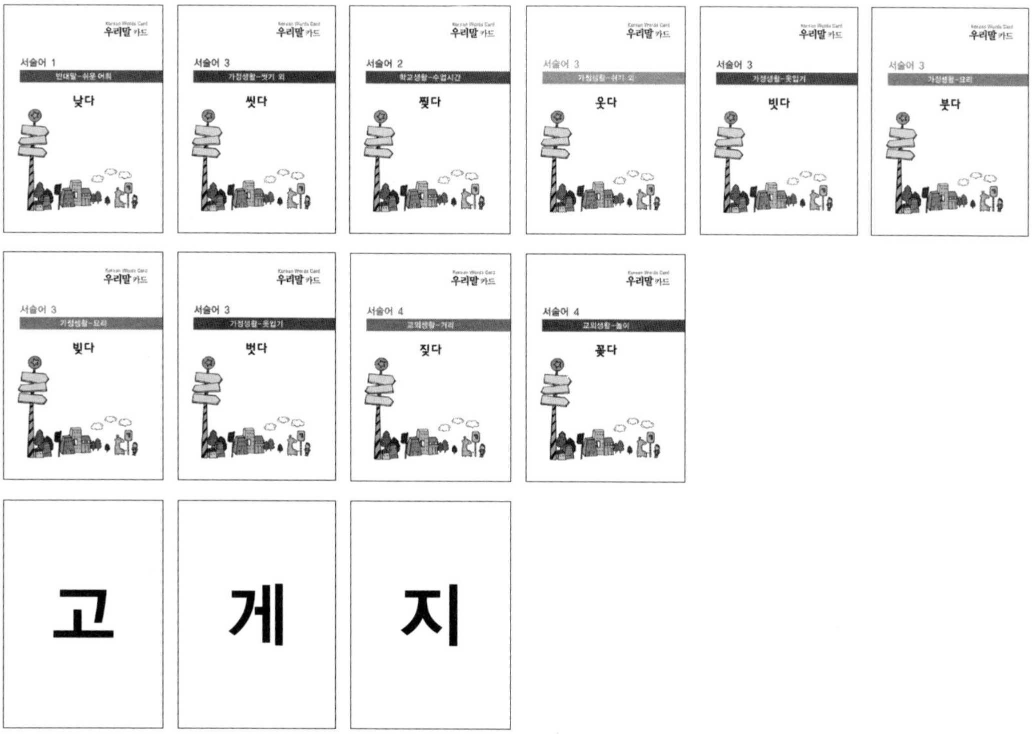

활동절차: 중재 전략 및 유의사항

(1) 어절 수준에서 읽기

- 낱말카드를 보여 주고 낱말의 의미를 아는지 확인한 뒤, 글자카드를 보여 준다. 글자카드에 문법형태소를 결합해 준 뒤, 소리 내어 읽어 보고 글자와 소리가 다름을 확인시켜 준다. 그런 다음 소리나는 대로 만든 글자카드를 대조시켜 보여 준다.

  (그림카드를 보여 주고) "친구가 뭐하고 있어?"

  (아동의 반응을 기다리고) "씻어."

  (그림카드 뒷면의 '씻다' 글자를 보여 주며) "맞아, 씻어. '씻다'라고 써 있네."

(글자카드 옆에 문법형태소 '-고' 글자카드를 붙여 주며) "자 이제 뒤에 글자를 바꾸어 보자. '-고'로 바꾸어 볼 거야. 한 글자씩 읽어 볼까?"

(한 글자씩 손으로 가리키면서) "씻-고. 이번엔 같이 읽어 볼까?"

(아동의 반응을 기다리고) "씻고(/씨꼬/)."

(글자를 손으로 가리키며) "맞아, 씻고(/씨꼬/). 글자하고 소리가 다르지."

(글자카드 '씻고'와 '씨꼬'를 함께 확인하면서) "씻고(/씨꼬/), 글자를 읽으면 /씨꼬/ 소리가 나네."

씻고 /씨꼬/

- 아동이 정확하게 읽지 못하였을 때에는 선생님과 함께 읽기, 아동과 선생님이 번갈아 읽기 순으로 진행한다.
- 앞과 동일한 방법으로 문법형태소 '-게, -지'를 활용하여 연습한다.

유의사항

- 규칙을 처음 소개할 때, 'ㅅ' 받침 낱말과 'ㅈ' 받침 낱말을 각각 나누어 보여 주어 아동이 혼란스럽지 않도록 한다.
- 소리나는 대로 만든 글자카드는 선생님이 직접 종이에 써서 제시할 수 있다.
- 이 과정은 아동 수준에 따라 생략할 수도 있다.

(2) 문장 수준에서 읽기 워크북 4-5-1

- (1)에서 배운 낱말과 문법형태소를 이용하여 문장을 만들고, 문장 단위에서 아동이 스스로 읽어 보게 한다.
- 아동의 수준에 따라 문장 수준 1, 2 중 선택하여 사용할 수 있다(수준 1: 경음화 1번 적용, 수준 2: 경음화 2번 적용).
- 아동이 정확하게 읽지 못하였을 때에는 빠르게 읽도록 지시하여 경음화 규칙 적용을 유도할 수 있다.
- 계속해서 읽기에 어려움을 보일 때에는 소리나는 대로 쓰인 글자를 보여 주고 다시 읽어 보게 한다.

수준 1	수준 2
모자 벗다	머리 빗게 모자 벗다
물 붓고	물 붓고 떡 빚다
종이 찢다	강아지가 짖고 종이 찢다
아기가 씻고	아기가 씻고 기뻐서 웃다
열쇠를 낮게	열쇠를 낮게 꽂다

유의사항: 아동의 수준에 따라 문장 내 경음화 규칙이 적용되는 부분에 대해 색칠함으로써 읽기 단서를 제공할 수 있다.

(3) 반복하여 읽기 워크북 4-5-2

- 여러 번 반복 읽기를 통해 정확하고 빠르게 읽는 연습을 한다.
- 이때 동일한 낱말에 문법형태소를 다양하게 결합하여 읽어 보게 한다. 아동의 수준에 따라 수준 1, 2, 3 중 선택하여 사용할 수 있다. 처음에는 문법형태소에 색칠하여 경음화 규칙을 적용할 수 있도록 단서를 제공하고 점차 아동이 단서 없이도 규칙을 적용하여 읽을 수 있게 한다.

• 아동이 정확하게 읽지 못한 부분에는 동그라미 표시를 해 주어 반복 읽기 시 틀린 부분을 주의하여 읽을 수 있게 한다.

–수준 1(3×3 형태, 문법형태소 '–지' 활용)

찢지	씻지	빚지
웃지	빗지	낫지
짖지	벗지	붓지

–수준 2(3×3 형태, 문법형태소 '–지/–고/–게' 활용)

웃고	빗고	붓게
짖지	꽂지	찢고
빚게	벗지	씻게

–수준 3(5×5 형태, 문법형태소 '–지/–고/–게' 활용)

빗고	벗지	짖게	씻지	웃게
찢고	웃지	벗고	꽂고	낫지
빚지	짖고	빚게	붓고	씻게
빗지	웃고	꽂지	낫고	찢지
붓지	짖지	씻고	찢게	낫게

• 아동과 선생님이 함께 읽거나 아동과 번갈아 읽기를 하면서 아동이 흥미를 유지할 수 있도록 한다.

• 수준 3으로 갈수록 아동이 혼자 읽을 수 있게 한다.

아동 반응 및 중재 효과

• 아동에게 낱말과 문법형태소가 결합된 문장을 읽어 보게 한다.

• 아동이 읽지 못하면 경음화 규칙을 설명해 준 뒤 다시 읽어 보게 한다.

• 아동이 읽지 못하면 선생님의 시범을 듣고 따라 읽어 보게 한다.

• 목표 문장

– 지붕이 낮다

– 신나게 웃다

– 열쇠를 꽂고 돌려

– 머리 빗게 빗 가져와

– 종이를 찢고 버리자

– 신발 벗고 정리해

– 물 붓게 그릇 가져와

– 만두 빚고 먹어

– 강아지 멍멍 짖다

– 손 씻고 놀자

• 다음의 평가표에 아동이 읽은 단계에 '+' 표시를 한다.

	낮다	꽂고	찢고	붓게	짖다	웃다	빗게	벗고	빚고	씻고	합계
혼자 읽기											/10
도움 읽기											
오반응											

활용 사례– 만 7세 10개월(여) 초등1학년

• 아동은 자소–음소 불일치형 받침을 읽기 시작하였다.

• 연음화, 경음화 음운규칙이 적용되는 낱말 읽기가 가능하나, 문법형태소가 결합되는 경우 문법형태소 경계에서 자주 쉼을 보여 음운 규칙 적용을 어려워하였다. 카드에 흥미를 보였다.

	낮다	꽂고	찢고	붓게	짖다	웃다	빗게	벗고	빚고	씻고	합계
혼자 읽기	−	−	+	−	+	−	−	−	−	+	3/10
도움 읽기	−	−		−		−	−	−	−		0/7
오반응	+	+		+		+	+	+	+		7/7

• 아동과 받침 'ㅅ, ㅈ'이 포함된 낱말에 문법형태소를 결합하여 반복 읽기 한 결과, 아동은 경음화 규칙을 이해하여 문장 읽기에 적용할 수 있었다. '낮다, 꽂고, 웃다'의 경우에는 정확히 읽지 못하여 도움 읽기가 필요하였다.

	낮다	꽂고	찢고	붓게	짖다	웃다	빗게	벗고	빚고	씻고	합계
혼자 읽기	−	−	+	+	+	−	+	+	+	+	7/10
도움 읽기	+	+				+					3/3
오반응											

• 아동이 경음화 규칙 이해가 가능한 것으로 확인되어, 연음화 및 경음화가 적용된 문단글 수준에서의 읽기 수업으로 진행할 예정이다.

응용하기

• 문단글 읽기

–아동에게 경음화 규칙 낱말을 이용한 문단글을 보여 주고 규칙이 적용되는 부분을 주의하여 읽어 보게 한다. 아동의 수준에 따라 문단글 수준 1, 2 중 선택하여 실시할 수 있다.

–첫 시도에서는 경음화 규칙이 적용되는 부분을 색칠하여 제시하여 도움을 준다.

–이후 반복적으로 읽을 때에는 점차 색칠 부분을 줄여 나가도록 한다.

–문단글 예시 워크북 4-5-3

중재목표

06 경음화 규칙을 적용하여 읽을 수 있다 ③

읽기 수준

• 글자와 소리가 일치하는 낱말을 읽을 수 있는 아동

※ 목표 문장을 모두 읽을 수 있는 아동은 다른 목표의 활동을 진행한다.

읽기 목표

• 경음화 규칙을 적용하여 겹받침이 포함된 낱말과 문법형태소(-고/-게/-지)를 결합하여 문장 수준에서 읽을 수 있다.

• 목표 문장

- 책 읽고 자요
- 우리집 강아지는 없지
- 머리 묶고 나간다
- 늙고 아픈 할머니
- 내가 앉게 자리 비켜
- 젊고 예쁜 언니
- 밝게 비추는 하늘

사용 카드

• 서술어 2(쉬는 시간): 읽다

• 서술어 2(수업시간): 앉다

• 글자카드 '고, 게, 지'

• 서술어 3(옷입기): 묶다

• 서술어 1(반대말): 없다, 늙다, 젊다, 밝다

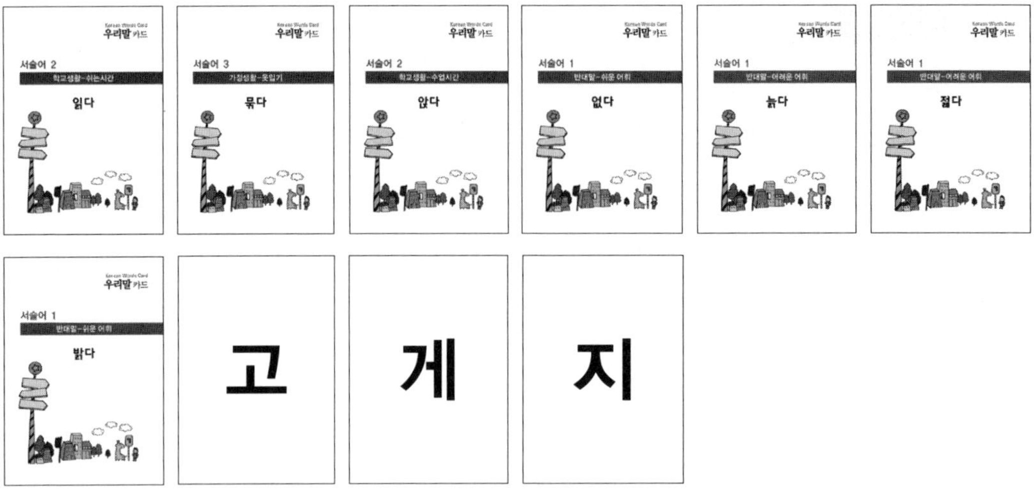

활동절차: 중재 전략 및 유의사항

(1) 어절 수준에서 읽기

- 낱말카드를 보여 주고 낱말의 의미를 아는지 확인한 뒤, 글자카드를 보여 준다. 글자카드에 문법형태소를 결합해 준 뒤, 소리 내어 읽어 보고 글자와 소리가 다름을 확인시켜 준다.

(그림카드를 보여 주고) "친구가 뭐하고 있어?"

(아동의 반응을 기다리고) "책 읽어."

(그림카드 뒷면의 '읽다' 글자를 보여 주며) "맞아, 읽어. '읽다'라고 써 있네."

(글자카드 옆에 문법형태소 '-지' 글자카드를 붙여 주며) "자 이제 뒤에 글자를 바꾸어 보자. '-지'로 바꾸어 볼 거야. 한 글자씩 읽어 볼까?"

(한 글자씩 손으로 가리키면서) "읽-지. 이번엔 같이 읽어 볼까?"

(아동의 반응을 기다리고) "읽지(/익찌/)."

(글자를 손으로 가리키며) "맞아, 읽지(/익찌/). 글자하고 소리가 다르지."

- 그런 다음 소리나는 대로 만든 글자를 대조시켜 보여 준다.

(글자카드 '읽지'와 '익찌'를 함께 확인하면서) "읽지(/익찌/), 글자를 읽으면 /익찌/ 소리가 나네."

읽지

/익찌/

- 아동이 정확하게 읽지 못하였을 때에는 선생님과 함께 읽기, 아동과 선생님이 번갈아 읽기 순으로 진행한다.
- 앞과 동일한 방법으로 문법형태소 '-게, -고'를 활용하여 연습한다.

유의사항

- 규칙을 처음 소개할 때, 겹받침별로 낱말을 각각 나누어 보여 주어 아동이 혼란스럽지 않도록 한다.
- 소리나는 대로 만든 글자카드는 선생님이 직접 종이에 써서 제시할 수 있다.
- 이 과정은 아동 수준에 따라 생략할 수도 있다.

(2) 문장 수준에서 읽기 워크북 4-6-1

- (1)에서 배운 낱말과 문법형태소를 이용하여 문장을 만들고, 문장 단위에서 아동이 스스로 읽어 보게 한다. 아동의 수준에 따라 경음화 규칙 적용 빈도를 조절하여 제공한다(수준 1: 경음화 규칙 1번 적용, 수준 2: 경음화 규칙 2번 적용).
- 아동이 정확하게 읽지 못하였을 때에는 빠르게 읽도록 지시하여 경음화 규칙 적용을 유도할 수 있다.
- 계속해서 읽기에 어려움을 보일 때에는 소리나는 대로 쓰인 글자를 보여 주고 다시 읽어 보게 한다.

수준 1	수준 2
의자에 앉고	의자에 앉고 책 읽지
할머니는 늙고	아기는 젊고 할머니는 늙고
책 읽게	책 읽게 밝게 비추지
의자에 앉지	머리 묶고 의자에 앉지
읽고 나니	읽고 나니 책 없지

유의사항: 아동의 수준에 따라 문장 내 경음화 규칙이 적용되는 부분에 대해 색칠함으로써 읽기 단서를 제공할 수 있다.

(3) 반복하여 읽기 워크북 4-6-2

- 여러 번 반복 읽기를 통해 정확하고 빠르게 읽는 연습을 한다.
- 이때 동일한 낱말에 문법형태소를 다양하게 결합하여 읽어 보게 한다. 아동의 수준에 따라 수준 1, 2, 3 중 선택하여 사용할 수 있다. 처음에는 문법형태소에 색칠하여 경음화 규칙을 적용할 수 있도록 단서를 제공하고 점차 아동이 단서 없이 규칙을 적용하여 읽을 수 있게 한다.
- 아동이 정확하게 읽지 못한 부분에는 동그라미 표시를 해 주어 반복 읽기 시 틀린 부분을 주의하여 읽을 수 있게 한다.

–수준 1(3×3 형태, 문법형태소 '–지' 활용)

읽지	묶지	늙지
없지	젊지	밝지
앉지	없지	읽지

–수준 2(3×3 형태, 문법형태소 '–지/–고/–게' 활용)

묶고	젊고	늙게
없게	읽지	읽게
밝지	앉고	늙고

–수준 3(5×5 형태, 문법형태소 '–지/–고/–게' 활용)

묶고	젊지	밝게	앉게	늙고
없지	앉지	묶고	읽고	밝지
없고	묶지	젊고	없고	읽지
읽게	밝지	늙게	늙지	읽지
밝고	젊게	묶지	앉고	없게

- 아동과 선생님이 함께 읽거나 아동과 번갈아 읽기를 하면서 아동이 흥미를 유지할 수 있도록 한다.
- 수준 3으로 갈수록 아동이 혼자 읽을 수 있게 유도한다.

아동 반응 및 중재 효과

- 아동에게 낱말과 문법형태소가 결합된 문장을 읽어 보게 한다.
- 아동이 읽지 못하면 경음화 규칙을 설명해 준 뒤 다시 읽어 보게 한다.
- 아동이 읽지 못하면 선생님의 시범을 듣고 따라 읽어 보게 한다.
- 목표 문장
  - 책 <u>읽고</u> 자요
  - 우리집 강아지는 <u>없지</u>
  - 머리 <u>묶고</u> 나간다
  - <u>늙고</u> 아픈 할머니
  - 내가 <u>앉게</u> 자리 비켜

– 젊고 예쁜 언니

– 밝게 비추는 하늘

• 다음의 평가표에 아동이 읽은 단계에 '+' 표시를 한다.

	읽고	없지	묶고	늙고	앉게	젊고	밝게	합계
혼자 읽기								/7
도움 읽기								
오반응								

활용 사례– 만 8세 3개월(여) 초등2학년

• 아동은 처음에는 제시하는 글자와 문법형태소를 글자 그대로 읽어 내려고 하여 음운 규칙 적용을 어려워하였다. 카드에 흥미를 보였다.

	읽고	없지	묶고	늙고	앉게	젊고	밝게	합계
혼자 읽기	+	+	–	–	–	–	–	2/7
도움 읽기			–	–	–	–	–	0/5
오반응								

• 겹받침이 포함된 낱말에 문법형태소를 결합하여 반복 읽기한 결과, 아동은 경음화 규칙을 이해하고 문장 읽기에 적용할 수 있었다. '젊고, 밝게'의 경우에는 정확히 읽지 못하여 도움 읽기가 필요하였다.

	읽고	없지	묶고	늙고	앉게	젊고	밝게	합계
혼자 읽기	+	+	+	+	+	–	–	5/7
도움 읽기						+	+	2/2
오반응								

• 아동이 겹받침 낱말에서도 경음화 규칙 적용이 가능한 것으로 확인되어, 보다 긴 문단글 수준에서 경음화를 적용시켜 빠르고 정확하게 읽을 수 있는 수업을 진행할 예정이다.

응용하기

• 문단글 읽기

–아동에게 경음화 규칙 낱말을 이용한 문단글을 보여 주고 규칙이 적용되는 부분을 주의하여 읽어 보게 한다. 아동의 수준에 따라 문단글 수준 1, 2 중 선택하여 실시할 수 있다.

–첫 시도에서는 경음화 규칙이 적용되는 부분을 색칠하여 제시하여 도움을 준다.

–이후 반복적으로 읽을 때에는 점차 색칠 부분을 줄여 나가도록 한다.

–문단글 예시 워크북 4-6-3

중재목표

07

연음화, 경음화 규칙을 함께 적용하여 읽을 수 있다

읽기 수준

- 글자와 소리가 일치하는 낱말을 읽을 수 있는 아동
- 연음화 또는 경음화 규칙 중 적어도 하나의 규칙을 적용하여 읽을 수 있는 아동

읽기 목표

- 연음화 및 경음화 규칙을 적용하여 문단글 수준에서 정확히 읽을 수 있다.

사용 카드

- 명사 9(음식): 물
- 명사 9(과일 · 열매): 밤, 감, 귤
- 명사 9(채소): 당근
- 서술어 3(요리): 먹다, 집다
- 서술어 5(마트): 담다, 사다
- 서술어 1(반대말): 있다

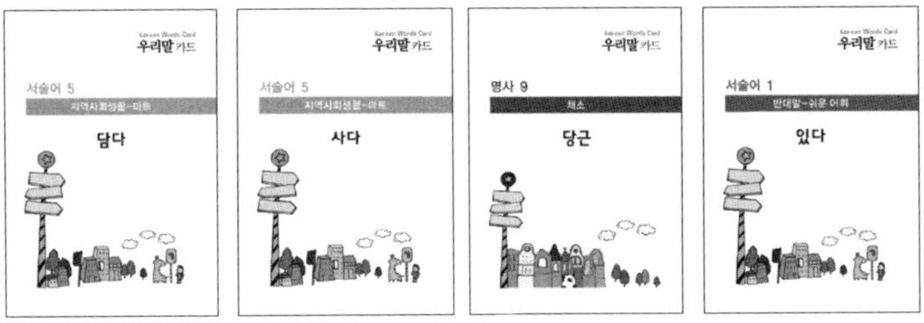

활동절차: 중재 전략 및 유의사항

(1) 어절 수준에서 규칙 확인하기

- 연음화 및 경음화가 적용된 글자카드를 보여 주고 아동이 읽어 보도록 한다. 이때 글자카드는 낱말과 문법형태소를 결합한 형태로 제공하며, 규칙이 적용된 부분은 색칠하여 보여 주어 읽을 때 주의하여 읽을 수 있도록 한다.

  (문법형태소 '을' 카드를 사용해서 '물'과 '을'을 붙여서 보여 주고) "글자 읽어 볼까?"

  (아동의 반응을 기다리고) "물을(/무를/)"

  (글자를 손으로 가리키며) "맞아. 글자랑 소리가 다르지. '물을(/무를/)'이라고 읽지."

물을 /무를/

- 아동이 정확하게 읽지 못하였을 때에는 규칙에 대해 다시 설명해 주기, 선생님과 함께 읽기, 아동과 선생님이 번갈아 읽기 순으로 진행한다.
- 앞과 동일한 방법으로 경음화 적용 어절도 연습한다.

(2) 어절 결합하여 읽기 워크북 4-7-1

- (1)의 활동을 통해 어절 수준에서 읽고 나면, (1)에서 읽은 어절들을 결합하여 반복 읽기를 한다. 선택한 어절은 빈칸에 붙이도록 하여 문장을 만드는데, 이때 아동 스스로 어절을 선택하여 붙일 수도 있다.

- 아동의 수준에 따라 어절 2개 결합, 3개 결합으로 점차 수준을 높여 진행한다.
- 처음에는 규칙을 적용해야 하는 부분에 색칠하여 단서를 제공하고 점차 아동이 단서 없이도 규칙을 적용하여 읽을 수 있게 한다.

  –수준 1(어절 2개 결합)

물을 밤을 감을	+	먹다 먹어요 담다 담아요 집다 집어요 샀다 샀어요

  –수준 2(어절 3개 결합)

물이랑 밤이랑 감이랑 귤이랑 당근이랑	+	물을 밤을 감을 귤을 당근을	+	먹다 먹어요 담다 담아요 집다 집어요 샀다 샀어요

(3) 문단글 수준에서 읽기

- (1), (2)를 통해 익힌 어절을 활용한 문단글을 읽어 보게 한다. 규칙이 적용된 부분은 색칠하여 제시하여 주의해서 읽을 수 있도록 하고, 이후에는 색칠 단서를 제외하고 읽을 수 있게 한다.
- 아동이 정확하게 읽지 못하였을 때에는 선생님과 함께 읽기, 아동과 선생님이 번갈아 읽기 순으로 진행한다.
- 문단글 예시

동생이 마트놀이를 하자고 해요. 동생은 주인, 나는 손님해요. 우리 마트에는 물이랑 밤이랑 감이랑 귤이랑 당근이 있어요. 그중에 물이랑 밤을 카트에 담아요. 담고 나서 계산해요. 물 먹으니 시원해요. 밤은 고소해요. 이제 내가 주인, 동생이 손님해요. 동생은 감이랑 귤을 집었어요. 카트에 담으니 무거워요. 이제 카트에 담은 과일 계산해요. 동생이랑 귤이랑 감을 먹어요. 귤은 달고 감은 아주 써요. 동생은 감 먹고 쓰다고 울고 나는 동생을 달래요.

아동 반응 및 중재 효과

- 아동에게 연음화와 경음화 규칙이 포함된 문단글을 스스로 읽어 보게 한다.
- 아동이 정확하게 읽지 못하면 선생님이 손으로 가리켜 알려 주고 다시 읽어 보게 한다.
- 아동이 오류를 보인 부분을 알려 주어도 어려워할 경우, 규칙을 다시 설명해 준 뒤 다시 읽어 보게 한다.
- 그래도 정확하게 읽지 못하면 선생님의 시범을 듣고 따라 읽어 보게 한다.
- 아동이 읽은 단계에서 정확하게 읽은 음절 수와 정확률을 기록하고, 대표 오류 유형을 기입한다.
- 문단글 예시

엄마랑 마트에 가요.
마트에는 과일이랑 생선이 있어요. 그리고 빵도 있어요.
먼저 과일 코너에 가요. 거기에서 귤을 집고 감도 집고 수박도 담아요.
수박은 너무 무겁고 커요.
이제 채소 코너에 가요. 싱싱한 오이를 담고 큰 호박을 골라요.
이제 빵집으로 가요. 빵집에는 케이크도 있고 작고 맛있는 사탕도 있어요.
엄마 몰래 아이스크림을 바구니에 담아요.
집에 가서 맛있게 먹어요. 몰래 먹은 아이스크림은 맛있어요.

	정확률(%)	대표 오류 유형
혼자 읽기		
손가락 단서		
도움 읽기		
오반응		

활용 사례- 만 7세 3개월(남) 초등1학년

- 경음화 규칙을 이해하고 자동적으로 적용하는 것이 가능하다.
- 어절 수준에서의 연음화 읽기 연습으로 규칙 이해는 가능하나, 아직 문장 및 문단글 수준에서 읽을 때 종종 오류를 보였다. 특히 문법형태소(-을, -이, -은)가 적용되는 부분에서는 쉼이 자주 나타나 음운규칙 적용이 이루어지지 않았다.
- 아동과 연음화 및 경음화 규칙이 적용된 문장 및 문단글을 반복 읽기 한 결과, '과일이랑, 맛있는, 있어요'에서 오류를 보였다. 따라서 선생님이 손가락으로 지적해 주었고, 이후 규칙을 적용하여 읽을 수 있었다.

	정확률(%)	대표 오류 유형
혼자 읽기	49/57 * 100 = 85.96	• 과일이랑/과이리랑/ → /과일이랑/ • 맛있는/마신는/ → /맏인는/ • 있어요/이써요/ → /읻어요/
손가락 단서	57/57 * 100 = 100	
도움 읽기		
오반응		

- 아동은 문법형태소를 적용하여 읽으나 손가락 단서가 필요하여 자동적으로 적용할 수 있도록 반복할 예정이다.

응용하기

• 자신의 경험을 문단글로 만들어서 읽기
  – 동일한 주제를 이용하여 자신의 경험을 문단글로 만드는 활동을 할 수 있다.
  – 아동이 낱말을 선택하면 선생님이 문장 및 문단글로 만들어 주고 연음화, 경음화가 적용되는 부분을 주의하여 읽어 보게 한다.

중재목표

08

/ㅎ/탈락 규칙을 적용하여 읽을 수 있다

읽기 수준

- 연음화, 경음화 규칙을 적용하여 읽을 수 있는 아동

※ 목표 문장을 모두 읽을 수 있는 아동은 다른 목표의 활동을 진행한다.

읽기 목표

- /ㅎ/탈락 규칙을 적용하여 문장 수준에서 읽을 수 있다.
- 목표 문장
  - 귀여운 강아지를 낳아요
  - 마늘 빻아서 먹자
  - 기분 좋은 하루
  - 책상 위에 놓아요
  - 머리 땋은 귀여운 아이
  - 딸기 넣은 빵

사용 카드

- 서술어 5(기타): 낳다
- 서술어 2(쉬는 시간): 넣다
- 서술어 3(요리): 놓다, 빻다
- 서술어 1(정서감정어): 좋다
- 서술어 3(옷입기): 땋다
- 글자카드 '어, 은, 을, 아'

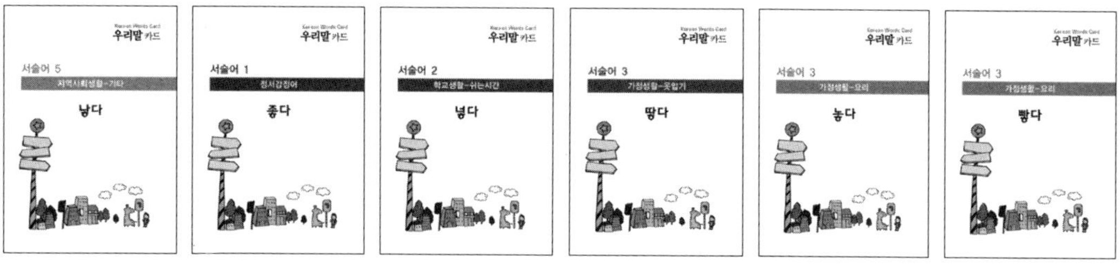

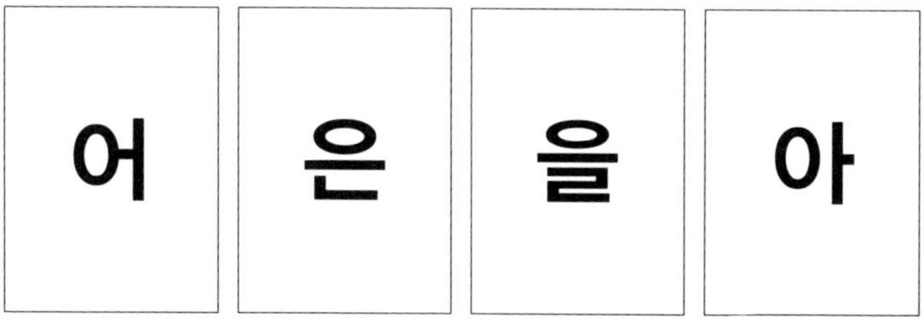

활동절차: 중재 전략 및 유의사항

(1) 어절 수준에서 읽기

• 글자카드를 보여 주고 낱말의 의미를 아는지 확인한 뒤, 글자를 읽어 보게 한다.

(글자카드를 보여 주고) "이거는 뭐라고 읽지?"

(아동의 반응을 기다리고) "너허요(/너허요/)."

넣어요 /너어요/

(글자를 손으로 가리키며) "ㅎ 받침이랑 ㅇ이 있을 때는 소리가 없어진대. 그래서 글자랑 소리랑 달라진대. 읽을 때는 '넣어요(/너어요/)'라고 읽는 거래. 같이 읽어 볼까?"

• 아동과 함께 읽은 후, 아동 스스로 읽을 수 있는 기회를 준다.

• 아동이 단어를 읽으면 문법형태소를 붙여 함께 읽어 보게 한다.

(글자카드 옆에 글자카드 '어'를 붙이며) "여기 카드에 이 글자를 더해서 읽어 볼까?"

(아동의 반응을 기다리고) "넣어(/너허/)."

(손으로 가리키며) "ㅎ 받침이랑 ㅇ이 만날 때는 어떻게 읽는다고 했지?"라고 도움을 준다.

(아동의 반응을 기다리고) "넣어(/너어/)."

(선생님이 글자를 손으로 가리키며) "그렇지, 글자랑 소리랑 달라진다고 했었지? 읽을 때는 '넣어/너어/' 라고 읽지. 잘했어."

- 만약 이 단계에서 오반응을 할 경우, 선생님이 손으로 가리키며 다시 들려주고 같이 읽어 보도록 유도한다.
- 다른 목표 낱말도 앞과 같이 한다.

(2) 문장 수준에서 읽기 워크북 4-8-1

- (1)에서 배운 규칙을 활용하여 문장을 만들고, 문장 단위에서 아동이 스스로 읽어 보게 한다.
- 아동의 수준에 따라 /ㅎ/탈락 규칙 적용 빈도를 조절하여 문장을 제공한다.
- 아동이 정확하게 읽지 못하였을 때에는 소리나는 대로 쓰인 글자를 제시하여 확인시켜 준 뒤, 아동이 다시 문장을 보고 읽어 보게 한다.

수준 1	수준 2
예쁘게 땋아요	예쁘게 땋은 머리 좋아요
빻은 마늘	빻은 마늘 냄비에 넣어요
아기 낳아요	아기 낳아서 기분이 좋아요
위에 놓아요	위에 놓은 물 조심해
좋은 채소	좋은 채소만 넣어요

유의사항: /ㅎ/탈락 규칙이 적용되는 부분에 대해 색칠함으로써 읽기 단서를 제공할 수 있다.

(3) 반복하여 읽기 워크북 4-8-2

- 아동이 (1)에서 배운 서술어를 활용하여 다양하게 반복하여 읽기 활동을 한다.
- 아동의 수준에 따라 수준 1, 2, 3 중 선택하여 사용할 수 있다. 처음에는 문법형태소에 색칠하여 /ㅎ/탈락 규칙을 적용할 수 있도록 단서를 제공하고 점차 아동이 단서 없이도 규칙을 적용하여 읽을 수 있게 한다.
- 아동이 정확하게 읽지 못한 부분에는 동그라미 표시를 해 주어 반복 읽기 시 틀린 부분을 주의하여 읽을 수 있게 한다.

–수준 1(3×3 형태, 문법형태소 '–은' 활용)

넣은	땋은	빻은
놓은	낳은	좋은
땋은	낳은	빻은

–수준 2(4×4 형태, 문법형태소 '–은/–아' 활용)

넣어	놓아	놓은	땋은
빻아	놓은	좋아	넣은
땋아	낳아	땋아	좋은
넣은	빻은	낳아	낳아

–수준 3(5×5 형태, 문법형태소 '–은/–을/–아' 활용)

좋아	낳을	빻은	낳아	땋아
넣은	놓은	빻아	좋은	낳은
좋을	낳아	낳은	땋아	빻을
좋을	놓을	넣을	놓아	낳을
빻은	땋은	좋은	땋을	빻아

- 아동과 선생님이 함께 읽거나 아동과 번갈아 읽기를 하면서 아동이 흥미를 유지할 수 있도록 한다.
- 수준 3으로 갈수록 아동이 혼자 읽을 수 있게 유도한다.

아동 반응 및 중재 효과

- 아동이 문장을 읽어 보게 한다.
- 아동이 읽지 못하면 ㅎ탈락 규칙을 설명해 준 뒤 다시 읽어 보게 한다.
- 아동이 읽지 못하면 선생님의 시범을 듣고 따라 읽어 보게 한다.
- 목표 문장
  - 귀여운 강아지를 낳아요
  - 마늘 빻아서 먹자
  - 기분 좋은 하루
  - 책상 위에 놓아요
  - 머리 땋은 귀여운 아이
  - 딸기 넣은 빵
- 다음의 평가표에 아동이 읽은 단계에 '+' 표시를 한다.

	낳아요	빻아서	좋은	놓아요	땋은	넣은	합계
혼자 읽기							/6
도움 읽기							
오반응							

활용 사례- 만 7세 8개월(여) 초등1학년

- 아동은 연음화 규칙을 이해하고 적용할 수 있다.
- 카드에 흥미를 보였다.

	낳아요	빨아서	좋은	놓아요	땋은	넣은	합계
혼자 읽기	−	−	+	−	−	−	1/6
도움 읽기	−	−		−	−	−	0/5
오반응							

• 중재 후 /ㅎ/탈락 규칙을 이해하여 혼자 읽기가 가능하였다. '빨아서' '넣은'은 도움 읽기를 통해 읽기가 가능하였다.

	낳아요	빨아서	좋은	놓아요	땋은	넣은	합계
혼자 읽기	+	−	+	+	+	−	4/6
도움 읽기		+				+	2/2
오반응							

• /ㅎ/탈락 규칙 이해가 가능하여 문단글 또는 다른 낱말 읽기에서 확인할 예정이다.

응용하기

• 문단글 읽기

–아동에게 /ㅎ/탈락 규칙 낱말을 이용한 문단글을 보여 주고 규칙이 적용되는 부분을 주의하여 읽도록 한다. 아동의 수준에 따라 /ㅎ/탈락 규칙 적용 빈도를 조절하여 문단글 수준 1, 2, 3 중 선택하여 실시할 수 있다.

–첫 시도에서는 /ㅎ/탈락 규칙이 적용되는 부분을 색칠하여 제시하여 도움을 준다.

–문단글 예시 워크북 4-8-3

기식음화 규칙을 적용하여 읽을 수 있다

읽기 수준

- 연음화, 경음화 음운규칙을 적용하여 읽을 수 있는 아동

  ※ 목표 문장을 모두 읽을 수 있는 아동은 다른 목표의 활동을 진행한다.

읽기 목표

- 기식음화 규칙을 적용하여 'ㅎ' 받침이 포함된 낱말과 문법형태소(-기/-고/-다)를 결합하여 문장 수준에서 읽을 수 있다.
- 목표 문장
  - 머리 예쁘게 땋기
  - 강에 고기 놓다
  - 절구에 빻고 떡 먹자
  - 가방에 책 넣기
  - 소풍을 가서 좋다
  - 강아지가 새끼 낳고 아프다

사용 카드

- 서술어 5(기타): 낳다
- 서술어 2(쉬는 시간): 넣다
- 서술어 3(요리): 놓다, 빻다
- 서술어 1(정서감정어): 좋다
- 서술어 3(옷입기): 땋다
- 명사 7(식물): 국화
- 서술어 4(놀이): 축하하다
- 글자카드 '기, 고'

활동절차: 중재 전략 및 유의사항

(1) 낱말 수준에서 규칙 확인하기

• 낱말카드를 보여 주고 낱말의 의미를 아는지 확인한 뒤, 글자카드를 보여 주고 아동이 읽어 보게 한다. 그리고 낱말 내에서 일어나는 기식음화 규칙을 설명해 준다.

('국화' 그림카드를 보여 주고) "이게 뭐지?"

(아동의 반응을 기다리고) "국화."

(그림카드 뒷면의 '국화' 글자를 보여 주며) "맞아, 국화(/구콰/). '국화(/구콰/)'라고 써 있네."

(글자를 손으로 가리키며) "국화/구콰/. 'ㄱ' 'ㅎ'이 있을 때는 /ㅋ/소리가 난대. 그래서 읽을 때 국화(/구콰/)라고 읽는 거래. 소리하고 글자가 다르지."

• 이후 소리나는 대로 만든 글자카드를 대조시켜 보여 준다.

(글자카드 '국화'와 '구콰'를 함께 확인하면서) "국화/구콰/. 글자를 읽으면 /구콰/ 소리가 나네."

국화 /구콰/

• 아동이 정확하게 읽지 못하였을 때에는 선생님이 들려주고 같이 읽어 보도록 유도한다.

• 낱말 '축하'의 경우도 앞과 같은 방법으로 확인한다.

> **유의사항:** 소리나는 대로 만든 글자카드는 선생님이 직접 종이에 써서 제시할 수 있다.

(2) 어절 수준에서 읽기

• 낱말카드를 보여 주고 낱말의 의미를 아는지 확인한 뒤, 글자카드를 보여 준다. 글자카드에 문법형태소를 결합해 준 뒤, 소리 내어 읽어 보고 글자와 소리가 다름을 확인시켜 준다.

('넣다' 그림카드를 보여 주고) "친구가 뭐하고 있어?"

(아동의 반응을 기다리고) "넣어."

(그림카드 뒷면의 '넣다' 글자를 보여 주며) "맞아, 넣어. '넣다'라고 써 있네."

(글자카드 옆에 문법형태소 '-기' 글자카드를 붙여 주며) "자 이제 뒤에 글자를 바꾸어 보자. '-기로 바꾸어 볼 거야. 읽어 볼까?"

(아동의 반응을 기다리고) "넣-기(/너-기/)."

(글자를 손으로 가리키며) "넣기(/너키/). 'ㅎ'이랑 'ㄱ'이 있을 때는 /ㅋ/ 소리가 난다고 했지. 그래서 읽을 때 넣기(/너키/)라고 읽는 거래. 같이 읽어 볼까?"

• 아동과 함께 읽은 후, 아동 스스로 읽을 수 있는 기회를 준다.

• 아동이 정확하게 읽지 못하였을 때에는 선생님이 들려주고 같이 읽어 보도록 유도한다.

• 문법형태소 '-다, -고'도 동일한 낱말을 활용하여 연습한다.

유의사항: 문법형태소□-다□의 경우에는 글자카드 자체에 이미 적혀 있으므로 따로 문법형태소 글자카드를 제시할 필요가 없다.

(3) 문장 수준에서 읽기 워크북 4-9-1

- (2)에서 배운 낱말과 문법형태소를 이용하여 문장을 만들고, 문장 단위에서 아동이 스스로 읽게 한다.
- 아동의 수준에 따라 기식음화 규칙 적용 빈도를 조절하여 문장을 제공한다(수준 1: 기식음화 규칙 1번 적용, 수준 2: 기식음화 규칙 2번 적용).
- 아동이 정확하게 읽지 못하였을 때에는 소리나는 대로 쓰인 글자를 제시하여 확인시켜 준 뒤, 아동이 다시 문장을 보고 읽게 한다.

수준 1	수준 2
긴 머리 땋기	긴 머리는 땋기 좋다
마늘 빻다	마늘 빻고 냉장고에 넣다
새끼 낳다	새끼 낳고 기분 좋다
책 놓다	책 놓고 머리 땋다
저금통에 돈 넣기	돈 넣고 기분 좋다

유의사항: 아동의 수준에 따라 문장 내 기식음화 규칙이 적용되는 부분에 대해 색칠함으로써 읽기 단서를 제공할 수 있다.

(4) 반복하여 읽기 워크북 4-9-2

- 아동이 (2)에서 배운 낱말과 문법형태소가 결합한 어절을 활용하여 반복하여 읽기 활동을 한다.
- 아동의 수준에 따라 수준 1, 2, 3 중 선택하여 사용할 수 있다. 처음에는 문법형태소에 색칠

하여 기식음화 규칙을 적용할 수 있도록 단서를 제공하고 점차 아동이 단서 없이도 규칙을 적용하여 읽을 수 있게 한다.

• 아동이 정확하게 읽지 못한 부분에는 동그라미 표시를 해 주어 반복 읽기 시 틀린 부분을 주의하여 읽을 수 있게 한다.

–수준 1(3×3 형태, 문법형태소 '–다' 활용)

넣다	땋다	낳다
놓다	빻다	넣다
낳다	좋다	땋다

–수준 2(3×3 형태, 문법형태소 '–기/–고/–다' 활용)

넣고	땋고	빻다
낳기	좋다	땋기
놓고	땋다	빻기

–수준 3(5×5 형태, 문법형태소 '–기/–고/–다' 활용)

넣고	낳다	놓기	좋고	땋기
빻고	넣다	놓고	낳기	땋고
넣다	놓고	낳다	좋고	넣기
빻다	땋고	넣다	땋기	좋다
빻고	놓기	넣고	좋고	낳기

• 아동과 선생님이 함께 읽거나 아동과 번갈아 읽기를 하면서 아동이 흥미를 유지할 수 있도록 한다.

• 수준 3으로 갈수록 아동이 혼자 읽을 수 있게 유도한다.

아동 반응 및 중재 효과

- 아동에게 낱말과 문법형태소가 결합된 문장을 읽어 보게 한다.
- 아동이 읽지 못하면 규칙을 설명해 준 뒤 다시 읽어 보게 한다.
- 아동이 읽지 못하면 선생님의 시범을 듣고 따라 읽어 보게 한다.
- 목표 문장
  - 머리 예쁘게 <u>땋기</u>
  - 강에 고기 <u>놓다</u>
  - 절구에 <u>빻고</u> 떡 먹자
  - 가방에 책 <u>넣기</u>
  - 소풍을 가서 <u>좋다</u>
  - 강아지가 새끼 <u>낳고</u> 아프다
- 다음의 평가표에 아동이 읽은 단계에 '+' 표시를 한다.

	땋기	놓다	빻고	넣기	좋다	낳고	합계
혼자 읽기							/6
도움 읽기							
오반응							

활용 사례- 만 7세 8개월(여) 초등1학년

- 아동은 /ㅎ/ 탈락 규칙을 이해하고 적용할 수 있다.
- 카드에 흥미를 보였다.
- 읽기 중재 전, 제시하는 글자와 문법형태소를 글자 그대로 읽어 내려고 하여 음운규칙 적용이 어려웠다. 문법형태소 '-다'가 결합되는 경우를 제외하고는 모두 정확히 읽는 것에 어려움을 보여 문법형태소 '-고, -기' 결합으로 기식음화 규칙 읽기를 반복 연습하였다.

	딸기	놓다	빨고	넣기	좋다	낳고	합계
혼자 읽기	−	+	−	−	+	−	2/6
도움 읽기	−		−	−		−	0/4
오반응							

• 중재 후, 기식음화 규칙을 이해하여 스스로 문장 읽기에 적용할 수 있었다. '낳고'는 도움 읽기를 통해 읽기가 가능하였다.

	딸기	놓다	빨고	넣기	좋다	낳고	합계
혼자 읽기	+	+	+	+	+	−	5/6
도움 읽기						+	1/1
오반응							

• 기식음화 규칙 이해가 가능하여 문단글 또는 다른 낱말 읽기에서 확인할 예정이다.

응용하기

• 문단글 읽기

–아동에게 기식음화 규칙 낱말을 이용한 문단글을 보여 주고 규칙이 적용되는 부분을 주의하여 읽어 보게 한다. 아동의 수준에 따라 문단글 수준 1, 2 중 선택하여 실시할 수 있다.

–첫 시도에서는 기식음화 규칙이 적용되는 부분은 색칠해 도움을 준다.

–문단글 예시 워크북 4-9-3

/ㅎ/탈락 규칙, 기식음화 규칙을 함께 적용하여 읽을 수 있다

읽기 수준

- 연음화, 경음화 음운 규칙을 적용하여 읽을 수 있는 아동
- /ㅎ/탈락 또는 기식음화 규칙 중 적어도 하나의 규칙을 적용하여 읽을 수 있는 아동

읽기 목표

- /ㅎ/탈락 및 기식음화 규칙을 적용하여 문단글 수준에서 정확히 읽을 수 있다.

사용 카드

- 서술어 5(기타): 낳다, 뚫다
- 서술어 3(요리): 빻다, 놓다
- 서술어 1(정서감정어): 좋다, 싫다
- 서술어 3(옷입기): 땋다
- 서술어 1(반대말): 많다
- 서술어 2(쉬는 시간): 넣다
- 서술어 4(놀이): 끓다

활동절차: 중재 전략 및 유의사항

(1) 어절 수준에서 규칙 확인하기

- /ㅎ/탈락 및 기식음화가 적용된 글자카드를 보여 주고 읽어 보게 한다. 이때 글자카드는 낱말과 문법형태소가 결합한 형태로 제공하며, 규칙이 적용된 부분은 색칠하여 보여 주어 읽을 때 주의하여 읽을 수 있게 한다.

(문법형태소 '은' 글자카드 사용해서 '좋다'와 '은'을 붙여서 보여 주고) **"글자 읽어 볼까?"**

(아동의 반응을 기다리고) **"좋은(/조은/)."**

(글자를 손으로 가리키며) **"맞아. '좋은(/조은/)'이라고 읽지. 글자랑 소리랑 다르지?"**

좋은

/조은/

- 아동이 정확하게 읽지 못하였을 때에는 규칙에 대해 다시 설명해 주기, 선생님과 함께 읽기, 아동과 선생님이 번갈아 읽기 순으로 진행한다.
- 앞과 동일한 방법으로 기식음화 적용 어절도 연습한다.

> **유의사항:** 문법형태소 '-다'의 경우에는 글자카드 자체에 이미 적혀 있으므로 따로 문법형태소 글자카드를 제시할 필요가 없다.

(2) 어절 결합하여 읽기 워크북 4-10-1

- (1)의 활동을 통해 어절 수준에서 읽고 나면, (1)에서 읽은 어절들을 결합하여 반복 읽기를 한다. 선택한 어절은 빈칸에 붙이도록 하여 문장을 만들고, 이때 아동 스스로 어절을 선택하여 붙일 수도 있다.
- 아동의 수준에 따라 어절 2개 결합, 3개 결합으로 점차 수준을 높여 진행한다.
- 처음에는 규칙을 적용해야 하는 부분에 색칠하여 단서를 제공하고 점차 아동이 단서 없이도 규칙을 적용하여 읽을 수 있게 한다.

  –수준 1(어절 2개 결합)

빻고 빻아서 뚫고 뚫어서	+	넣다 넣기 놓다 놓기

  –수준 2(어절 3개 결합)

야채	+	많아서 넣어서	+	좋다 좋고 싫다 싫고

  –수준 2(어절 3개 결합)

빻은 많은	+	고추	+	넣다 넣기 놓다 놓기

(3) 문단글 수준에서 읽기

- (1), (2)를 통해 익힌 어절을 활용한 문단글을 읽어 보게 한다. 규칙이 적용된 부분은 색칠하여 제시하여 주의해서 읽을 수 있도록 하고, 이후에는 색칠 단서를 제외하고 읽을 수 있게 한다.
- 문단글 예시

> 병원에서 전화가 왔다. 오늘 내 동생이 태어난다고 한다. 전화를 끊고 병원으로 간다. 아기가 태어나서 가족들이 모두 좋아한다. 아기를 낳은 엄마도 좋아하신다. 나는 엄마를 위해 맛있는 죽을 만든다. 쌀을 빻아 넣고, 내가 좋아하는 고기도 많이 넣어 만든다. 나는 채소를 싫어하지만 몸에 좋아서 많이 넣기로 했다. 내 동생은 예쁜 여자아이이다. 동생이 떼쓰면 싫기도 하겠지만, 머리도 땋아 주고 맛있는 음식도 많이 줄 거다.

- 아동이 정확하게 읽지 못하였을 때에는 선생님과 함께 읽기, 아동과 선생님이 번갈아 읽기 순으로 진행한다.

아동 반응 및 중재 효과

- 아동에게 /ㅎ/탈락과 기식음화 규칙이 포함된 문단글을 스스로 읽어 보게 한다.
- 아동이 정확하게 읽지 못하면 선생님이 손으로 가리켜 알려 주고 다시 읽어 보게 한다.
- 아동이 오류를 보인 부분을 알려 주어도 어려워할 경우, 규칙을 다시 설명해 준 뒤 다시 읽어 보게 한다.
- 그래도 정확하게 읽지 못하면 선생님의 시범을 듣고 따라 읽어 보게 한다.
- 아동이 읽은 단계에서 정확하게 읽은 음절 수와 정확률을 기록하고, 대표 오류 유형을 기입한다.

• 문단글 예시

오늘 제일 친한 친구 가영이가 이사를 갔다. 가영이는 땋은 머리가 잘 어울리는 친구들에게 인기가 많은 친구였다. 가영이와 나는 같은 동네에서 학교를 다녔다. 그래서 우리는 많은 시간을 함께 보냈다.
가영이는 이사를 가면 마당이 생겨 강아지를 키운다고 하였다. 가영이는 얼마 전에 할머니집에 있는 개가 낳은 새끼 강아지를 키운다고 하였다. 가영이는 강아지를 너무 좋아해서 마당이 있는 집에 가는 것을 너무 좋아했다. 가영이와 나는 항상 학교에서 집에 가는 길에 강아지 가게에 들렀다. 주인아저씨는 뚫어지게 강아지를 쳐다보는 우리를 보고 가게에 들어와서 마음껏 구경하라고 하셔서, 우리는 매일 강아지와 놀았다. 우리는 강아지가 좋아하는 간식도 먹여 주었다. 새끼 강아지라 이가 튼튼하지 않아서 간식을 잘게 빻아서 먹여 주었다. 강아지는 맛있다고 꼬리를 흔들었다. 우리는 강아지와 많은 시간을 보낸 후, 다시 강아지를 집에 넣어 준 후 집으로 돌아왔다. 가영이가 이사를 가서 이제 함께 강아지와 많은 시간을 보낼 수 없어서 슬펐다. 가영이가 이사를 간 후 잘 지낸다는 편지를 보냈다. 그래서 나는 마음이 놓였다.

	정확률(%)	대표 오류 유형
혼자 읽기	/406 * 100 =	
손가락 단서		
도움 읽기		
오반응		

활용 사례– 만 7세 8개월(여) 초등1학년

• 아동은 /ㅎ/탈락 규칙을 이해하고 문장 수준에서 적용하는 것이 가능하였다.

• 기식음화의 경우 이전 활동에서 연습했던 낱말은 스스로 규칙을 적용하여 정확히 읽어낼 수 있으나, 새로운 낱말의 경우 종종 오류를 보였다.

• /ㅎ/탈락 및 기식음화 규칙이 적용된 문장 및 문단글을 반복 읽기한 결과, '빻아서, 놓였다'에서 손가락 단서가 필요하였다.

	정확률(%)	대표 오류 유형
혼자 읽기	403/406 * 100 = 99.26	• 빻아서/빠아서/ → /빠서/ • 놓였다/노여따/ → /노타/
손가락 단서	406/406 * 100 = 100	
도움 읽기		
오반응		

• /ㅎ/탈락 및 기식음화 규칙 적용이 가능하여 다른 문단글 읽기 수업으로 진행할 예정이다.

응용하기

• 자신의 경험으로 문단글 만들어서 읽기
–회기에서 연습한 문단글와 동일한 주제를 이용하여 자신의 경험을 문단글로 만드는 활동을 할 수 있다.
–아동이 낱말을 선택하면 선생님이 문장 및 문단글로 만들어 주고 /ㅎ/탈락, 기식음화가 적용되는 부분을 주의하여 읽어 보게 한다.

음운 규칙과 문법형태소 활용하여 읽기 편 사용 낱말 목록

*'우리말카드'에서 제시된 번호이다.

	낱말	낱말 통 번호		낱말	낱말 통 번호
1	가깝다	서술어 1	31	나오다	서술어 4
2	가다	서술어 2	32	날리다	서술어 4
3	가볍다	서술어 1	33	낮다	서술어 1
4	가위	명사 5	34	낳다	서술어 5
5	감	명사 9	35	냄새	서술어 4
6	강아지	서술어 4	36	냉장고	명사 4
7	거실	명사 4	37	넘어지다	서술어 4
8	거울	명사 4	38	넣다	서술어 2
9	걸리다	서술어 4	39	노란	명사 3
10	검은색	명사 3	40	노래	소리놀이
11	겨울	명사 6	41	놀다	서술어 4
12	계산	서술어 5	42	놀이터	명사 6
13	공부	서술어 2	43	놓다	서술어 3
14	공원	명사 6	44	늙다	서술어 1
15	공책	명사 5	45	닦다	서술어 2
16	과자	명사 9	46	닫다	서술어 2
17	구경	서술어 4	47	달	낱말읽기
18	구름	명사 6	48	달래다	서술어 3
19	국화	명사 7	49	달리기	명사 1
20	권	명사 3	50	달리다	서술어 2
21	귀엽다	서술어 1	51	담다	서술어 5
22	귤	명사 9	52	당근	명사 9
23	그리다	서술어 2	53	던지다	서술어 2
24	기쁘다	서술어 4	54	덥다	서술어 1
25	길다	서술어 1	55	돈	명사 5
26	까다	서술어 3	56	돌	명사 6
27	깨끗하다	서술어 1	57	돕다	서술어 2
28	꺼내다	서술어 2	58	동생	명사 2
29	꽂다	서술어 4	59	듣다	서술어 2
30	끓다	서술어 4	60	딸기	명사 9

61	땋다	서술어 3	94	보건실	명사 6
62	떡	명사 9	95	보다	서술어 4
63	뚫다	서술어 5	96	볼펜	명사 5
64	뜨겁다	서술어 1	97	붓	명사 5
65	뜨다	서술어 4	98	붓다	서술어 3
66	마늘	명사 9	99	비행기	명사 1
67	마시다	서술어 3	100	빌리다	서술어 2
68	마트	명사 6	101	빗다	서술어 3
69	만두	명사 9	102	빚다	서술어 3
70	만들다	서술어 2	103	빵	명사 9
71	많다	서술어 1	104	빻다	서술어 3
72	말	명사 7	105	사다	서술어 5
73	맛있다	서술어 1	106	산	명사 6
74	망치	명사 5	107	색칠	서술어 2
75	머리	명사 8	108	생일	명사 6
76	먹다	서술어 3	109	선생님	명사 2
77	모자	서술어 4	110	설날	명사 6
78	무겁다	서술어 1	111	세수	서술어 3
79	무지개	명사 6	112	손	명사 8
80	묶다	서술어 3	113	손톱	명사 5
81	문구점	명사 6	114	쉽다	서술어 1
82	물	명사 9	115	스케치북	명사 5
83	바르다	서술어 3	116	슬프다	서술어 1
84	바지	명사 8	117	싫다	서술어 1
85	박다	서술어 5	118	쌀	명사 9
86	밝다	서술어 1	119	쓰다	서술어 2
87	밤	명사 9	120	씻다	서술어 3
88	밥	명사 9	121	아기	명사 2
89	배	명사 8	122	아빠	명사 2
90	벌	명사 7	123	아침	명사 6
91	벗다	서술어 3	124	앉다	서술어 2
92	별	명사 6	125	약	명사 5
93	병원	명사 6	126	양말	명사 8

127	어렵다	서술어 1	161	좋다	서술어 1
128	얼굴	명사 8	162	주무르다	서술어 3
129	엄마	명사 2	163	지우개	명사 5
130	없다	서술어 1	164	집	조음
131	여름	명사 6	165	집다	서술어 3
132	여자	명사 2	166	짖다	서술어 4
133	연필	명사 5	167	찍다	서술어 4
134	열다	서술어 2	168	찢다	서술어 2
135	열쇠	서술어 4	169	창문	명사 5
136	예쁘다	서술어 1	170	청소	서술어 2
137	오빠	명사 2	171	축하하다	서술어 4
138	요리	서술어 3	172	춥다	서술어 1
139	우산	명사 5	173	칭찬	서술어 2
140	우유	명사 9	174	커튼	명사 5
141	울다	서술어 3	175	케이크	명사 9
142	웃다	서술어 3	176	크다	서술어 1
143	위	명사 3	177	크레파스	명사 5
144	위험	서술어 1	178	키우다	서술어 4
145	의자	명사 4	179	튀기다	서술어 3
146	이	명사 8	180	파란	명사 3
147	이사	서술어 5	181	팔	명사 8
148	인사	서술어 2	182	편지	명사 5
149	일어나다	서술어 3	183	풀	명사 7
150	읽다	서술어 2	184	풍선	명사 5
151	있다	서술어 1	185	피구	명사 1
152	자랑하다	서술어 2	186	필통	명사 5
153	작다	서술어 1	187	하늘	명사 6
154	저금통	명사 5	188	학교	명사 6
155	적다	서술어 1	189	할머니	명사 2
156	전화	서술어 4	190	형	명사 2
157	젊다	서술어 1	191	화장실	명사 4
158	점심시간	명사 6	192	흔들다	서술어 3
159	접다	서술어 3	193	흘리다	서술어 3
160	종이	서술어 4			

교사 이름 ______________ 아동 이름 ______________ 중재 날짜 ______________

I. 연음화 규칙

① 연음화 규칙 적용하여 읽기

• 목표 문장
 – 달리는 말을 봐요.
 – 형은 팔이 길다.
 – 노란 달이 보여요.
 – 친구랑 물을 마셔요.
 – 친구에게 풀을 빌려요
 – 반짝반짝 노란 별이 떠요.
 – 벌이 꿀 줘요.
 – 친구가 돌을 던져요.

• 다음의 평가표에 아동이 읽은 단계에 '+' 표시를 한다.
• 중재 전과 중재 후에 실시하여 비교한다.

중재 전 / 중재 후	말을	팔이	달이	물을	풀을	별이	벌이	돌을	합계
혼자 읽기									/8
도움 읽기									
오반응									

중재 전 / 중재 후	말을	팔이	달이	물을	풀을	별이	벌이	돌을	합계
혼자 읽기									/8
도움 읽기									
오반응									

교사 이름 ______________ 아동 이름 ______________ 중재 날짜 ______________

I. 연음화 규칙

② 연음화 규칙 적용하여 읽기

- 목표 문장
  - 풍선이 감나무에 걸려요.
  - 문구점에서 지우개를 사요.
  - 배가 고파서 감을 따요.
  - 하늘에 무지개가 떠요.
  - 거실이 넓어 추워요.
  - 배가 아파서 화장실에 가요.
  - 파란색 볼펜을 사요.
  - 공책 한 권을 사요.
  - 밤을 따서 까요.
  - 친구에게 연필을 빌려요.

- 다음의 평가표에 아동이 읽은 단계에 '+' 표시를 한다.
- 중재 전과 중재 후에 실시하여 비교한다.

중재 전 / 중재 후	풍선이	문구점에서	감을	하늘에	거실이	화장실에	볼펜을	권을	밤을	연필을	합계
혼자 읽기											/10
도움 읽기											
오반응											

중재 전 / 중재 후	풍선이	문구점에서	감을	하늘에	거실이	화장실에	볼펜을	권을	밤을	연필을	합계
혼자 읽기											/10
도움 읽기											
오반응											

교사 이름 ______________ 아동 이름 ______________ 중재 날짜 ______________

I. 연음화 규칙

③ 연음화 규칙 적용하여 읽기

• 목표 문장
- 땀을 흘려서 씻어요.
- 밥을 먹은 후 이를 닦아요.
- 연을 만들어서 날려요.
- 날씨가 더워서 부채를 접어요.
- 예쁜 나무를 심어요.
- 아빠는 아침에 일어나서 신문을 봐요.
- 하늘에 있는 구름이 예뻐서 사진을 찍어요.

• 다음의 평가표에 아동이 읽은 단계에 '+' 표시를 한다.
• 중재 전과 중재 후에 실시하여 비교한다.

중재 전 / 중재 후	씻어요	먹은	닦아요	만들어서	접어요	심어요	일어나서	찍어요	합계
혼자 읽기									/8
도움 읽기									
오반응									

중재 전 / 중재 후	씻어요	먹은	닦아요	만들어서	접어요	심어요	일어나서	찍어요	합계
혼자 읽기									/8
도움 읽기									
오반응									

교사 이름 ______________ 아동 이름 ______________ 중재 날짜 ______________

Ⅱ. 경음화 규칙

① 경음화 규칙 적용하여 읽기

• 목표 문장
 – 내 필통은 가볍지
 – 이번 여름 너무 덥지
 – 머리를 박고 울지
 – 내 밥 적게 주세요
 – 아기가 먹게 주자
 – 오늘 날씨는 춥지
 – 오빠 저금통은 무겁지
 – 떡 작게 만들자
 – 이 문제는 쉽게 풀자
 – 공부는 너무 어렵지

• 다음의 평가표에 아동이 읽은 단계에 '+' 표시를 한다.
• 중재 전과 중재 후에 실시하여 비교한다.

중재 전 / 중재 후	가볍지	덥지	박고	적게	먹게	춥지	무겁지	작게	쉽게	어렵지	합계
혼자 읽기											/10
도움 읽기											
오반응											

중재 전 / 중재 후	가볍지	덥지	박고	적게	먹게	춥지	무겁지	작게	쉽게	어렵지	합계
혼자 읽기											/10
도움 읽기											
오반응											

교사 이름 ______________ 아동 이름 ______________ 중재 날짜 ______________

II. 경음화 규칙

② 경음화 규칙 적용하여 읽기

- 목표 문장
  - 지붕이 낮다
  - 신나게 웃다
  - 열쇠를 꽂고 돌려
  - 머리 빗게 빗 가져와
  - 종이를 찢고 버리자
  - 신발 벗고 정리해
  - 물 붓게 그릇 가져와
  - 만두 빚고 먹어
  - 강아지 멍멍 짖다
  - 손 씻고 놀자

- 다음의 평가표에 아동이 읽은 단계에 '+' 표시를 한다.
- 중재 전과 중재 후에 실시하여 비교한다.

중재 전 / 중재 후	낮다	꽂고	찢고	붓게	짖다	웃다	빗게	벗고	빚고	씻고	합계
혼자 읽기											/10
도움 읽기											
오반응											

중재 전 / 중재 후	낮다	꽂고	찢고	붓게	짖다	웃다	빗게	벗고	빚고	씻고	합계
혼자 읽기											/10
도움 읽기											
오반응											

교사 이름 ______________ 아동 이름 ______________ 중재 날짜 ______________

Ⅱ. 경음화 규칙

③ 경음화 규칙 적용하여 읽기

• 목표 문장
- 책 읽고 자요
- 우리집 강아지는 없지
- 머리 묶고 나간다
- 늙고 아픈 할머니
- 내가 앉게 자리 비켜
- 젊고 예쁜 언니
- 밝게 비추는 하늘

• 다음의 평가표에 아동이 읽은 단계에 '+' 표시를 한다.
• 중재 전과 중재 후에 실시하여 비교한다.

중재 전 / 중재 후	읽고	없지	묶고	늙고	앉게	젊고	밝게	합계
혼자 읽기								/7
도움 읽기								
오반응								

중재 전 / 중재 후	읽고	없지	묶고	늙고	앉게	젊고	밝게	합계
혼자 읽기								/7
도움 읽기								
오반응								

교사 이름 ______________ 아동 이름 ______________ 중재 날짜 ______________

Ⅲ. 연음화 규칙과 경음화 규칙

① 연음화 규칙과 경음화 규칙 함께 적용하여 읽기

- 문단글 예시

엄마랑 마트에 가요.
마트에는 과일이랑 생선이 있어요. 그리고 빵도 있어요.
먼저 과일 코너에 가요. 거기에서 귤을 집고 감도 집고 수박도 담아요.
수박은 너무 무겁고 커요.
이제 채소 코너에 가요. 싱싱한 오이를 담고 큰 호박을 골라요.
이제 빵집으로 가요. 빵집에는 케이크도 있고 작고 맛있는 사탕도 있어요.
엄마 몰래 아이스크림을 바구니에 담아요.
집에 가서 맛있게 먹어요. 몰래 먹은 아이스크림은 맛있어요.

- 다음의 평가표에 아동이 읽은 단계에서 문단글을 정확하게 읽은 정확률과 대표 오류 유형을 기록한다.
- 중재 전과 중재 후에 실시하여 비교한다.

중재 전 / 중재 후	정확률(%)	대표 오류 유형
혼자 읽기		
손가락 단서		
도움 읽기		
오반응		

중재 전 / 중재 후	정확률(%)	대표 오류 유형
혼자 읽기		
손가락 단서		
도움 읽기		
오반응		

교사 이름 ______________	아동 이름 ______________	중재 날짜 ______________

Ⅳ. /ㅎ/ 탈락 규칙

①/ㅎ/ 탈락규칙 적용하여 읽기

• 목표 문장
  – 귀여운 강아지를 낳아요
  – 마늘 빻아서 먹자
  – 기분 좋은 하루
  – 책상 위에 놓아요
  – 머리 땋은 귀여운 아이
  – 딸기 넣은 빵

• 다음의 평가표에 아동이 읽은 단계에 '+' 표시를 한다.
• 중재 전과 중재 후에 실시하여 비교한다.

중재 전 / 중재 후	낳아요	빻아서	좋은	놓아요	땋은	넣은	합계
혼자 읽기							/6
도움 읽기							
오반응							

중재 전 / 중재 후	낳아요	빻아서	좋은	놓아요	땋은	넣은	합계
혼자 읽기							/6
도움 읽기							
오반응							

교사 이름 ______________ 아동 이름 ______________ 중재 날짜 ______________

V. 기식음화 규칙

① 기식음화규칙 적용하여 읽기

- 목표 문장
  - 머리 예쁘게 땋기
  - 강에 고기 놓다
  - 절구에 빻고 떡 먹자
  - 가방에 책 넣기
  - 소풍을 가서 좋다
  - 강아지가 새끼 낳고 아프다

- 다음의 평가표에 아동이 읽은 단계에 '+' 표시를 한다.
- 중재 전과 중재 후에 실시하여 비교한다.

중재 전 \ 중재 후	땋기	놓다	빻고	넣기	좋다	낳고	합계
혼자 읽기							/6
도움 읽기							
오반응							

중재 전 \ 중재 후	땋기	놓다	빻고	넣기	좋다	낳고	합계
혼자 읽기							/6
도움 읽기							
오반응							

교사 이름 ______________ 아동 이름 ______________ 중재 날짜 ______________

VI. /ㅎ/탈락 규칙과 기식음화 규칙

①/ㅎ/탈락 규칙과 기식음화 규칙 함께 적용하여 읽기

- 문단글 예시

오늘 제일 친한 친구 가영이가 이사를 갔다. 가영이는 땋은 머리가 잘 어울리는 친구들에게 인기가 많은 친구였다. 가영이와 나는 같은 동네에서 학교를 다녔다. 그래서 우리는 많은 시간을 함께 보냈다.

가영이는 이사를 가면 마당이 생겨 강아지를 키운다고 하였다. 가영이는 얼마 전에 할머니집에 있는 개가 낳은 새끼 강아지를 키운다고 하였다. 가영이는 강아지를 너무 좋아해서 마당이 있는 집에 가는 것을 너무 좋아했다. 가영이와 나는 항상 학교에서 집에 가는 길에 강아지 가게에 들렀다. 주인아저씨는 뚫어지게 강아지를 쳐다보는 우리를 보고 가게에 들어와서 마음껏 구경하라고 하셔서, 우리는 매일 강아지와 놀았다. 우리는 강아지가 좋아하는 간식도 먹여 주었다. 새끼 강아지라 이가 튼튼하지 않아서 간식을 잘게 빻아서 먹여 주었다. 강아지는 맛있다고 꼬리를 흔들었다. 우리는 강아지와 많은 시간을 보낸 후, 다시 강아지를 집에 넣어 준 후 집으로 돌아왔다. 가영이가 이사를 가서 이제 함께 강아지와 많은 시간을 보낼 수 없어서 슬펐다. 가영이가 이사를 간 후 잘 지낸다는 편지를 보냈다. 그래서 나는 마음이 놓였다.

- 아래의 평가표에 아동이 읽은 단계에서 문단글을 정확하게 읽은 정확률과 대표 오류 유형을 기록한다.
- 중재 전과 중재 후에 실시하여 비교한다.

중재 전 / 중재 후	정확률(%)	대표 오류 유형
혼자 읽기		
손가락 단서		
도움 읽기		
오반응		

중재 전 / 중재 후	정확률(%)	대표 오류 유형
혼자 읽기		
손가락 단서		
도움 읽기		
오반응		

언어/읽기 발달 촉진을 위한

우리말카드

연구개발 | 김효진 · 김미배 · 진연선 · 배소영

대 상 | 미취학 아동 ~성인(5세 이상)

실시형태 | 개인 및 소집단

소요시간 | 각 회기별 40분

세트 가격 | 300,000원

우리말카드 **구성**

우리말 카드 1 (5벌)
75,000원

- 명사카드 1 [61장] 운동/놀이/교통수단 외
- 명사카드 2 [68장] 사람/직업
- 명사카드 3 [63장] 위치/색/단위명사
- 명사카드 4 [66장] 주거공간/가전/주방/욕실
- 의문사카드 [99장] 누구/무엇/어디 외

우리말 카드 2 (5벌)
75,000원

- 명사카드 5 [97장] 생활용품/연장/학용품/악기
- 명사카드 6 [99장] 장소/때, 날씨
- 명사카드 7 [95장] 동물/식물
- 명사카드 8 [89장] 신체부위/액세서리/의복
- 명사카드 9 [94장] 과일, 열매/채소/음식

우리말 카드 3 (5벌)
75,000원

- 서술어카드 1 [94장] 반대말/정서감정어
- 서술어카드 2 [98장] 학교생활
- 서술어카드 3 [99장] 가정생활
- 서술어카드 4 [96장] 교외생활
- 서술어카드 5 [65장] 지역사회생활

우리말 카드 4 (5벌)
75,000원

- 조음어휘카드 1 [98장] 어두초성
- 조음어휘카드 2 [93장] 어중초성
- 조음어휘카드 3 [96장] 종성
- 소리놀이카드 [99장] 수 세기/첫소리알기/소리만들기
- 낱말읽기카드 [99장] 받침없음/받침있음/다음절

Korean words card (우리말카드)는?

개발진이 오랜 기간 임상장면(일반, 장애,다문화, 가정 등)에서의 경험을 바탕으로 우리말을 배우는 데 꼭 필요한 단어들을 엄선하여 명사, 서술어, 소리놀이카드, 낱말읽기카드, 조음카드, 의문사카드로 구성하였다. 우리말을 배우기 시작하는 미취학 아동뿐만 아니라 성인 그리고 외국인(이주민)들이 쉽고 재미있게 배울 수 있다.

우리말카드의 특징

- 언어 · 교육 목적 외에 언어 치료 목적으로도 카드 활용이 가능하다.
- 한국적인 고유의 특성을 살린 낱말 및 그림 카드로 구성되어 우리말과 우리 정서를 배우는 데 도움이 된다.
- 우리말카드는 조음어휘/소리놀이/낱말읽기 등 특색 있는 카드가 추가로 구성되어 있어 언어 및 읽기발달을 촉진하는 데 유용하다.
- 조음어휘 카드에 명사 뿐만 아니라 서술어가 포함되어 있어 문장 수준에서 적용하는 데 용이하다.
- 우리말카드는 실제 많이 접할 수 있는 상황(가정상황, 학교상황 등)별로 명사카드는 31개 범주, 서술어 카드는 15개의 세분화된 범주로 나누어져 있어 상황별 언어학습이 가능하다.
- 철제 케이스로 구성되어 카드를 반영구적으로 사용, 보관할 수 있다.
- 범주별로 카드의 앞, 뒷면의 색을 확인하여 쉽게 구별할 수 있다.

저자 소개

김미배(Mibae Kim)
한림대학교(Ph. D., 언어청각학)
현 한림대학교 언어병리학과 겸임교수
다온언어학습연구소 소장
여성가족부 다문화가족자녀 언어발달지원사업 슈퍼바이저
한국난독증협회 문해교육전문가 슈퍼바이저
전 연세언어청각연구원 언어연구원
부산가톨릭대학교 언어청각치료학과 교수

윤효진(Hyojin Yoon)
테네시 주립대학교(Ph. D., 언어병리학)
현 조선대학교 언어치료학과 교수
여성가족부 다문화가족자녀 언어발달지원사업 슈퍼바이저
한국난독증협회 문해교육전문가 슈퍼바이저

정연주(Younju Jung)
한림대학교 석사(언어청각학)
현 언어학습연구소 정담 소장
한국난독증협회 문해교육전문가 슈퍼바이저
전 아이공감정신과의원 언어치료사

설아영(Ahyoung Seol)
한림대학교(Ph. D., 언어병리학)
현 한림대학교 언어병리학과 겸임교수
다온언어학습연구소 소장
한국난독증협회 문해교육전문가 슈퍼바이저
전 한림청각언어연구소 연구원

신가영(Gayoung Shin)
한림대학교(Ph. D., 언어병리학)
현 한국난독증협회 문해교육전문가 슈퍼바이저
두루바른사회적협동조합
전 서울아이정신과의원 언어치료사

배소영(Soyeong Pae)
캔자스 대학교(Ph. D., 아동언어 및 장애 연구)
현 한림대학교 언어청각학부 교수
한국난독증협회 자문위원
LENA Rcsearch Foundation, USA, 자문위원
전 한국언어청각임상학회장, 한국언어치료학회, 한국음성과학회, 한국언어치료전문가협회 이사

한국어 말하기
읽기 성장 프로그램

우리말카드와 함께하는 **한국어 해독해**

② 해독과 읽기 유창성

Korean Decoding and Reading Comprehension with Korean cards: K-DRC

② Decoding Phonics and Reading Fluency

2017년 6월 30일 1판 1쇄 발행
2023년 3월 20일 1판 3쇄 발행

지은이 • 김미배 · 윤효진 · 정연주 · 설아영 · 신가영 · 배소영
펴낸이 • 김 진 환
펴낸곳 • (주) 학지사
04031 서울특별시 마포구 양화로 15길 20 마인드월드빌딩 5층
대표전화 • 02) 330-5114　　팩스 • 02) 324-2345
등록번호 • 제313-2006-000265호
홈페이지 • http://www.hakjisa.co.kr
페이스북 • https://www.facebook.com/hakjisabook

ISBN 978-89-997-1292-0 94370
978-89-997-1290-6 94370(set)

정가 18,000원

저자와의 협약으로 인지는 생략합니다.
파본은 구입처에서 교환하여 드립니다.